Dalma Heyn
Die heimliche Lust

Dalma Heyn

Die heimliche Lust
Der Mythos von der weiblichen Treue

Aus dem Amerikanischen von
Brigitte Stein

Piper
München Zürich

ISBN 3-492-03606-6
© 1992 by Dalma Heyn
Alle Rechte der deutschen Ausgabe:
© R. Piper GmbH & Co KG, München 1993
Umschlag: Federico Luci
Foto Umschlagrückseite: James Hamilton
Gesetzt aus der Garamond-Antiqua
Gesamtherstellung: Clausen & Bosse, Leck
Printed in Germany

Für Richard

Inhalt

1. Teil

2. Teil

3. Teil

[Hester] versicherte ihnen auch, daß sie fest glaube, daß in einer helleren Zeit, wenn die Welt dafür reif geworden sei und es dem Himmel gefiele, eine neue Wahrheit offenbart werden würde, um die ganze Beziehung zwischen Mann und Frau auf einen festeren Boden gegenseitigen Glücks zu stellen.

Nathaniel Hawthorne, *Der scharlachrote Buchstabe*

Erster Teil

1. Sex und Stummheit

Ich schreibe eine Geschichte, deren Ende noch offen ist. Zunächst möchte ich Ihnen den Anfang zeigen, damit Sie eine Vorstellung davon bekommen.

Als Anne ihrer Mutter eröffnet daß sie Alex heiraten werde, senkt ihre Mutter den Blick, tut einen langen, gleichmäßigen, tiefen Atemzug, wie eine Gospelsängerin, die ihren Körper auf eine Freudenhymne vorbereitet, und sagt beim Ausatmen: »Gott sei Dank.« Diese sehr persönliche, intime Reaktion überrascht Anne, ja sie fühlt sich durch sie geradezu ausgeschlossen, aber andererseits versteht sie auch wieder das Entzücken ihrer Mutter.

Anne selbst hatte ja kaum anders reagiert, nachdem sie fast schon die Hoffnung aufgegeben hatte einen solchen Mann zu finden – ausgeglichen und normal, meist gut gelaunt, mit einem bedächtigen, kauzigen, unkonventionellen Humor, einen Mann, der aber doch gleichzeitig das Zeug zum Erfolg hatte und der ihr das Gefühl gab, daß sich mit ihm wirklich auskommen ließ, daß er ein guter Ehemann sein werde.

Vier Jahre später – und ein Jahr nach der Geburt ihres Sohnes – kehrt die inzwischen sechsunddreißigjährige Anne wieder ins Berufsleben zurück, als Assistentin des Art Directors einer Werbeagentur. Es ist eine Teilzeitstelle. Ein halbes Jahr später stellt sie ein Au-pair-Mädchen ein, das sich von Montag bis Freitag um ihren Sohn kümmert, damit sie wieder voll berufstätig sein kann. Sie ist jetzt zwar häufig müde, aber glücklich.

Der Kollege, mit dem sie am häufigsten zu tun hat, Kurt, ist Produktionsleiter. Er ist Vater eines Kindes, das am gleichen Tag wie Annes Sohn geboren ist; sie erzählen sich, wie drollig und wie anstrengend ihre Babys sind, berichten einander jeden Morgen, wieviel Stunden sie in der vorangegangenen Nacht schlafen konnten. Der Sieger mit der höchsten Stundenzahl lädt den anderen am

Freitag zum Mittagessen ein. Sechs Monate lang bekommt Anne von Kurt allwöchentlich das Mittagessen spendiert.

Eines Freitags beschließen sie, statt beim Lunch ein weiteres Mal Babystories auszutauschen und ihrem erschöpften Körper Salat und San Pellegrino aufzunötigen, einem dringenden Bedürfnis nachzugeben: sie nehmen in der Stadt ein Hotelzimmer und gönnen sich ein Schläfchen.

Am nächsten Freitag tun sie genau dasselbe, nur daß sie sich vorher ein Essen aufs Zimmer bestellen; danach schlafen sie miteinander. Es erscheint ihnen beiden so natürlich, wie ein Mittagessen zu bestellen. Anne empfindet plötzlich eine überraschende Leidenschaft für diesen sanften, verspielten Mann, ein Gefühl von Freude, Leichtigkeit und Offenheit, das sie längst vergessen zu haben schien.

Die beiden beobachten ihre Beziehung aufmerksam, ob das hinzugekommene sexuelle Element ihnen etwas von der Unbeschwertheit ihres Umgangs miteinander oder von ihrem Gefühl von Nähe nimmt. Aber im Gegenteil, ihre Vertrautheit wächst sogar. Sie behalten ihre wöchentlichen Rendezvous zwei Jahre lang bei. Bis heute wundert sich Anne über ihre sexuellen Empfindungen für Kurt und ihr insgesamt gesteigertes Selbstwertgefühl in seiner Gegenwart. Sie liebt diese Freundschaft, die ihr so wohltut. Sie hat Erfolg in der Arbeit und ist nach wie vor dankbar für ihren Mann, mehr denn je im Grunde, da er sich als ein fabelhafter Vater erweist. Sie hat sich zu einer zufriedenen Frau mit vielen überraschenden Facetten entwickelt, einer Frau, die ihre Fähigkeit zum Abenteuer, wie sie hofft, ein Leben lang behalten wird.

Dieses Ende ist keine Finte, denn meine Geschichte *hat* überhaupt kein Ende. Ich weiß noch nicht, ob Anne ihrem Mann von ihrer Liebesaffäre erzählen wird – und wenn ja, ob er ihr verzeiht –, ob sie ihre Beziehung zu Kurt beenden oder ob sie beide Beziehungen beibehalten wird. Was ich allerdings weiß, ist, daß sie sich nicht unter einen Zug werfen wird. Und sie wird weder aufgehängt noch gesteinigt noch verbrannt werden, und Arsen wird sie auch nicht schlukken. Ich glaube nicht einmal, daß Alex sie hinauswerfen oder daß Kurt ihr am Ende wegen des Vergnügens, das er einst gemeinsam mit ihr genossen hat, aus dem Weg gehen wird; oder daß ihre schockierten Nachbarn sie schneiden werden. Ich hoffe, sie wird nicht entlassen werden, weil ihre Firma keine privaten Kontakte zwischen ihren Mitarbeitern duldet, und ich rechne auch nicht mit einem erbitterten Schwurgericht, das sie, empört über ihre Treulosigkeit, zu einer Soziopathin, Nymphomanin oder einer unfähigen Mutter erklären wird, weil sie es fertigbrachte, ihren Mann zu lieben und gleichzeitig mit einem anderen Mann zu schlafen. Vielmehr stelle ich mir vor, daß Anne auch weiterhin ein sehr erfülltes Leben führen wird, immens bereichert durch ihre Liebesgeschichte.

Dieses Nicht-Ende ist die neue Variante eines alten Themas. Dem Thema Ehebruch entgeht man kaum, sei es in Romanen, Theaterstücken, Filmen oder Opern; seit Homer ist die Literatur voll davon, und das Interesse daran dauert unvermindert an. Schon Denis de Rougemont, der Verfasser von *Die Liebe und das Abendland*, hat das festgestellt: »Der Literatur nach zu urteilen, scheint Ehebruch sowohl in Europa als auch in Amerika eine der bemerkenswertesten Beschäftigungen zu sein.« Wenn es dabei allerdings um ehebrechende Frauen geht, sind sie gewöhnlich bald erledigt. Man denke an Anna Karenina, Madame Bovary, Hester Prynne, Tess von den d'Urbervilles. Ihr Geist schwebt über jeder Ehebruchsgeschichte, die wir hören. Ihre Geschichte, selbst ihre Namen sind identisch mit Sünde, mit Tod, Isolation, Scharde, Schuld. Ja, man zeige mir eine verheiratete Frau, die eine Liebesbeziehung hatte – und zwar eine leidenschaftliche, nicht eine bloß oberflächliche, sie nicht weiter berührende – und es geschafft hat, auch weiterhin ein lebenswertes Leben zu führen: das wäre wirklich die absolute Ausnahme, die einzig aufrechte in einem Heer von gescheiterten Heldinnen.

Ehebrechende Frauen werden bestraft, treulose Ehemänner im allgemeinen nicht. Und im Innersten sind wir überzeugt, daß fremdgehende Männer nichts Tadelnswertes tun – auf jeden Fall nichts, was aus ihrer Art schlägt. (»Wenn du Monogamie willst, heirate einen Schwan«, rät ein Vater seiner Tochter in Nora Ephrons Film *Heartburn* von 1986, als sie sich über die Untreue ihres Mannes beklagt.) Im Gegenteil, wir haben das Gefühl, daß sich solche Männer natürlich verhalten, normal, und außerdem entsprechend den romantischen Geschichten über höfische Minne, in denen es absolut nicht unanständig ist, Hindernisse, die dem Besitz einer verbotenen Frau entgegenstehen, zu überwinden – im Gegenteil, es ist edel. Diese Männer machen sich praktisch »auf die Suche nach dem WahrenGutenSchönen«, schreibt die britische Soziologin Annette Lawson, Verfasserin des Abschlußberichts einer Untersuchung über außereheliche Sexualität (*Adultery: An Analysis of Love and Betrayal*, 1988).

Eine ehebrechende Frau hingegen kann im Rahmen der Abenteuergeschichte, die die Suche des weiblichen Geschlechts nach dem WahrenGutenSchönen allein auf die nach einem Ehemann verpflichtet, einfach nicht toleriert werden. Eifersüchtige Ehemänner, die ihre Frauen töten – ebenso wie ihre Kinder und den Geliebten ihrer Frau –, füllen die Seiten der Literatur wie die der Zeitungen: Mord ist zwar ein dramatischer Bruch des Ehegelübdes, aber schon der *Verdacht*, daß eine *Frau* außerehelichen Sex hatte, genügt in den Augen vieler zu dessen Rechtfertigung. Shakespeare ist besessen von diesem monströsen Bann, in den allein die Vorstellung von Ehebruch eben noch vertrauensvolle Männer schlagen kann, und von der daraus resultierenden Verwüstung, die diese Männer dann selbst über die reinsten aller Frauen bringen – alles im Namen der Liebe.

Die Vorstellung, daß ehebrechende Frauen befleckt, unrein, abartig, unnatürlich, entmenscht seien (»O du Ding!«, schreit Leontes die unschuldige Hermione in *Ein Wintermärchen* an), durchtränkt unser Bewußtsein so vollständig, daß es sogar schwierig ist, in der Literatur eine *unverheiratete* Frau zu finden, die eine Liebesaffäre hat und die nicht aufgrund ihrer Sexualität vernichtet wird. In der Regel wurden sie stigmatisiert, ausgestoßen, das mindestens, oder getötet (oder sie töteten sich selbst), jede dieser strahlenden Heldinnen: Genoveva, Carmen, Mimi, Violetta, Hermione.

Manchmal wurden sie indirekt bestraft: Jane Eyre kriegt zwar ihren Rochester, aber er ist erblindet; Sue Brideheads Schuld treibt sie in den Wahnsinn; Maggie Tulliver in *The Mill on the Floss* verzichtet auf Stephen, schon bevor sie mit ihm geschlafen hat, dann ertrinkt sie – vielleicht bloß, weil sie daran dachte. Eine Affäre kostet die heutigen Protagonistinnen vielleicht nicht mehr das Leben (soweit ich weiß, war Mary McCarthys *A charmed life* (1955) die letzte Geschichte eines Ehebruchs, in der die Frau Selbstmord beging), aber sie kann sie immer noch ihre Ehe, ihren Status in der Gesellschaft und nur zu oft das Sorgerecht für ihre Kinder oder ihren eigenen Unterhalt kosten. Es gibt bloß eine Handvoll von Romanen, in denen die ehebrechende Heldin nach einer leidenschaftlichen Affäre nicht entweder ruiniert oder unzufrieden zurückbleibt.* Die Bestrafung geht weiter, in der Literatur wie im Leben. Die Heldin in Jane Smileys Novelle *Ordinary Love* (1989), Rachel Kinsella, gesteht ihre Affäre mit ihrem Nachbarn, und ihr Mann reagiert, indem er sie erst mal zu Boden schlägt und sie umzubringen droht, falls sie das gemeinsame Haus nicht am nächsten Morgen verlasse. Dann schlägt er sie nochmal zusammen, entführt ihre fünf gemeinsamen Kinder und übersiedelt mit ihnen nach England, ohne den geringsten Hinweis auf ihren Aufenthaltsort zu hinterlassen. Sobald ihr Geliebter erfährt, daß sie die Beziehung zu ihm gestanden hat, lehnt er es ab, sie wiederzusehen oder je wieder mit ihr zu sprechen. Frappierend deutlich wird hier die Korrelation zwischen Sex und Schweigen, denn sowohl ihr Ehemann als auch ihr Liebhaber löschen Rachel aus, verbannen sie aus ihrem Leben, reduzieren sie zur Unperson. Beide lassen sie total fallen – ihr Mann, weil sie fremdgegangen war, ihr Liebhaber, weil sie darüber gesprochen hatte.

In allen Kulturen, die Untreue verurteilen, wird die der Frauen heftiger verurteilt; da, wo Untreue bestraft wird, werden Frauen härter bestraft. Die Anthropologin Suzanne Frayser hat Untreue in 62 vergangenen und gegenwärtigen Kulturen untersucht und festgestellt, daß in drei Viertel dieser Gesellschaften Ehebruch für Frauen oder für beide Geschlechter verboten war bzw. ist. In denjenigen, die Ehebruch gestatteten war er in *keinem einzigen Fall* allein den Frauen gestattet. In 26 Prozent von 58 Kulturen ist dem Ehemann dagegen außerehelicher Sex gestattet, nicht aber der Ehefrau. Und von 48 Gesellschaften räumten 26 – mehr als die Hälfte –

---

* Etwa Daniel Defoes Moll Flanders; Willa Cathers Marian Forrester; Edith Whartons Mme. Olenska; Erica Jongs Isadora Wing; Margaret Drabbles Jane Gray; Doris Lessings Anna Wulf und Martha Quest; Laurie Colwins Polly Demarest; Gail Godwins Jane Clifford; Margaret Atwoods »Lady Oracle«; Margaret Laurences Morag Gunn.

dem Ehemann das Recht ein, seine untreue Frau zu töten. Befremdet durch die Tatsache, daß verbotener Geschlechtsverkehr – sprich außerehelicher Sex – in diesen Gesellschaften als Scheidungsgrund der Männer erst an dritter Stelle rangierte, zieht Frayser die Schlußfolgerung: »Mir wurde klar, daß Untreue in vielen Fällen deshalb gar nicht vor Gericht kommt, weil die Ehefrau getötet wurde.«

Manche Gesellschaften umschiffen die Frage der Gerechtigkeit einfach, indem sie »Ehebruch« für jedes Geschlecht anders definieren: Nach hebräischem Recht – wie es noch in der Bibel steht, aber von Kultur zu Kultur variiert – machte sich eine verheiratete Frau des Ehebruchs schuldig, wenn sie mit irgendeinem Mann außer dem eigenen geschlechtlich verkehrte; ein verheirateter Mann dagegen galt als Ehebrecher nur dann, wenn er mit der Frau eines anderen Mannes schlief. (Er wurde faktisch weder für die »Außerehelichkeit« noch für den »Sex« als solchen bestraft, sondern für das unbefugte Betreten des Territoriums eines anderen Mannes, für die Mißachtung von Besitzrechten.)

Je nach der Kultur wird die Ehebrecherin mit einem Schürhaken gebrandmarkt, ihre Beine werden von einer Lanze durchbohrt, man überläßt sie anderen Männern der Gemeinschaft, die mit ihr schlafen möchten – oder sie wird getötet, wie zum Beispiel bei den Senufos und Bambaras in Westafrika. Auch nach moslemischem Recht darf ein Mann ohne weiteres seine Frau ermorden, wenn er entdeckt, daß sie außerehelichen Geschlechtsverkehr hat. Im heutigen Saudi-Arabien wird sie gesteinigt. In Teilen von Mexiko schneidet man ihr eventuell Nase und Ohren ab – *bevor* man sie steinigt.

Weibliche Sexualität ist so eng mit Bestrafung verknüpft, daß das Schicksal der Frauen immer davon betroffen ist, gleich ob sie sich innerhalb oder außerhalb der geheiligten Institution Ehe befinden. So gesteht man auch Anna, der Heldin von Sue Millers *The Good Mother*, nach ihrer Scheidung keine neue Liebesbeziehung zu, obwohl sich ihr früherer Mann in einer neuen Ehe eingerichtet hat – weil sie Mutter eines Kindes ist. Auch der vom Gericht bestellten Psychologin, die sie als gute Mutter einschätzt, weil sie eine gute Beziehung zu ihrer Tochter habe, gelingt es nicht, das Stigma der Sexualität zu entkräften und das Gericht zu überzeugen. Eine sexuell aktive Frau hat, mit anderen Worten, einen verderblichen Einfluß auf ihr Kind und verdient nicht, dieses zu behalten. Eine sexuell aktive Frau ist keine gute Mutter.

Das Romantik-Skript

Nabokov hat einmal über *Madame Bovary* gesagt, Ehebruch sei »ein höchst konventioneller Weg, um sich über die Konventionen hinwegzusetzen«. Sicherlich ist der Ehebruch ebensosehr eine Institution wie die Ehe selbst, mit seinen eigenen Regeln und seiner eigenen Geschichte. Männer, für die außereheliche Beziehungen immer etwas Alltägliches waren, haben für sich selbst Schlupflöcher in das Ehesystem eingebaut; für sie stellt Ehebruch keinen Verstoß gegen die guten Sitten dar. Für Frauen ist es jedoch alles andere als konventionell, diese eine Regel zu brechen, die seit so langer Zeit so bedingungslos gegolten hat und die eine solche Strafe garantiert, wie sie Anna oder Emma oder Tess oder Hester und viele andere dieser unwiderstehlichen, leidenschaftlichen Heldinnen über sich haben ergehen lassen müssen, die wir geliebt und verloren haben.

Ehebruch ist also für Frauen ein ziemlich revolutionärer Weg, sich über die Konventionen hinwegzusetzen – falls sie ihn überleben. Das – stets absolut geltende – Ehebruchverbot ist nach wie vor in Kraft, und für Frauen steht immer noch viel auf dem Spiel. Das können Legionen einst ehebrechender und jetzt geschiedener Frauen, deren Lebensstandard drastisch gesenkt wurde, bezeugen. Während sich die Regeln für das voreheliche Sexualverhalten sehr gelockert haben, ist das Verbot von außerehelichem Sex ebenso rigide wie in den Tagen Anna Kareninas – obwohl wir wissen, daß sich viele Frauen nicht daran halten. »Erfolgreicher« Ehebruch, und damit meine ich eine Liebesbeziehung, die ungeachtet ihres Ausgangs das Leben einer Frau bereichert, ist ein Oxymoron – die zwei Worte sind so antithetisch, die Idee ist so ketzerisch, daß sie unvorstellbar klingt.

In dem einzigen Lebensentwurf, der für Frauen existiert – abwechselnd als Ehe-, Romantik- oder Erotikskript bezeichnet –, ist der Star Mr. Einzig-Richtig. Die Frau in der Geschichte, ob Dornröschen oder die Prinzessin von Wales oder Lieschen Müller, wird von Mr. Einzig-Richtig erwählt und irgendwohin entführt, wo sie beide fortan »bis an ihr Lebensende« glücklich sind. Es ist eine Geschichte mit einem ungeheuren Sog, wie wir alle wissen; sie bewirkt, daß Frauen glauben – viele tun das auch heute noch in einem Winkel ihres Herzens –, wirklich bis an ihr Lebensende glücklich zu sein, wenn sie nur erst den »Richtigen« gefunden, sich in ihn verliebt und ihn geheiratet haben. Wenn wir uns die Geschichte unseres Lebens vorstellen, können wir kaum anders, als sie in Einklang mit den Mustern jener Mythen zu entwerfen, die wir bereits kennen, die man uns erzählt hat und die wir in uns tragen. Wie Kinder darum betteln, daß man ihnen immer wieder dieselben Gute Nacht-Geschichten erzählt, so sehnen wir uns nach einem verläßlichen und beruhigend-vertrauten Ausgang der Geschichte, inszenieren ihn offenbar immer wieder neu. »Der Mythos und seine kleine Schwester, das Märchen, formen Geschichten aus all jenem, von dem wir nicht wissen, daß wir es wissen«, schreibt die Romanautorin Lore Segal. »Sie pflegen vertrauten Umgang mit unseren Wünschen und Alpträumen...«

Wenn wir das Romantik-Thema näher betrachten, werden wir merken, daß nach dem Szenenwechsel von der Brautzeit zur Ehe nur die Geschichte von Mr. Einzig-Richtig weitergeht, nicht aber die unserer Heldin. Nachdem sie ihr implizites Ziel, Ehefrau zu werden, erreicht hat, ist ihre Geschichte zu Ende. Sobald sie sich in dem kleinen weißen Häuschen eingerichtet hatte, von dem Augenblick an, in dem sie Ehefrau geworden war, »starb die junge Frau als Subjekt, hörte als handelnde Figur auf, zu existieren«, wie Carolyn Heilbrun in *Writing a Woman's life* ausführt; sie verschmachtet auf den Seiten ihres Lebensromans ohne Stimme, kaum noch eine Heldin zu nennen, in eine Fabel verbannt, die keine entscheidende Entwicklung mehr zuläßt. Diese nirgendwo hinführende Geschichte ist dennoch das einzige Drehbuch, das für das Leben einer Frau geschrieben wurde, genauso wie das immerwährende Glück (das heißt, die monogame Ehe) das einzige ist, was ihren Erfolg als Frau in dieser Gesellschaft gewährleistet. Moderne Frauen, die sich dessen bewußt sind, fühlen sich durch die Verlockung und die Gefahr dieses romantischen Drehbuchs hin- und hergerissen.

Wenn uns auch Mythos und Literatur prägen, so ist doch heute die Popkultur bestimmend – und der Film, ihr populärstes Medium, liefert uns diejenigen romantischen Schlüsse, die am deutlichsten unsere gegenwärtigen moralischen Positionen widerspiegeln. Der Film *Fatal Attraction* – die Geschichte eines Mannes, der mit einer Frau Ehebruch begeht, die das nicht tut (sie ist unverheiratet) – gibt uns eine Ahnung davon, wie unerträglich es ist, wenn eine Frau hartnäckig erotische Ansprüche stellt. Der Filmschluß mußte dreimal umgeschrieben werden, bis man endlich einen hatte, der den Blutdurst der Zuschauer stillte – nicht etwa nach dem Blut des Ehebrechers, sondern nach dem der sexuell aktiven Frau, die sich nicht mit dem flüchtigen Abenteuer zufriedengeben wollte, das er ihr anbot.

Schluß Nummer eins: Von ihrem verheirateten Liebhaber verlassen und darüber fassungslos und verzweifelt, nimmt sich Alex, gespielt von Glenn Close, das Leben. Sie schneidet sich die Kehle durch, schafft es aber, Dan (ihrem ehebrecherischen Liebhaber, gespielt von Michael Douglas) den Mord an ihr in die Schuhe zu schieben. Er wird eingelocht und aufgrund seiner Schuld an ihrem Tod verurteilt. Diese Version fiel bei den Zuschauern, denen sie vorgeführt wurde, glatt durch.

In der nächsten Fassung nimmt sich Alex immer noch das Leben, sorgt immer noch dafür, daß Dan für ihren Tod büßen muß, aber diesmal wird Dan von seiner Frau, der tugendhaften Beth (Anne Archer) gerettet, der es gelingt, Beweise für die Unschuld ihres Mannes zu erbringen. Dieser Schluß wurde von den Zuschauern zwar als weniger enttäuschend empfunden, aber er war immer noch keine genügend harte Strafe für die besitzergreifende, wildernde und vielleicht sogar schwangere Alex.

In der endgültigen Fassung begeht Alex keineswegs Selbstmord; sie erhebt sich aus einer Badewanne – ein tollwütiges, schreckenerregendes Geschöpf, das einem Gruselfilm entsprungen zu sein scheint –, und während sich Dan mannhaft bemüht, sie zu erwürgen und zu ertränken, gelingt es seiner Frau, den Todesschuß ins Herz ihrer Rivalin abzufeuern. Hier endlich, 1,3 Millionen Dollar später, bekommt das Publikum, wonach es verlangt: die Todesstrafe. Für den Ehebrecher? Nein. Für die Frau. Die sexuell aktive Frau.

In Dans Leben herrscht nun wieder Ordnung. Er kehrt heim zu

seiner Familie, die anständige Gattin hat sich an der unanständigen Nebenbuhlerin gerächt, und wenn wir das Kino verlassen, sonnen wir uns in der Tugendhaftigkeit und Unverletzlichkeit der heiligen Familie: In der letzten Szene ist ein Foto von Dan, Beth und ihrem Kind zu sehen – in einem Bilderrahmen.

Woody Allens *Alice* kommt der Lösung, daß eine *verheiratete* Frau außereheliche Sex hat und am Ende physisch und psychisch intakt bleibt, noch am nächsten. Alices Affäre wird jedoch »gerechtfertigt«, denn sie und wir werden wie durch Zauberei Zeugen des Büroflirts ihres Mannes. Auch in *Sex, Lügen und Video* läßt sich die sympathische Heldin Ann auf eine Liebesbeziehung ein – aber erst, nachdem sie entdeckt, daß ihr Mann mit ihrer Schwester Cynthia schläft.

Können wir erst durch solche Manipulationen Sympathie für das Handeln dieser Frauen entwickeln? Könnten wir auf Alices Seite sein, ohne vom Verhältnis ihres Mannes zu wissen? Würden wir mit Ann sympathisieren, ohne ihre Schwester und ihren Mann in ihrem Ehebett gesehen zu haben?

Eine glaubwürdige Frau

Das bringt mich wieder zu Anne und Alex zurück. Ich muß Sie fragen: Sind Sie bereit, etwas über eine Frau zu lesen, die fremdgeht, obwohl ihr Mann es nicht »verdient«? Sind Sie aufgeschlossen für einen anderen Lebensentwurf, eine andere Heldin und einen anderen Blickwinkel? Eigentlich frage ich Sie, ob Sie etwas über eine sexuell aktive Frau hören wollen, die nicht stumm bleibt und deren Geschichte nicht tragisch endet, eine Ehebrecherin, die nicht ihrer Leidenschaft wegen vernichtet wird.

Denn ob meine Geschichte funktioniert, hängt auch von der Aufhebung dieser vermeintlichen Zwangsläufigkeit ab. Madame Bovary zum Beispiel kann ihrem Schicksal nicht entrinnen: 1857 durchlebten Frauen in der ganzen Welt dieselbe Geschichte. »Alles, was man erfindet, ist wahr, dessen kannst Du sicher sein«, schrieb Flaubert an seine Geliebte, Louise Colet, während er an seinem ersten und berühmtesten Roman schrieb. »...Meine arme Bovary leidet und weint ohne Zweifel in ebendiesem Augenblick in zwanzig Ortschaften von Frankreich.« Die Gefühle, Verhaltensweisen und das Schicksal einer Figur müssen den Lesern glaubwürdig erscheinen; nur dann kann sie, wie Malcolm Cowley über Emma Bovary schrieb, zu »einer jener Archetypen [werden], die die literarische Phantasie bevölkern«.

Es war, mit anderen Worten, unvermeidlich, daß Flauberts arme Bovary leiden und sich dann umbringen mußte, trotz der leidenschaftlichen Identifizierung ihres Schöpfers mit ihr (»*Ich* bin Emma Bovary«, pflegte er Lesern zu sagen, die wissen wollten, welche Person ihm als Vorlage gedient hatte). Es war logisch, daß Anna Karenina das gleiche Ende finden würde, obwohl Tolstoi zugab, sich in sein Geschöpf verliebt zu haben, als er sie Gestalt annehmen ließ – und obwohl er vorgehabt hatte, eine simple Moralgeschichte zu schreiben. Verliebt oder nicht, die Eisenbahngleise waren Annas unentrinnbare Bestimmung. Thomas Hardy zögerte – ebenso wie Flaubert und Tolstoi –, seine geliebte, schöne, weitherzige Tess ins Jenseits zu befördern, ließ sich jedoch schließlich dazu herbei, obwohl, wie Irving Howe bemerkt, »es ihm so schwerzufallen scheint, sich von Tess loszureißen, wie einem schwergeprüften Vater«. Howe untersucht das Dilemma dieses Vaters, der seine vor Leben und Sex strotzende Tochter liebt und sie vor Schaden bewahren will. »Er ist so liebevoll zu Tess, wie Tess es zur Welt ist.« Aber nicht so liebevoll, daß er ihre zwei Liebhaber daran hindern würde, sie zu verraten, und nicht so väterlich, daß er sie vor dieser gräßlichen Dreschmaschine retten oder es so einrichten würde, daß sein geliebtes Geschöpf nicht gehängt wird. Nein, die Männer, die diese Frauengestalten schufen und sie liebten und bewunderten, haben sie auch getötet. Auch in der amerikanischen Literatur ist, wie der Kritiker Leslie Fiedler anmerkt, die einzig wirklich tugendhafte Frau eine tote Frau.

LeserInnen, die diesen dem Untergang geweihten Heldinnen zum erstenmal begegnen, könnten sich sehr wohl fragen: »Wenn sie so wunderbar sind und wenn die Männer sie so liebten, warum werden sie dann umgebracht?« Im Gegensatz zum klassischen tragischen Helden, dessen Hochmut oder Torheit ihn zu einem Leiden verurteilt, das schließlich wieder mit ihm aussöhnt, braucht die tragische Heldin keinen entscheidenden Mangel zu haben, um ihr tragisches Ende zu rechtfertigen: Tess ist weder hochmütig noch töricht; Anne ebensowenig. Ihr Leiden kommt von außen, nicht von innen; es ist der Rigorismus der gesellschaftlichen Ordnung, nicht irgendein Charakterfehler. Uns bricht das Herz, wenn wir miterleben, wie teuer sie nicht nur dafür bezahlen, daß sie die Grenzen des Anstands überschreiten, sondern dafür, daß sie genau jene Qualitäten besitzen, die Männer veranlassen, sich in sie zu verlieben, und Frauen, sich mit ihnen zu identifizieren.

Und wie sollen wir einen Sinn in den *wirklichen* Tragödien, jenseits der literarischen, erkennen? Wie konnten Flaubert, Tolstoi und Hardy diese vitalen, lebendigen und sexuell aktiven Frauen erschaffen und lieben – und sie dann töten? Wie kann man begreifen, daß Männer besitzen und festhalten wollen, und daß sie, wenn dieser Anspruch auch nur einen Augenblick in Gefahr gerät, bereit sind zu töten? Daß sie einen solchen Mord, wie Othello es tat, die Folge »allzugroßer Liebe« nennen?

Die meisten von uns kennen die Antworten und stellen solche Fragen nicht. Es ist tief in uns, dieses Bild der schönen, starken, verletzlichen, zärtlichen, gütigen, schweigsamen Frau, die wegen ihrer Leidenschaftlichkeit zuerst vergöttert und dann vernichtet wird. (In »Leidenschaft« ist ja »Leiden« und »Passion« enthalten.) Sobald eine Frau aus dem heraustritt, was Nathaniel Hawthorne in seinem Meisterwerk zerstörter Leidenschaft, *Der scharlachrote Buchstabe*, das »eiserne Gehäuse [männlicher] Denkweise« nennt, muß sie unweigerlich mit ihrem Leben büßen. Wir fragen gar nicht erst, warum Männer sie töten oder warum wir so vorhersagbar auf ihr Schicksal reagieren. Vielleicht hängen wir gerade an ihrer Machtlosigkeit, ohne die sie ihren herzzerreißenden Status als das geliebte Opfer verlieren würde, das uns die Tränen in die Augen treibt, während die Gesellschaft sie zermalmt. 1880, drei Jahre, bevor ihr Mann *Anna Karenina* begann, schrieb Sonja Tolstoi: »Er erzählte mir, daß er sich eine gesellschaftlich hochstehende Frau vorstellte, die Ehebruch begangen hat. Er sagte, sein Problem sei, diese Frau nicht als schuldig, sondern als bedauernswert darzustellen...« Vielleicht kann unser Mitleid für eine Ehebrecherin selbst über ein Jahrhundert später nur dann geweckt werden, wenn sie *geopfert* wird, vielleicht kann sie nur dann für ihre Leidenschaft freigesprochen werden. Wird sie *nicht* geopfert, können wir dann immer noch fühlen, was sie fühlt? Oder ist es nur ihr Leiden, das es uns gestattet, einer Frau zu verzeihen, die außerhalb der Ehe sexuell aktiv ist, nur Machtlosigkeit, die ihr Unschuld verleiht, nur Bestrafung, die ihre Tugend wiederherstellt, und nur Tugend, die ihr das Leben rettet? Dürfen die leidenschaftlichen, starken, sexuell aktiven Heldinnen wie Hester und Tess, die die gesellschaftlich gezogenen Grenzen übertreten, ebensoviel Macht haben, über ihr Schicksal zu entscheiden, wie die Gesellschaft, in der sie leben?

Was passiert, wenn wir all unsere Annahmen einmal außer Kraft setzen, wenn wir nicht voreilig über die Moral der Frau urteilen, an ihrem Charakter zweifeln, keine Befürchtungen hinsichtlich ihres Gefühlszustandes hegen? Was ist, wenn unsere Anteilnahme und Sympathie auf ihrer Seite bleiben und sich nicht automatisch, reflexartig auf ihren Mann und die Kinder verlagern? Was, wenn wir unsere Annahmen über Frauen und Liebe, über Ehe und Monogamie in Frage stellen, all diese alten Schablonen und Schlüsse umkrempeln und selbst aus dem eisernen Gehäuse heraustreten? Und wenn unsere Ehebecherin alles andere als bedauernswert ist: Können wir sie dann immer noch lieben oder sie zumindest anhören?

Was wäre, wenn sie Ihre beste Freundin oder Ihre Schwester wäre? Würden Sie sie dann immer noch für total verworfen halten? Würden Sie sie dann immer noch bestraft sehen wollen?

Das »Rätsel der Weiblichkeit«

Während ich für dieses Buch recherchierte, begann ich, an meiner eigenen Fähigkeit, zuzuhören, zu zweifeln. Es gab so wenige weibliche Stimmen, die über die erotischen Bedürfnisse und Gefühle von Mädchen und Frauen sprachen, die ihr Verlangen nach Lust, ihre Freude an ihrer eigenen Sexualität artikulierten. All dies ist eine weitgehend ungeschriebene Geschichte. Was wissen wir denn über die Sexualität von Mädchen in der Adoleszenz? Daß das der Zeitpunkt ist, in dem sie zum Objekt männlicher Leidenschaft und Verehrung werden, ein Faktum, das Männer von D. H. Lawrence bis Philip Roth in Entwicklungsromanen immer wieder geschildert haben. Wie unser Auge die erotische Anziehung eines jungen Mädchens automatisch durch den geblendeten männlichen Blick wahrnimmt, so ist auch unser Ohr auf die Stimme von Männern eingestellt, die die Sexualität von Mädchen beschreiben – als Begehrte, nicht als Begehrende; als sexuelle Objekte, nicht als Subjekte. Wir wissen, wie sie aussehen und wie sie sich anfühlen, wie sie schmecken und wie sie riechen – aber nur aus der Perspektive männlicher Sehnsucht.

Wie kommt es, daß die eigenen sexuellen Empfindungen eines Mädchens keinen Eingang in die Vorstellungskraft unserer Kultur gefunden haben? Wo wird in der »seriösen« amerikanischen Literatur das sexuelle Erwachen einer Frau aus *ihrer* Perspektive beschrieben? Wo spricht dieses vitale junge Mädchen über ihr eigenes sexuelles Begehren – und nicht über das, was sie begehrenswert macht? Wo spricht sie darüber, was sie selbst als erotisch empfindet, und nicht über das, wovon sie hofft, es werde auf andere erotisierend wirken? Wo erzählt Dornröschen von ihrem eigenen Erwachen? Wo schildert uns Lolita ihre eigene Reaktion auf Humbert Humbert? Wo erzählt Marilyn Monroe ihre eigene sexuelle Geschichte? Wie kommt es, daß wir uns über ihre Stummheit nie Gedanken machten, ihre »sexy« Stimme nicht mit ihrer Kleinmädchenhaftigkeit in Zusammenhang brachten, daß uns ihr hingehauchtes Flüstern nicht auf die Idee brachte, daß sie Geheimnisse zurückhielt und gleichzeitig so schwach war, daß man sie kaum hören konnte?

Während der Begriff »männliche Sexualität« starke Bilder für das männliche Begehren heraufbeschwört, lassen die Worte »weibliche Sexualität« nur Vorstellungen von Gebärmutter und Vagina vor das geistige Auge treten, plastische Illustrationen des Fortpflanzungsapparats der Frau, wie er in den Lehrbüchern der Gesundheitsabteilung von Bibliotheken und Buchhandlungen abgebildet ist. Wenige weibliche Stimmen erheben sich, um ihre *Lust* zu beschreiben, um genau zu bestimmen, was gute Gefühle macht und was nicht, um das sexuelle Heranreifen eines Mädchens in Worten zu schildern, von denen sich andere Mädchen angesprochen fühlen.

Kein Wunder, daß Freud 1933 klagte, »das Rätsel der Weiblichkeit« bleibe ungelöst. Das erotische Leben der Männer sei der Forschung zugänglich geworden, notierte er, doch der Eros der Frauen verberge sich noch in undurchdringlicher Finsternis und bleibe daher »ein dunkler Kontinent«. Er ist es noch, eine ganze Welt, gekennzeichnet durch die Stummheit der Frauen.

Erklärungsversuche dieser Stummheit gehen davon aus, daß Frauen nicht wirklich wissen, was sie wollen, oder daß sie nicht sagen, was sie brauchen, oder nicht sagen, was sie meinen, oder nicht meinen, was sie sagen. Leute, die gemerkt haben, wie schwer es Frauen fällt, über das zu sprechen, was ihnen kostbar ist – Liebe und Sexualität –, vertreten gelegentlich auch die Auffassung, ihr Schweigen sei nicht kulturell bedingt, sondern angeboren; selbst wenn sie wüßten, was sie wollen, sprächen Frauen nicht darüber, weil sie »heimlichtuerisch« oder »manipulativ« oder »verschlagen« seien; es fehle ihnen nicht nur eine Stimme, es fehle ihnen noch viel mehr: eine Moral, ein Selbst, die Seele. Oder es wird angedeutet, die Wünsche der Frauen seien einfach nicht zu enträtseln – siehe Freuds Schlußfolgerung –, selbst wenn sie sich äußerten. »Was wollen die Frauen?«, fragte er, hatte die Antwort aber längst parat, daß die Frage prinzipiell unbeantwortbar sei, daß die Erforschung eines solchen Mysteriums nur Chaos zutage fördern würde, daß die Begierden der Frauen dem Reich des Unergründlichen angehörten.

Frauen sind aber nicht von Natur aus stumm; man hat sie zum Schweigen gebracht. Es fehlt ihnen nicht die Stimme, ihre Worte sind nicht willkommen! Frauen haben seit ewigen Zeiten die Korrelation zwischen weiblicher Leidenschaft und Bestrafung miterlebt; sie wissen, daß beides untrennbar blieb. Sie kennen die Geschichten von Anna, Hester und Emma, wissen, was aus männlicher Vergötterung und Eifersucht entsteht; sie sind Zeuginnen dessen geworden, was im Film und im Leben mit sexuell »aggressiven« Frauen geschieht; haben von der Entscheidung von Königen gehört, ihre »geliebte« Königin zu töten, haben die Entscheidung von Autoren registriert, dem Beispiel der Gesellschaft zu folgen und ihre Heldinnen zu töten. Bücher und Bühne haben sie mit den Leichen begehrenswerter, leidenschaftlicher und vitaler Frauen gepflastert gefunden, sie sind in Zeitungen, im Fernsehen und im Kino auf sie gestoßen, und sie haben die Botschaft längst begriffen: *Leidenschaft rächt sich. Sexualität tötet Frauen.* Und sie haben einen klugen Entschluß gefaßt: Sie haben den Mund gehalten.

Die wenigen, die sich dennoch äußern, klingen für unsere Ohren – um ein Wort zu gebrauchen, mit dem man Frauenstimmen, die etwas lauter werden, meist bezeichnet – schrill. Frauen, die über ihre eigenen sexuellen Begierden sprechen, hören sich anders an als andere Frauen; wie ein heranrollender Brecher in ruhiger See. Wenn sie versuchen, ihre erotische Lust zu artikulieren, klingen viele, als übersetzten sie aus einer fremden Sprache. Was sie tatsächlich auch tun. Wenn sie sprechen, klingen sie für unsere Ohren nicht wie *Frauen.* Denn wie eine Frau zu klingen, heißt, überhaupt nicht über Erotik zu sprechen.

Wenn schon Sex als solcher Frauen zum Schweigen bringt, dann läßt verbotener Sex sie um so mehr verstummen. Unerschrockene Schriftstellerinnen müssen sich mit der Tatsache auseinandersetzen, daß ihre Heldinnen keine spezifische erotische Sprache vorfinden, daß die Worte des sexuellen Diskurses männlich sind. Obwohl wir männliche Autoren, die diese Sprache gebrauchen, durchaus schätzen, werden Schriftstellerinnen, die dasselbe tun, als obszön, vulgär, kalt, bedrohlich, beutelüstern, unweiblich oder bestenfalls als unauthentisch bezeichnet.

Und da ist dieses gnadenlose Todesurteil, mit dem sie sich herumschlagen müssen. Zwar geht Erica Jongs berühmte Heldin Isadora Wing weder ins Wasser, noch vergiftet sie sich, aber die Autorin hat durchaus mit dem Gedanken gespielt, ihr das anzutun: »Ich brachte sechs Monate damit zu, den Schluß von *Die Angst vorm Fliegen* zu schreiben und immer wieder umzuschreiben«, sagt sie. »Es war 1973, und das Buch sollte längst fertig sein, aber ich konnte es nicht aus der Hand geben. Ich dachte ständig: ›Sie muß sterben, sie muß sterben‹, und schließlich begriff ich, daß ich das patriarchalische Paradigma verinnerlicht hatte. Obwohl ich schließlich damit gebrochen habe, war etwas in mir da, das es erfüllen wollte.«

Es fällt Ehefrauen schwer, über ihren Ehebruch zu sprechen: Wie können sie wie »Frauen« klingen, wenn sie damit nicht nur das Schweigen über ihre eigene Sexualität und ihre Begierden brechen, sondern auch noch das heiligste Ehegebot? Ehebruch ist verboten –

er ist unaussprechlich, wie der Historiker Tony Tanner in seinem Buch *Adultery in the Novel* (1979) ausführt, »ein Verbrechen, anders als beispielsweise Mord, den man zwar als größere Gefahr für Person, Besitz und Gesetz ansehen kann, der aber in der Gesellschaft niemals *unaussprechbar* war...« (Hervorhebung durch D. H.) Da sie wissen, daß sie gegen eine heilige soziale Norm verstoßen und daß von ihrer Erfahrung nicht gesprochen werden darf, äußern Frauen ihre Gefühle defensiv, zögernd, trotzig oder zaghaft. Ihre Worte werden zuerst über die ungläubigen Ohren der Zuhörerin verarbeitet und erreichen schließlich die schockierten Augen der Leserinnen. Die Wahrheit klingt so leicht falsch; die Sprecherinnen, die so unerwartete Mitteilungen machen, wirken nicht vertrauenswürdig. Sind das *Huren*, die da reden, oder was? fragen wir uns.

»Ich wußte nicht, wem ich es sagen sollte oder wer mir zuhören würde«

So wird die erotische Stimme von Frauen zum Schweigen gebracht. Wir hören sie nicht. Allzu lang hat dieses Verstummen ein trauriges Vakuum hinterlassen, einen Abgrund, angefüllt mit verzerrten Vorstellungen über den Charakter, das Leben und die Sexualität der Frauen. Wie oft haben wir doch gehört:

Frauen sind von Natur aus monogam.

Glücklich verheiratete Frauen haben keine außerehelichen Beziehungen.

Frauen wünschen sich nicht mehrere Sexpartner.

Frauen müssen einen Mann lieben, wenn sie mit ihm schlafen.

Frauen verlieben sich in jeden Mann, mit dem sie ins Bett gehen.

Frauen können nicht mehr als einen Mann zur gleichen Zeit lieben; Frauen mögen keinen unverbindlichen Sex.

Frauen haben ehelichen Sex lieber als unehelichen Sex.

Frauen können Sex nicht von Liebe trennen.

Frauen, die mit anderen Männern außer ihrem eigenen schlafen, leiden an furchtbaren Schuldgefühlen.

Frauen werden durch die körperliche Erscheinung von Männern nicht sexuell erregt.

Aus diesen Behauptungen werden unzählige Vergleiche zwischen männlichen und weiblichen Motiven für die Suche nach außerehelichem Sex abgeleitet: Männer tun dies aus drängenden biologischen Gründen; das hat weder mit der Persönlichkeit der eigenen Frau noch mit der der Geliebten zu tun; Frauen tun es ausschließlich aus emotionalen Gründen. Die Seitensprünge von Frauen, die man stets auf eine unglückliche Ehe zurückführt und nicht auf ihre sexuellen Bedürfnisse, werden somit zu bloßen Vergeltungsakten erklärt, zu einer Waffe, die sie benutzen, um Männer kleinzukriegen oder nachzuahmen oder zu bestrafen. Wenn die Affären von Ehefrauen geplant sind, dann sind sie auch zu verhindern, während die Ehemänner sowohl mit ihren unkalkulierten, unkontrollierbaren und drängenden Leidenschaften als auch mit ihrem biologischen Bedürfnis nach Abwechslung zu kämpfen haben. Und wenn die Affäre einer Frau ein Angriff auf ihren Mann ist oder dessen Verhalten nur nachahmt oder Rache an einem treulosen Mann darstellt, dann ist sie feindselig – während der Seitensprung des Mannes ohne Hintergedanken ausschließlich sexueller Natur ist.

Es ist unmöglich, die frühe Literatur über Sexualität zu studieren – die größtenteils von Männern aufgrund eines Modells männlicher Sexualität und aus der Perspektive überwiegend männlicher kultureller Klischees geschrieben ist –, ohne von dieser unausrottbaren Darstellung dessen über»mannt« zu werden, wer, was und wie Frauen sind und worin ihre Motive bestehen. So führte der Sex-Statistiker Alfred Kinsey seinen Befund, daß Frauen weniger außereheliche Partner haben als Männer, auf ihre geringeren sexuellen Bedürfnisse zurück. Ein anderer Forscher, Robert R. Bell, sah im Altern und im Wunsch, sich der eigenen physischen Attraktivität zu vergewissern, ein Motiv für Seitensprünge von Frauen, nicht aber von Männern. Die Soziologen Gagnon und Simon schrieben 1975 in ihrer Untersuchung zur Sozialisation von Frauen, diese halte sie dazu an, die Sexualität »als eine Form der Dienstleistung für andere« zu betrachten: »Für die Frau finden Sexualakte nicht um ihrer selbst willen statt, sondern um der Kinder, der Familie und der Liebe willen.« Und sie fügten hinzu, »sowohl der eigene Körper als auch der anderer wird von Frauen nicht als ein Instrument des Selbstgenusses betrachtet«.

Die Lügen vom weiblichen Ehebruch

Addiert man all diese »Fakten« über Sexualität und Motivationen von Frauen, so gelangt man zu folgendem Ergebnis über eine Frau, die außereheliche Sex hat:

Ihre Ehe ist schlecht.

Sie liebt den Mann, mit dem sie schläft.

Sie möchte ihn gern heiraten; und sie ist von Schuldgefühlen zerrissen.

Sie ist entweder hoffnungslos verliebt oder, noch schlimmer, sie ist gar keine Ein-Mann-Frau. In diesem Fall hat sie Probleme mit Nähe oder ein narzißtisches Bedürfnis nach sexueller Aufmerksamkeit oder einen Wiederholungszwang, der fordert, daß sie unbewußt das ödipale Dreieck wiederherstellt.

Sie will ihren Kuchen behalten und ihn gleichzeitig essen.

Sie ist hysterisch, bindungsphobisch, eine Nymphomanin, eine schlechte Mutter.

Sie haßt Männer.

Sie ist keine anständige Frau.

Ebenso beunruhigend ist die Neigung mancher Frauen, zu glauben, was man ihnen gesagt hat: daß es Männern im Grunde um Sex geht, Frauen dagegen um Beziehungen. Ich stelle dies in Frage. Zunächst ist das nämlich eine semantische Unterscheidung, die Männern und Frauen gesellschaftlich vermittelt wird. Tatsächlich können beide beides wollen. Diese Unterscheidung beinhaltet zudem, daß Sex kein integraler Bestandteil des Vergnügens von Frauen an Beziehungen sei, daß sich eine erwachsene Frau mit einer Intimität begnüge, die nicht auch zutiefst sexuell ist, und daß die in einer Beziehung gefundene Sexualität mit der Zeit zwangsläufig ihren ausgeprägt sexuellen Charakter verliere.

Was wir über die weibliche Sexualität nicht wissen

Obwohl aus neueren Untersuchungen hervorgeht, daß sich die Sexualpraktiken amerikanischer Frauen von dem Bild unterscheiden, das uns aus früheren Studien bekannt war, ist die Wahrheit nicht leicht aufzudecken. Daten über die Häufigkeit von außerehelichem Sex sind schwer zu gewinnen. Kinseys Zahlen sind bis heute nicht ersetzt. Er befragte zwischen 1948 und 1953 12 000 Männer und 6000 Frauen und fand aufgrund seiner Stichprobe heraus, daß 50 Prozent der verheirateten Männer und 26 Prozent der verheirateten Frauen in den USA außereheliche Beziehungen hatten.

So nachdrücklich VertreterInnen des öffentlichen Gesundheitswesens, WissenschaftlerInnen, TherapeutInnen und SexologInnen für eine neue umfassende Untersuchung des Sexualverhaltens eingetreten sind, so dringend wir neue Informationen zur lebenswichtigen Bekämpfung von Aids und anderen sexuell übertragbaren Krankheiten, zum sexuellen Mißbrauch von Kindern, zu Vergewaltigung und zur Senkung der Schwangerschaftsraten Halbwüchsiger benötigten – es bestehen ungeheure Widerstände gegen eine solche Erhebung. Tatsächlich wurden im Juli 1989 Mittel der US-Regierung für eine landesweite Untersuchung der Sexualpraktiken in Höhe von 11 Mio. Dollar gestrichen; die *New York Times* berichtete, konservative religiöse Gruppen seien empört über die Vorstellung, daß Forscher im Auftrag der Regierung Fragen über individuelle Sexualpraktiken stellen wollten. Der Bewilligungsausschuß des Kongresses habe deshalb die Finanzierung verweigert und dem öffentlichen Gesundheitsdienst die Durchführung der Studie untersagt. Im September 1991 blockierten die National Institutes of Health auf den Druck konservativer Politiker hin erneut eine Erhebung über das Sexualverhalten Erwachsener.

Sicherlich ist das Thema sexuell genußfreudiger Frauen – die um des eigenen Vergnügens willen zum Ehebruch bereit sind – so tabuisiert, unser Widerstand dagegen sitzt so tief, die Statistiken darüber sind so unzuverlässig, daß das, was über diese Frauen außerhalb von Romanen, Filmen und Pop-Musik geschrieben wird, uns als fremd und entfremdet entgegentritt. Es wird ebenso leicht abgetan wie diese Frauen selbst. Daß die ganze Nation über Sex schweigt – besonders wenn es um Sex von Frauen geht –, spiegelt unsere Ambivalenz sowohl gegenüber Sexualität als auch gegenüber diesen Frauen wider. All das hat ein erstaunliches Maß an Unwissenheit über Sexualität hervorgebracht. Tatsächlich trägt das erste Kapitel der Untersuchung über die sexuelle Aufgeklärtheit, die in dem 1990 erschienenen *The Kinsey Institute New Report on Sex* enthalten ist, den Titel: »Amerika fällt im Sexualaufklärungstest durch.«

Bei diesem Test, der »ersten national repräsentativen Erhebung über das Sexualwissen der Bevölkerung«, konnte die Mehrzahl der 1974 statistisch repräsentativ ausgewählten erwachsenen Amerikaner und Amerikanerinnen – 55 Prozent – grundlegende Fragen nicht richtig beantworten, etwa ob Frauen während der Menstruation schwanger werden können (ja). Die Mehrzahl konnte zehn der achtzehn Fragen nicht beantworten. Das zeigt nach Auffassung von June M. Reinisch, der Leiterin des Kinsey Institutes und einer der Verfasserinnen des Reports, daß »die AmerikanerInnen bei einer Reihe von Fragen zur Sexualität einschließlich Aids, Homosexualität, Erektionsproblemen, Untreue und Menopause entweder die Fakten nicht kannten bzw. falsch informiert sind«. Unsere Bevölkerung, schreibt sie, »kennt die Tatsachen nicht, die wir wissen müssen, wenn wir sexuell gesund sein wollen«.

Wie ist es in einer so sehr von Sex besessenen Gesellschaft möglich, daß wir dessen Bedeutung doch andererseits so herabwürdigen und unsere Unwissenheit und unser Totschweigen immer wieder rechtfertigen können? Wir wehren uns immer noch dagegen, die Zahlen aufzudecken, die beweisen könnten, was wir bereits wissen, und die uns helfen könnten, damit umzugehen: daß die meisten Teenager bereits Koituserfahrungen haben, wenn sie die High School verlassen; daß sich viele Mädchen nicht gegen Schwangerschaft und Krankheiten schützen. Dennoch verteidigte Louis W. Sullivan, amerikanischer Gesundheitsminister unter Bush, im September 1991 die Streichung einer Jugend-Untersuchung, die bereits von den National Institutes of Health finanziert war. Er fürchtete, die Fragen, die die sexuellen Einstellungen und Praktiken von Teenagern eruieren sollten, könnten den Anschein erwecken, »unverbindlicher« Sex werde akzeptiert.

»Sexuelle Aufklärung fördert *keineswegs* die sexuelle Aktivität unter jungen Menschen«, betonen hingegen die VerfasserInnen des neuen Kinsey Reports, »und ein junger Mensch wird sein Sexualverhalten nach sexueller Aufklärung nicht in Richtung auf mehr oder weniger Liberalität hin verändern.«

Was die Sexualität erwachsener Frauen betrifft, so fürchtet man offenbar, eine Befragung von Frauen zu außerehelichen Beziehungen könnte mit deren Billigung gleichgesetzt werden. Bücher und Zeitschriften treten endlos den einen Aspekt der Realität breit, den auch wir uns nicht genötigt fühlen totzuschweigen: die Seitensprünge von *Männern*. Sie konzentrieren sich nach wie vor darauf, enttäuschten Ehefrauen zu helfen, mit dem Unglück der Treulosigkeit der Männer – ihrer Männer – fertigzuwerden, und versprechen, ihnen zu helfen, ihre Ehe zu retten, treulose Gatten auf den rechten Weg zurückzuführen, die Monogamie wiederherzustellen, ja selbst mit der Bisexualität eines Ehemanns fertigzuwerden. Durch dieses ständige Wiederkäuen des Status quo, dieses Recycling bloß einer Hälfte der Geschichte, lullt man uns in dem Glauben ein, sexuelle Seitensprünge von Frauen seien kein Thema.

Aber sie sind ein Thema. Frauen gehen so viel fremd, daß Kinsey überrascht wäre – obwohl er vor 35 Jahren selbst zugab, seine eigenen Zahlen über Ehebruch könnten durch die Scheu untreuer Frauen vor offenen Äußerungen ebenso verzerrt worden sein wie durch den Wunsch der Männer, als Ehebrecher zu gelten. Eine landesweite Untersuchung fehlt, wie gesagt, und die vorhandenen Studien warten mit unterschiedlichen Zahlen auf. Paul Gebhard, einer der Verfasser der früheren Kinsey Reports, faßte 1978 die vorhandenen Daten zusammen und gelangte zu dem Schluß, der Prozentsatz »fremdgehender« Frauen habe sich seit Kinsey auf etwa ein Drittel erhöht, während die Zahl für die Männer weiterhin um die 50 Prozent liege. *Cosmopolitan* führte 1980 eine großangelegte Befragung von 106 000 Frauen durch, die ergab, daß 41 Prozent außereheliche Affären hatten. *Playboy* befragte 1982 100 000 verheiratete Frauen und Männer und stellte bei 38 Prozent der Frauen und 48 Prozent der Männer außereheliche Beziehungen fest – wobei verheiratete Frauen unter dreißig mit größerer Wahrscheinlichkeit Seitensprünge gemacht hatten als verheiratete Männer des gleichen Alters.

Von den 12 000 Personen, die Pepper Schwartz für ihr Buch *American Couples* (1983, mit Co-Autor Philip Blumstein) interviewte, bekannten sich »gleich viele zu außerehelichem Sex: 25 Prozent sowohl der Männer wie auch der Frauen. Sie fangen früher damit an«, schrieb sie, »und ihre Seitensprünge sind gleich häufig.«

Eine Untersuchung von Thor Data/New York City (1986) erfaßte 2000 berufstätige Frauen mit College-Abschluß im Alter zwischen 25 und 50. Ihren Erkenntnissen zufolge hatten von den 36 Prozent Verheirateten 41 Prozent zum Zeitpunkt der Befragung oder früher außereheliche Liebschaften. Dem Kinsey Institute zufolge bekannten sich 29 Prozent der Ehefrauen – und 37 Prozent der Ehemänner –, die für den Report von 1990 befragt wurden, zu außerehelichen Sexualbeziehungen.

Obwohl wir immer noch das Ideal sexueller Treue hochhalten, scheint annähernd dieselbe Zahl von Frauen wie Männern diese nicht zu praktizieren, schreibt Federick Humphrey, Soziologe und Familientherapeut, der das Thema außerehelicher Beziehungen seit dreißig Jahren studiert. »Es ist statistisch ›normal‹ für Menschen beiderlei Geschlechts, eine außereheliche Affäre zu haben, wenn wir die Tatsache akzeptieren, daß die Hälfte oder mehr der Verheirateten es tun«, meint er. »Und ich wage zu behaupten, daß die Hälfte der amerikanischen Ehefrauen zu einer Affäre bereit ist – das ist eine konservative Schätzung.«

Daß es Frauen nicht um die Sexualität der Männer geht, sondern um ihre eigene, wird so lange ein Tabu bleiben, solange das Sexualleben der Frauen – wie es wirklich ist, nicht, wie es unserer Ansicht nach sein sollte – ein Thema ist, bei dem wir größtes Unbehagen empfinden. Solange wir es für nötig halten, eine Frau, die sich auf außerehelichen Sex einläßt, zu einer Unperson zu reduzieren und ihre Äußerungen, wenn sie über Begierde und Sex spricht, als unnatürlich, unwirklich und unglaubhaft abzutun, wird den Frauen jedes Gespräch über sexuelle Wünsche im Hals steckenbleiben. Denn das Faktum anzuerkennen, daß eine zunehmende Zahl von Frauen außerehelichen Sex genießt, bedeutet, zunächst einmal die Sexualität der Frauen anzuerkennen; und das wiederum führt zu der Frage, wie die Natur der Frauen denn in Wahrheit beschaffen ist, was ihre Wertvorstellungen sind und was Frauen wirklich wollen, hier und jetzt, heute.

Weibliches Begehren: eine neue Sprache

Ich hatte etwa ein Jahr für dieses Buch recherchiert, als ich in ein beunruhigendes Dilemma geriet, das mich mit dem Kern dieser Frage konfrontierte. In den über zwanzig Jahren, in denen ich über Beziehungen, Bekanntschaften, Ehe, Scheidung und Wiederverheiratung geschrieben habe – einschließlich meiner Jahre als Redakteurin bei *Redbook, Family Health* und *McCall's* und als freie Mitarbeiterin von *Mademoiselle* –, habe ich Hunderte von Frauen über ihre Sexualität interviewt. Doch erst in den letzten zehn Jahren hörte ich Neues: Lust und das Bestehen darauf – selbst wenn sie nicht in der Ehe gefunden wird.

Ich hatte bereits Daten, aus denen hervorging, daß sich heute jüngere Frauen in einem früheren Stadium ihrer Ehe auf außerehelichen Sex einlassen, als dies bisher der Fall war: Kinsey hatte geschätzt, daß seine 26 Prozent Frauen, die Affären hatten, diese vor dem vierzigsten Lebensjahr hätten. Etwa zwanzig Jahre später stellten die Forscher Robert R. Bell und Dorthyann Peltz in einer Untersuchung fest, daß derselbe Prozentsatz von Frauen bereits mit 35 Jahren außereheliche Sexualbeziehungen hatte, und daß diese Zahl auf 40 Prozent gestiegen war, wenn sie das vierzigste Lebensjahr erreichten. In einer anderen umfassenden Untersuchung des Sexualverhaltens, die 1972 von der Playboy Foundation durchgeführt wurde und 1974 herauskam, berichteten 24 Prozent der Ehefrauen unter 24 über außerehelichen Sex – das Dreifache von Kinseys Zahl für diese Altersgruppe.

1989 erweiterte ich mein Sample und nahm erneut mit den Frauen Kontakt auf, die ich im Lauf der Jahre interviewt hatte – ich redete mit ihnen und ihren Freundinnen, mit meinen Freundinnen und mit Freundinnen von Freundinnen – über außerehelichen Sex. Mit so viel Interesse hatte ich nicht gerechnet. Jede schien eine Frau zu kennen, die sich beteiligen wollte. So oft ich das Thema bei einem Mittag- oder Abendessen ansprach, sagte jemand: »Rufen Sie mich an.« Als ich in Literaturzeitschriften, Stadtjournalen und Zeitungen inserierte, um von Frauen aus allen Teilen des Landes zu hören, antworteten mir Frauen aller Altersgruppen, von Anfang 20 bis Ende 60. Sie alle hatten ihre Geschichte über Ehebruch zu erzählen.

Viele Frauen hatten nie zuvor ein Wort über ihre Liebschaften verlauten lassen und waren glücklich, eine Gelegenheit zum Reden zu haben; manche sagten mir später, ich, eine Fremde, von der sie wußten, daß sie ihre Hilfe für ein Buch benötigte, sei ihnen eher vertrauenswürdig erschienen als selbst eine enge Freundin oder Therapeutin. Viele wollten ihre Gefühle zusammen mit einer Geschlechtsgenossin erforschen und herausfinden, was andere Frauen empfanden und wie deren Leben verlief. Und sie hofften, daß andere sich weniger stigmatisiert und weniger allein fühlen würden, wenn sie ihre Erfahrungen mitteilten.

Was die Frauen berichteten, unterschied sich von dem, was über Frauen gesagt wird. Tatsächlich wurde vieles von dem, was mir aus der Literatur über Frauen und außerehelichen Sex bekannt war, durch die Äußerungen dieser Frauen weder illustriert noch bestätigt. Ich hörte artikulationsfähige, leidenschaftliche Frauen über ihr sexuelles Selbst außerhalb ihrer Ehe sprechen, sie brachen das Schweigen und rangen darum, in all dem einen Sinn zu finden. Stimmen wie die ihren fehlten jedoch auffallend in den wissenschaftlichen Abhandlungen. Auch in der psychoanalytischen Literatur, die voll ist von Theorien über weibliche Sexualität und Deutungen der geheimsten Motive außerehelicher sexueller Aktivität von Frauen, kommen wenige Frauen selbst zu Wort, und selten nehmen Frauen die Deutungen vor. Ich entdeckte, daß die eigenen Geschichten der Frauen nicht mit den Geschichten übereinstimmten, die ich »kannte«; daß das, was sie sagten, etwas anderes war als das, was mich die Literatur glauben gemacht hatte.

Ich mußte eine Entscheidung treffen: entweder die Frauen der Literatur anzupassen, in welchem Fall ich viele ihrer Äußerungen als irrelevant oder unwahr hätte übergehen müssen; oder zu glauben, was sie mir mitteilten, in welchem Fall ich manche tief verwurzelte Vorstellung über Frauen und deren Wünsche würde überprüfen müssen. Ich beschloß, es mit den Frauen zu halten, weil vieles, was ich von ihnen gehört hatte, bedeutsame Übereinstimmung zeigte und ihnen wirklich unter den Nägeln zu brennen schien. Ihre Stimmen sollten die wichtigsten Stimmen in meinem Buch sein.

Sobald ich mir darüber klargeworden war, wurden meine Interviews mit den vielen PsychologInnen, PsychiaterInnen, SoziologInnen und EhetherapeutInnen sekundär gegenüber den Gesprächen mit den Betroffenen selbst. Eine neue Geschichte entfaltete sich; wenn ich einen Sinn darin finden sollte, durfte ich ihr nicht meine eigene oder jemandes anderen vertrautere Geschichte darüberstülpen.

Dieses Buch ist keine wissenschaftliche Studie. Meine Fragen und Resultate analysiert nicht der Computer, sondern ich selbst. Meine Schlußfolgerungen sind, da sie von den Frauen selbst stammen und von mir interpretiert werden, völlig subjektiv. Diese Frauen repräsentieren nicht alle Amerikanerinnen, ja nicht einmal alle weißen, heterosexuellen Amerikanerinnen, und ich behaupte nicht, daß ihre Geschichten unbedingt typisch sind. Allerdings haben die intensiven Gespräche mit den Frauen es mir ermöglicht, weitaus mehr über ihre Ehe und ihr Leben, über ihre Gedanken, Hoffnungen und Träume zu erfahren, als ich gehofft hatte.

Die Frauen, die mit mir sprachen, taten das, wie bald klar wurde, nicht in der Absicht, eine Geschichte mit tragischem Ausgang zu erzählen (vielleicht waren diejenigen, die traurige Geschichten zu erzählen hatten, weniger bereit, mit mir zu sprechen). Sie kamen – und ich glaube nicht, daß ihnen das im Augenblick bewußter war als mir –, weil sie eine erstaunliche Entdeckung über sich selbst gemacht hatten und der Katalysator dieser Entdeckung eine außereheliche Beziehung gewesen war. Ich betone außereheliche *Beziehung*, und nicht außerehelicher *Sex*, weil es die dauerhaften Freundschaften und nicht die flüchtigen Begegnungen waren, die für das Leben dieser Frauen Bedeutung erhielten. Interessanterweise haben Untersuchungen ergeben, daß sich durch Aids zwar die Häufigkeit von Abenteuern für eine Nacht verringert hat und der Wunsch nach sexueller Ausschließlichkeit gestiegen ist, daß längerfristige Beziehungen jedoch davon nicht berührt wurden.

»Zügellose Leidenschaft«

Ein paar Anmerkungen:
Genaugenommen bedeutet der Begriff »Monogamie« Ehe mit
einem Partner. Ihr Gegenteil ist nicht »Untreue«, sondern »Polyga-
mie«, aber ich gebrauche den Begriff hier ebenso, wie die Frauen ihn
benutzen, im umgangssprachlichen Sinn von sexueller Ausschließlichkeit in einer Ehe. Ich habe die Konnotationen der verschiedenen
Begriffe erwogen, die für außerehelichen Sex existieren – so impli-
ziert »Ehebruch« für mich einen abgeschlossenen außerehelichen
Sexualakt, der sowohl juristisch als auch emotional ein Verbrechen
darstellt, während »Untreue« und »Treulosigkeit« an Unehrlichkeit und Betrug denken lassen, »Seitensprünge machen« und
»fremdgehen« dagegen ein Verhaltensmuster von unemotionalen
Begegnungen suggeriert. In der wissenschaftlichen amerikanischen
Literatur wird inzwischen überwiegend von außerehelichem Sex
(AES) gesprochen, und allein dieser Begriff scheint frei von dem
Urteil zu sein, das in den anderen implizit enthalten ist; dennoch
habe ich die meisten dieser Begriffe in diesem Buch synonym ver-
wendet, da ich die Worte benutzen wollte, die die Frauen selbst
gebrauchten, und ihnen Gelegenheit geben wollte, die Bedeutung
ihrer Liaisons für sie selbst zu erklären.

Ich habe meine Aufmerksamkeit auf sexuelle Beziehungen außerhalb der Ehe beschränkt, obwohl mir SoziologInnen und Psycho-
therapeutInnen versicherten, daß nichtsexuelle außereheliche Beziehungen als ebenso kompliziert und erschütternd empfunden
werden können wie sexuelle. Ich habe meine Überlegungen auch
bewußt auf heterosexuelle Beziehungen beschränkt, obwohl natürlich viele Frauen außerehelichen Sex mit anderen Frauen haben.
Darüber hinaus habe ich keine Frauen befragt, die in »offenen«
Ehen leben, da deren Verhaltensregeln in bewußtem Gegensatz zu
den Regeln für Paare in »geschlossenen« Ehen stehen und dieses
Buch von letzteren handelt.

Eine eingehende Beschäftigung mit den beteiligten Männern und
Kindern hätte bedeutet, ein anderes und konventionelleres Buch zu
schreiben. Mir ging es hier um die Frauen und ihre emotionale Ver-
fassung als Ergebnis ihrer außerehelichen Beziehung bzw. Bezie-

hungen, nicht um ihre Ehen oder ihre Familien. Dieses Bestreben hat etwas Überraschendes zutage gefördert. Denn wenn es stimmt, was die Psychiaterin Jean Baker Miller behauptet, daß die meisten Frauen ihr Leben damit zubringen, »Gutes zu tun und sich dabei schlecht zu fühlen«, so bin ich dem Gegenteil begegnet: Frauen, die »Schlechtes« taten und sich dabei gut fühlten.

Ich interessiere mich jetzt mehr denn je für die unerhörte Fähigkeit von Frauen zur Übertretung von Normen. Und außerehelicher Sex oder »zügellose Leidenschaft«, wie Nathaniel Hawthorne es nannte, ist die entschiedenste Verletzung des Normenkatalogs, der Frauen bewertete, sie in ihren bürgerlichen Freiheitsrechten einschränkte und immer noch einschränkt, trotz der offenkundigen Veränderungen in ihrem Leben, ihrer Umwelt und ihren Erwartungen – Veränderungen, die sich ihre Mütter noch vor wenigen Jahrzehnten nicht hätten vorstellen können.

Ich fordere Sie auf, beim Weiterlesen all Ihre vorgefaßten Meinungen beiseite zu schieben und zuzuhören. Die folgenden Frauen gibt es wirklich.

2. »Ich wollte alle beide«

Diesmal hatte sie einen Augenblick lang das Bewußtsein verloren, für June ein Zeichen, daß sie ihre Orgasmusfähigkeit endlich, glücklich wiedererlangt hatte. Das ganze Jahr über hatte sie schon mit Jonathan geschlafen, aber erst jetzt war sie imstande, sich ihren eigenen körperlichen Empfindungen ganz hinzugeben. Sie verspürte eine Reaktionsbereitschaft, die sie schon vor längerer Zeit verlassen zu haben schien. Er hatte ihr vorgeworfen, sie sei »anhedonisch«, ein Wort, das sie nie zuvor gehört hatte und das niemand in der ganzen Welt außer Jonathan benützen würde. »Das ist das Gegenteil von Hedonismus«, erklärte er, und sie spürte, daß sich hinter dieser Erklärung eine Irritation verbarg. Sie hatte es als Kritik aufgefaßt, eine subtilere Version des alten Angriffs, eine Frau, die der Mann nicht zu befriedigen vermochte, als frigide zu bezeichnen.

Jetzt war sie rehabilitiert. Er war ebenso froh wie sie über ihren Sieg, aber sie feierten nicht laut, sie sahen einander nur dankbar an. Mit weichen Knien widmeten sie sich ihrem anschließenden Badezimmerritual, wobei sie ihre üblichen lärmenden Proteste, den winzigen, engen Raum miteinander teilen zu müssen, übertrieben. Sie gingen unter die Dusche. Wie üblich, stieg sie vor ihm wieder heraus und ließ ihn mit dem kläglichen Wasserdruck allein.

In Junes Reisetasche mit den schwindenden Vorräten ihrer verschiedenen Kosmetika befand sich eine große grüne Dose mit Rasierschaum, die sie irrtümlich statt ihrer grünen Dose mit dem Haarfestiger eingepackt hatte. Diese plötzliche Erinnerung an ihren Mann war wie ein Schnitt mit der Rasierklinge, die perfekte Sabotage ihrer Orgasmusfeier mit Jonathan. Aha, dachte sie. Der trivialste aller Tricks. Die klassische Freudsche Fehlleistung.

Ihr Schuldgefühl – oder was immer es war, da sie sich bis dahin nicht des leisesten Gewissensbisses bewußt gewesen war – dauerte so lange, wie Jonathan unter der Dusche blieb. In dem Augenblick, in dem er heraustieg, erinnerten sie der stämmige Körper, in den sie sich Augenblicke zuvor verloren hatte, und das tropfnasse schwarze Haar, in das sie ihr Gesicht vergraben hatte: dieser Mann, dieser intensive, fordernde, wilde Mann, dieser angesehene Psychologe, der die meiste Zeit ziemlich verrückt wirkte, war einfach unwiderstehlich.

Der Grund, warum June neun Jahre zuvor überhaupt geheiratet hatte – so erzählte sie mir, als ich sie am 1. Juni 1988 zu interviewen begann –, sei ihr Wunsch nach einem Kind gewesen. Dieses Motiv beunruhigte sie mehr als ihr nun bevorstehender 40. Geburtstag, als entwerte es ihre Partnerwahl, als sei dies eine kaltblütige, unromantische Entscheidung gewesen, im Stil jener Paare in ihrem Bekanntenkreis, die zu heiraten beschlossen, wenn einer der beiden Mietverträge auslief, und die ihre Eheschließung als eine steuersparende, wirtschaftliche Lebensstrategie planten. Sie erinnerte sich, daß Russell lange Zeit den Pragmatismus ihrer gemeinsamen Entscheidung verteidigt hatte, daß auch er sich ein Kind gewünscht hatte und daß er seither immer wieder betont hatte, wie richtig ihre Überlegung damals gewesen sei. Es sei nicht unromantisch gewesen, versicherte er ihr – aber sie seien beide immerhin 27 Jahre alt gewesen –, ihrer beider Motivation habe nichts Bemängelnswertes oder Fusionsartiges angehaftet, und *natürlich* hätten sie irgendwann sowieso geheiratet.

Aber daß er immer wieder versicherte, wie unvermeidlich ihr Zusammengehen gewesen sei, vermochte sie nicht zu beschwichtigen, ohne daß sie recht sagen konnte, warum. Sie wußte, daß ihre neuerdings auftretende zwanghafte Beschäftigung mit den Motiven ihrer lang zurückliegenden Heirat gefährlich deplaziert war. Es war, als ob ihre Gedanken jetzt, achtzehn Jahre später, immer noch um die Entscheidung kreisten, an die Universität von Kalifornien zu gehen oder Reporterin zu werden, was ebenso praktische Erwägungen gewesen waren. Sie liebte Russell immer noch; sie liebte ihre achtjährige Chloe. Es war daher töricht, sich so intensiv mit den Gefühlen bei einem Ereignis auseinanderzusetzen, das vor neun Jahren stattgefunden hatte. Als ob das erfolgreiche Herauspräparieren der damaligen Motive ihr einen Anhaltspunkt für den grundlegenden Fehler in ihrem Denken liefern würde, der die eine erstaunliche Tatsache in ihrem Leben erklären konnte, für die sie keine Erklärung hatte: ihr Verhältnis mit Jonathan.

Was sie besonders verstörte, war, daß sie so leicht war, diese Sache mit der Untreue. Sie hatte immer die gedankenlose Erklärung untreuer Eheleute verabscheut – »Ich weiß nicht, es ist einfach irgendwie passiert« –, da sie wußte, daß nichts »einfach passiert«. Es gab immer Gründe. Es war eine Mischung aus Anfälligkeit und Absicht und Unzufriedenheit, aus Planung und Lust und Bedürfnis, all dies und noch mehr, die aus einem Bekannten einen Geliebten macht. Wenn das bloß in der Erklärung gipfelte, daß es »einfach passiert« sei, dann wußte der Betreffende nichts über sich. Aber obwohl sie glaubte, sich selbst besser zu kennen, hatte sie diesen blinden Fleck: Sie konnte nicht genau identifizieren, was die Ursache ihrer Unzufriedenheit war, wußte nicht recht, was die Ungeheuerlichkeit ihres Bedürfnisses verursachte und wie sie eigentlich an den Punkt gekommen war, an dem sie jetzt stand.

Sie und Russell hatten beide fest an Monogamie geglaubt, zumindest in ihrer eigenen Ehe. Wie überzeugt hatten sie über den nicht wieder gutzumachenden Schaden von außerehelichen Beziehungen geredet, über den moralischen Imperativ einer sexuellen Bindung; selbst wenn sie in einer Gesellschaft lebten, deren Wertvorstellungen ins Wanken geraten waren, bedeutete das nicht, daß sie sich davon anstecken lassen mußten. Und dennoch hatte June seit Monaten, vielleicht schon seit einem Jahr viel über außerehelichen Sex nachgedacht, obwohl sie mit ihrem Sexualleben nicht unglücklich war. Dennoch waren sie da, diese allgemeinen und beunruhigenden Gedanken. Wie machen Frauen das? Wie haben sie Zeit dazu? Wo gehen sie hin? Wie würde sich das auf sie auswirken, falls sie je etwas so Unbesonnenes und Verbotenes täte – wie würde Russell reagieren? Wie würde es Chloe tangieren, falls sie es wüßte? Und wenn sie es nicht wüßte? Welche Folgen hätte es für ihre Ehe, wenn sie ein Verhältnis hätte und Russell dahinterkäme? Würde sie leugnen? Um Verzeihung bitten? Bereuen? Wie verhielten sich andere Frauen? Aber jetzt dachte sie, o ja, ich bin der Inbegriff ehelichen Anstands: an manchen Tagen vögle ich mit meinem Mann, an anderen mit meinem Geliebten, und an wieder anderen, unvermeidlichen, gräßlichen Tagen, mit beiden hintereinander.

Als Medizinjournalistin mit Schwerpunkt Psychologie war sich June zumindest ihrer eigenen Tricks bewußt, selbst wenn sie nicht genau wußte, vor welcher Erkenntnis sie sich mit ihren Manövern eigentlich bewahren wollte. Sie wußte, daß diese Frage, die sie sich unablässig stellte – hätte ich Russell geheiratet, wenn ich kein Kind gewollt hätte? –, nichts ändern würde, gleichgültig, ob die Antwort ja oder nein lautete. Und es amüsierte sie auf eine zynische Weise, zu entdecken, daß sie es genauso wie viele ihrer Freundinnen schaffte, die wirkliche Frage zu vernebeln, von der sie wußte, daß sie sie lösen mußte: Warum, wenn sie angeblich mit Russell so glücklich und in ihrer Ehe so zufrieden war, warum schlief sie dann mit Jonathan?

Sie hatte Jonathan eineinhalb Jahre zuvor auf einem Psychologenkongreß in San Diego kennengelernt. Jonathan war Psychologe und lebte wie sie in Los Angeles. Das Referat, das er gehalten hatte, war ausgezeichnet gewesen; das hatte sie ihm nach der Vormittagssitzung gesagt. Sie freundeten sich auf diesem Kongreß an, tauschten sich über ihre jeweiligen Interessen in ihrem Fach aus, klatschten über die Referenten des Kongresses. Jonathans Durchblick begeisterte sie; Junes müheloses, intuitives Verständnis für alle wesentlichen psychologischen Theorien beeindruckte ihn. Sie waren beide hingerissen voneinander.

Jonathan war vierundvierzig, seit fünf Jahren geschieden. Er war elf Jahre verheiratet gewesen, hatte zwei Jungen, neun und sieben, und sein Verhältnis zu seiner Exfrau war immerhin so gut, daß er seine Kinder häufig sehen konnte, ohne an starre Besuchszeiten gebunden zu sein. Er hatte nicht die Absicht, erneut zu heiraten: Seine Praxis, seine Kinder und seine Reiseleidenschaft nahmen ihn genügend in Anspruch und verschafften ihm so viel emotionale Befriedigung, daß er die Ehe nicht vermißte, obwohl er, wie er sagte, nichts dagegen habe. Die Ehe sei eine gute Sache. Nicht, daß er nie wieder heiraten wolle, bloß im Augenblick sehne er sich nicht danach. Eines Tages, vielleicht.

»Ich kann mir nicht erklären, wie ich meine Überzeugungen in bezug auf Monogamie über Bord werfen und diese Nimm-dir-was-du-brauchst-Einstellung zum Sex annehmen konnte«, sagt June,

»aber so war es. Meine Überzeugungen lösten sich einfach in Nichts auf, und ich machte die schnellste Kehrtwendung, die man sich vorstellen kann. Als ich an dem Abend in mein Zimmer ging, dachte ich: ›Ich will diesen Mann. Ich werde ein Verhältnis mit ihm anfangen‹, als ob ich eine abgebrühte... Ehebrecherin wäre. Ich war klarer im Kopf als je zuvor. Ich bin vor mir selbst erschrocken, habe mein Denken überprüft, im Sinne von ›Also hör mal, June, das ist nicht dein Stil, das ist das *Gegenteil* von deinem Stil‹. ›Bist du sicher?‹ fragte ich mich. ›Und wie!‹ lautete meine Antwort. Weit war es mit meinem Über-Ich also nicht her.

Ich empfand mehr als die *Versuchung*, mit ihm zu schlafen, ich war entschlossen dazu, als ob ich etwas gefunden hätte, das ich einfach haben mußte, und die Welt zusammenbräche, wenn ich es nicht bekäme. Ich empfand eine richtige Gier, ein irres Verlangen – all diese Worte, über die ich mich lustig gemacht hatte, wie ›Wachstum‹ und ›Erfahrung‹, stürzten auf mich ein: Plötzlich hatte ich das Gefühl, mein Leben sei dazu da, alle meine Möglichkeiten zu entwickeln, und dies sei der einzige Weg dazu; ich würde vergeuden, was gut für mich war, wenn ich diesen Weg nicht ging. Ich würde eine Frau ohne Vitalität sein, eine alberne, ängstliche Niete. Alles in mir sagte *carpe diem!*, *laß dir diese Gelegenheit nicht entgehen*, und erstickte das schwache, kleine ›*Tu es nicht, weil du eine verheiratete Frau bist*‹, das mir plötzlich etwa so zwingend vorkam wie meine *Iß-keinen-Zucker*-Vorsätze. Ich war von meiner eigenen Heftigkeit ebenso überracht wie über die Dummheit, die ich meinen eigenen Normen zuschreiben mußte. Es war nicht, als habe die Moral aufgehört zu existieren; es war, als habe sich mir eine höhere Moral, deren ich mir bisher noch nicht bewußt gewesen war, endlich gezeigt. So muß es sein, wenn Menschen einen Mord rechtfertigen: ES IST RICHTIG. Gott will es so. Tu es.

Und so beschloß ich, weil ich auch nicht das kleinste bißchen schwankte, nun nicht irgendeine lächerliche Begründung an den Haaren herbeizuziehen, um mich zu rechtfertigen oder mich davon abzubringen. Ich wollte mich darauf einlassen und mich um den Rest später kümmern.«

Das war insofern merkwürdig, als June neun Jahre lang keinerlei Verlangen nach einem anderen Mann verspürt hatte, obwohl sie vor

47

der Heirat sexuell sehr aktiv gewesen war und sich an die Seligkeit erinnert, als sie mit siebzehn mit ihrem geliebten Freund Frank schlief; sie erinnert sich an »diese explosiven Gefühle«, und wie sehr sie sie genossen hatte.

Sie hatte mehrere sexuelle Beziehungen gehabt, bevor sie Russell heiratete; von diesem Zeitpunkt an habe sie die Möglichkeit, mit anderen Männern zu schlafen, quasi »vergessen« – ein Faktum, das, wie sie meint, weniger auf sexuelle Befriedigung zurückzuführen sei als darauf, daß sie »weg vom Fenster« war. In den neun Jahren ihrer Ehe hatte sie das Gefühl, ihre Sexualität sei ausschließlich für die Ehe reserviert. Sie hatte sie ihrem Mann wie ein Geschenk »überlassen«, sie gehörte jetzt ihm – und tatsächlich empfand sie außerhalb ihres Zusammenseins mit Russell kaum sexuelle Bedürfnisse. Mit Russell hatte sie keine Orgasmusschwierigkeiten. Was sie verlassen zu haben schien, war das Bewußtsein, mit ihren sexuellen Empfindungen verbunden zu sein. Sie hatte das Bewußtsein von sich selbst als einem Geschlechtswesen, dem diese Empfindungen zuallererst zu eigen sind, verloren.

»Früher gehörte zu meinem Selbstbild immer auch meine Sexualität; ich dachte an Sex und fühlte mich sexy – nicht in dem Sinn, daß ich entsprechende Reaktionen von Männern brauchte, sondern für mich selbst. Ich tanze gern, habe seit meiner Kindheit immer irgendwelche Kurse besucht, moderner Tanz, Jazz oder Ballett; und ich hatte immer ein sehr ausgeprägtes Körperbewußtsein.«

»Dieses Gefühl haben Sie verloren?«

»Ja. Ich habe es verloren, schon bevor Chloe geboren wurde, etwa um die Zeit, als wir heirateten. Das geschah jedoch ganz unmerklich. Ich machte keine Tanzkurse mehr. Ich brach den Kontakt zu anderen Männern ab. Und es machte mir nichts aus; ich sagte mir, tja, das macht man nun einmal, wenn man heiratet, was ist dagegen einzuwenden? Es ist ein Geschenk der Liebe.«

Ihre erste Nacht mit Jonathan war weniger befriedigend als vielmehr intensiv. Zunächst bekam sie es doch mit der Angst zu tun, als ihr plötzlich klar wurde, wie impulsiv dies war, und daß sie vielleicht nicht richtig überlegt hatte, was sie da tat. Ihre erste Entschlossenheit – dieses Nimm-dir-was-du-brauchst-Gefühl und

48

ihre Überzeugung, daß dies richtig sei – sie verpufften in dem Augenblick, als sie anfingen, sich zu entkleiden. Was zum Teufel tu ich da, dachte sie. Ich bin eine verheiratete Frau! Und das miese Gefühl, das sie in diesem Augenblick empfand, war das genaue Gegenteil des unschuldigen Entzückens, das sie gespürt hatte, als sie Jonathan in ihr Zimmer einlud.

»Und was haben Sie da getan?« frage ich.

»Ich habe ihn gebeten, zu gehen«, sagt sie.

»Was hat er gesagt?«

»Er zögerte lange, dann sagte er: ›Hmmm. Ich verstehe.‹«

»Der Therapeut.«

»Ja. Er zog sich an und ging. Ich war wie gelähmt. ›Was soll das heißen, du *verstehst*?‹, wollte ich zu ihm sagen. ›Wie kannst du *verstehen*? Du weißt nicht, wie sehr ich das will. Du bist nicht verheiratet, du bist keine Frau, wie kannst du wissen, wie ich mich dabei fühle! Du weißt nichts über mich! Du glaubst, ich bin eine einsame Frau, die auf Abenteuer aus ist, eine gelangweilte Person, die sich amüsieren möchte. Du glaubst, ich treib' nur ein Spiel mit dir!‹ So rief ich ihn wie von Sinnen in seinem Zimmer an.«

»Und Sie haben ihm all das gesagt?«

»Ja. Er wohnte nur vier Türen weiter, und ich schrie ihn wie eine Verrückte über das Zimmertelefon an, wie Sophia Loren und Marcello Mastroianni in einer dieser schrecklichen Komödien. Er fragte: ›Willst du, daß ich zurückkomme?‹, und ich sagte: ›Natürlich will ich das! Wenn du wirklich verstehen würdest, würdest du das wissen. Ja! Ja, ich will es!‹« Und sie mochte ihn, mochte seinen Körper, wie er mit ihr umging, es gefiel ihr, wie er sie akzeptierte, wie sehr er zu verstehen schien, warum sie ihn beschuldigt hatte, nicht zu verstehen. Und sie mochte seine Art im Bett. »Daß ich ›anhedonisch‹ sei, kam erst Monate später zur Sprache«, fügt sie hinzu. »Ich denke, er machte sich Sorgen, daß ich mich nie fallenlassen könnte, mich nie mit ihm entspannt fühlen, nie einen Orgasmus haben würde. Ich war ziemlich sicher, daß er recht hatte – nicht, daß ich mich nicht wohl mit ihm fühlte, aber etwas in mir spielte einfach nicht mit. Ich dachte mir, ich genieße dies bewußt; was mein Unbewußtes macht, darüber habe ich unter diesen Umständen keine Kontrolle. Was kann ich dagegen tun – eine Therapie anfangen, um herauszufinden, warum ich mit meinem außerehelichen Partner nicht zum Höhepunkt komme?«

Es war ihnen beiden klar, daß dies eine Affäre war, die keine Zukunft hatte. Deshalb genossen sie den Augenblick, Orgasmus oder nicht. Ihre Beziehung war äußerst nahe; June spürte sein Interesse an ihr, sein Begehren, und sie spielten miteinander, spielten, wie sie und Frank es Jahre zuvor getan hatten. Sein Interesse an ihr rührte sie; sie konnte kaum glauben, wieviel Aufmerksamkeit er ihr schenkte, wie er sich ihren Alltag zu vergegenwärtigen versuchte, wie ihn interessierte, wen sie interviewte und für welche Zeitschrift, welche Probleme sie mit einem Artikel hatte, und wie er ihr zu helfen versuchte. Sie war glücklich darüber.

»Es macht etwas aus, sich für das gleiche Gebiet zu interessieren«, sagte sie zu mir. »Ich habe jetzt mehr Verständnis für all diese Geschichten über Manager und ihre Sekretärinnen, die ich mein Leben lang gehört habe und die so dümmlich klangen. Es ist nicht bloß die räumliche Nähe oder bloße Geilheit. Ein gemeinsames Interesse zu haben, verbindet einen – das Interesse aneinander wächst auf natürliche Weise, es braucht nicht kultiviert oder vorgetäuscht zu werden. Wir interessieren uns beide für diese Dinge; man konzentriert sich dadurch auf etwas anderes als ausschließlich auf sich selbst... Und auf einer anderen Ebene ist man doch ganz bei sich selbst als Paar.«

»Heißt das, daß alle Leute, die ein gemeinsames Thema zusammenführt, ein ideales Paar abgäben? Das ist die alte Behauptung, Gelegenheit macht Liebe.«

»Nein, das meine ich nicht. Wir waren einfach so glücklich miteinander. Wir... *spielten*. Sex ist, glaube ich, nur eine der Arten, wie Erwachsene spielen.«

Jonathan wurde der Mentor, den June nie gehabt hatte, der vertraute Freund, den sie nach ihrem Empfinden seit ihrer Heirat nicht mehr gehabt hatte. Nicht, daß Russell kein Freund gewesen wäre. Aber es war einfach etwas anderes. Russell, sagte sie, empfinde die Psychologenzunft als muffig und langweilig, ihre journalistische Tätigkeit nahm in seinen Augen zuviel von ihrer gemeinsamen Zeit in Anspruch, und mit der Thematik konnte er nichts anfangen. Um so mehr begeisterte sie Jonathans Unterstützung. Es war erleichternd, sich mitteilen und anvertrauen zu können. Vor Russell hatte sie immer das Gefühl, ihre beruflichen Probleme verbergen zu müssen. Bei ihm befürchtete sie ständig, er werde im nächsten Moment sagen: ›Warum zum Teufel gibst du diesen Beruf nicht auf?‹ Russell war vermutlich froh, daß sie nicht mehr soviel darüber redete. Jedenfalls hatte er in letzter Zeit keine Fragen darüber gestellt.

Nicht, daß sie von Russell keine Unterstützung bekomme, versicherte mir June. Nur sagte ihm Medizinjournalismus als Beruf – ja auch als Interesse – nichts, und obwohl er anfangs gefesselt davon war, sei es einfach ein Gebiet, für das ihm die Antennen fehlten. Es langweilte ihn im Grunde. Gefühle waren noch nie seine Spezialität. Er hatte eine kleine Baufirma, ein schickes Ingenieurbüro, das einige sehr einfallsreiche Bauprojekte in Südkalifornien verwirklicht hatte. Er war Geschäftsmann; June hatte manchmal das Gefühl, was ihm ihren Beruf schmackhaft machte, sei allein die Möglichkeit, damit viel zu verdienen.

»Was mag Russell an Ihnen?« fragte ich sie.

»O je. Ich weiß es nicht. Vermutlich etwas, das ich selbst nicht an mir bemerke oder besonders schätze. Ich glaube, es gefällt ihm, daß ich ein guter Kumpel bin. Nicht zu neurotisch. Nicht zu schwierig im Umgang. Er hat mal gesagt, ›Du bist nicht wie die meisten Frauen‹, und meinte das als Kompliment. Ich habe ihn nicht gefragt, warum ich nicht wie die meisten Frauen bin, weil ich fürchtete, seine Antwort würde mich ärgern, entweder wegen seiner Einschätzung der ›meisten Frauen‹ oder wegen der Art, wie ich mich nach seiner Meinung von ihnen unterscheide. Was er meint, ist vermutlich, daß man relativ leicht mit mir auskommen kann. Nicht zickig. Nicht klammernd. Unabhängig. So etwa. Und er findet, ich sei eine gute Mutter. Ich *bin* eine gute Mutter. Unsere Beziehung zueinander ist solide. Ein bißchen langweilig; wie in Stein gehauen, irgendwie. Wir sind ein ideales Paar, behaupten unsere Freunde. Wir streiten nicht viel, wir quälen einander nicht. Ein bißchen von der lauwarmen Sorte, aber irgendwie sind wir stolz darauf; wir haben immer gefunden, das sei gut für eine Ehe. Nicht zuviel Intensität. Wir waren sehr selbstgefällig am Anfang – weil das alles so wunderbar, so vollkommen, so rational war; wir stritten uns nie. Und ich dachte: ›Ach, so funktioniert das in einer Ehe?‹ Ich verkniff mir einfach Fragen, von denen ich wußte, daß sie einen Streit auslösen würden – so, wie ich ihn eben nicht frage, warum er mich mag, weil ich weiß, daß mich seine Antwort sauer machen würde. Mein Gefühl in bezug auf Russell ist, daß er mich gern hat – nein, daß er mich liebt –, aber daß er, wenn ihn jemand fragen würde, was er eigentlich an mir liebt, vielleicht etwas in Verlegenheit käme. Wie der Mann, der antwortet, ›Schließlich habe ich dich *geheiratet*, oder?‹, wenn ihn seine Frau fragt, ob er sie liebt. Aber ich akzeptiere das an ihm und habe nicht das Gefühl, daß er mich weniger liebt, weil es unausgesprochen bleibt. Ich habe eigentlich nie Vollkommenheit von ihm erwartet oder so. Sie wissen schon, der Märchenprinz auf dem weißen Pferd.«

»Aber er liebt Sie nicht nach *Ihren* Kriterien?«

»Sie meinen, mein wahres Selbst? Ach Gott, wer weiß? Er hat nichts gegen mein wahres Selbst, nehme ich an. Ich meine, ich bemühe mich nicht besonders, es zu verstecken. Aber hören Sie, vor etwa einem Monat ist etwas Merkwürdiges passiert. Ich fuhr zu einem dreitägigen Kongreß nach Chicago – Jonathan hielt ein Referat, und ich sollte sowieso teilnehmen –, und am Tag nach meiner Ankunft rief ich zu Hause an. Russell ist kein großer Telefonierer, wir haben unsere Anrufe immer kurz gehalten, weil er findet, das Telefon sei nicht der richtige Ort zum Plaudern. Darauf habe ich mich irgendwie eingestellt. Ich war also darauf vorbereitet, ihn kurz zu informieren – wann ich zurückkäme, wie das Hotel ist. Aber Russell klang sonderbar. Er sagte, er vermisse mich, ob ich am nächsten Tag heimkommen könnte? Ich traute meinen Ohren nicht. Ich konnte nicht – es war der Tag, an dem Jonathan sein Referat hielt, und wir hatten vor, an diesem Nachmittag nach Evanstone zu fahren, um uns das Spiel Northwestern–Michigan anzuschauen. Deshalb sagte ich nein, ich könne nicht am Samstag nach Hause kommen, und erwartete, daß er ›okay‹ sagen würde. Er fragte, ob ich dann am Sonntag kommen könnte, statt Montag abend? Nun ja, das konnte ich nicht gut ablehnen, obwohl ich mich auf das ganze Wochenende mit Jonathan gefreut hatte.

›Sicher‹, sagte ich, ›ich werde mich nach einem Sonntagsflug umsehen.‹ Er antwortete, gut, das sei ihm recht. ›Ist etwas nicht in Ordnung?‹ fragte ich ihn. Nein, antwortete er, er wolle mich bloß sehen.

All das kam in Russells eher emotionsloser Weise rüber. Ich war nicht sicher, ob er verstimmt war oder nicht; es klang alles so... nüchtern. Sie müssen das verstehen, ich kenne diesen Mann seit Jahren, und große Gefühlsausbrüche liegen ihm nicht. Und um ehrlich zu sein, ich wollte auch keine hören. Deshalb forschte ich nicht weiter. Er hatte noch nie gedrängt; es war also etwas los, auch wenn ich nicht wußte, was es war. Auch wenn *er* nicht wußte, was es war. Als ich nach Hause kam, ging er auf mich zu und hielt mich etwa eine Minute lang eng an sich gedrückt. Chloe stand da und sah überrascht und merkwürdig glücklich aus – ihr Vater ist nicht der überschwengliche Typ, wie Sie vielleicht schon gemerkt haben. An diesem Abend erzählte er mir – immer noch in diesem unterkühlten, emotionslosen Ton –, daß er Angst gehabt habe; daß er dachte, etwas könne mir zustoßen, während ich in Chicago war; daß er seit meiner Abreise besorgt gewesen sei, daß er mich verlieren könnte.

Ich war ebenso überrascht wie gerührt von seiner Verletzbarkeit und von diesem siebten Sinn, mit dem jemand Wahrheiten erahnt. Ich versicherte ihm, daß er nicht im Begriff sei, mich zu verlieren. Was ja stimmte. Seine Angst ließ bald darauf nach, und er war wieder derselbe beherrschte, etwas geistesabwesende Ehemann wie immer. Er wollte nicht darüber sprechen, weder damals noch später, als ich ihn fragte, was denn seine Angst ausgelöst hätte. Unter normalen Umständen hätte ich ihm sicher in den Ohren gelegen, es mir doch zu sagen – Sie können sich vorstellen, daß ich nicht der Typ bin, der einen Angsttraum beiseite schiebt, ohne zu versuchen, ihn zu analysieren; ich hatte jedoch ein zu schlechtes Gewissen, um darauf zu beharren. Aber ich sage Ihnen, ich war gerührt, wie man es ist, wenn ein Kind einen schrecklichen Alptraum hat, der sichtlich aus den Ereignissen des Tages entstanden ist, und man weiß, welche Rolle man selbst darin spielt, wer die böse Hexe in diesem Traum ist. Ich dachte bei mir, was *tust* du da eigentlich, June?

Trotzdem kann ich Jonathan nicht aufgeben. Ich weiß, um meine Affäre wirklich zu erklären, um sie zu rechtfertigen, wäre es verständlicher, wenn ich Russell irgendwie als schlecht hinstellen könnte, so wie Männer immer behaupten, sie schliefen mit anderen Frauen, weil ihre Frau sie nicht versteht. Aber Russell ist in Ordnung. Er versteht mich im Grunde *nicht*, ja, aber ich glaube, das ist nicht das Entscheidende. Ich weiß auch nicht. Ich bin an ihn gewöhnt. Er ist ein bißchen konservativer als ich, auch häuslicher, ich meine, er ist sehr gern mit Chloe und mir zusammen. Er ist ein sehr guter Mensch. Er... rührt mich, mit seiner geraden Art, wie Gary Cooper, sehr anständig, sehr gut. Der Ein-Mann-ein-Wort-Typ. Keine Theatralik. Ich kann mir nicht einmal vorstellen, daß Russell ein Verhältnis hat – ist das nicht sonderbar? Ich kann es wirklich nicht.«

»Keine der Frauen, mit denen ich über dieses Thema gesprochen habe, kann sich vorstellen, daß ihr Mann ein Verhältnis hat – jedenfalls nicht, wenn sie gerade selbst eines hat«, sage ich. »Offenbar besteht das Bedürfnis, von der Treue des *Partners* überzeugt zu sein.«

»Dabei habe ich die Männer immer gehaßt, die von ihren Frauen behaupteten: ›Sie würde nie mit jemand anderem schlafen. Sie würde das nie wollen‹, oder ›Sie mag keinen Sex‹, oder ›Sie denkt nur an die Familie...‹«

»Und warum glauben Sie dann, daß Russell nie ein Verhältnis haben würde?« frage ich sie.

»Es geht nicht darum, daß er nie eines haben würde, sondern daß er sich nach meinem Gefühl auf so viele Leute nicht einläßt. Falls Sie glauben, daß ich etwas sagen werde wie: ›Weil er nur eine Frau liebt, und das bin ich‹, dann sind Sie auf dem Holzweg.«

»Wenn er eine Affäre hätte, wären Sie dann beunruhigt?«

»Ja. Ich glaube schon. Ich bin auch jetzt beunruhigt. Aber dann würde das bedeuten, daß unsere Familie in Gefahr wäre.«

»So, wie es jetzt läuft, denken Sie, jemand muß den Laden zusammenhalten.«

»Ja. Genau. Daß nicht alles den Bach runtergeht. Und ich *möchte* mit ihm verheiratet bleiben. Ich kann mir eigentlich nicht vorstellen, nicht mit ihm zusammen zu sein. Ich weiß, daß mir Jonathan viel bedeutet, aber das heißt nicht, daß ich meine Ehe beenden möchte. Ich weiß, ich klinge schon wieder wie ein Mann, aber meine Ehe ist einfach eine andere Geschichte. Jonathan ändert daran nichts.«

Das ist es, was June letztlich die größten Rätsel aufgibt. »Offenbar liebe ich zwei Männer«, sagt sie. »Ich habe immer gehört, das sei unmöglich – eine Frau könne nur einen Mann lieben, und wenn sie glaubt, zwei zu lieben, dann liebt sie wahrscheinlich keinen von beiden. Oder sie läuft vor der Liebe davon oder gesteht sich ihre Wut nicht ein. In Wirklichkeit kenne ich meine Wut auf Russell. Ich *wünsche* mir, daß er gefühlvoller, humorvoller, zugänglicher wäre. Ich *wünsche* mir, daß ich das Bedürfnis hätte, mit ihm über meine Gefühle zu sprechen. Ich wünsche mir, daß unser Sexualleben fabelhaft wäre und daß wir miteinander spielten – verstehen Sie, was ich meine? Ich wünsche mir, unsere Ehe wäre nicht so... fad. Und darum stimmt es wahrscheinlich, daß ich wütend bin, aber nur, weil ich mit jemand verheiratet bin, der nicht alle meine Bedürfnisse abdeckt, was natürlich, wie wir alle wissen, ohnehin niemand kann. Ich bin nicht so wütend, daß ich weg möchte. Ich denke nicht jeden Tag, ach, mein Mann, dieser zugeknöpfte Typ! Ich kenne einfach seine Grenzen, habe nicht viel Hoffnung, die Dynamik unserer Beziehung zu verändern – und liebe ihn im Grunde kaum weniger als früher. Ist das nicht einfach die Realität, wenn man jemanden seit langer Zeit liebt?«

Inzwischen hat Jonathans Intensität ihr Herz erobert. »Er ist wie dieses wilde Geschöpf, das alles wissen will – was ich denke, was ich fühle. Er bemerkt alles – daß ich mir die Haare um zwei Zentimeter habe schneiden lassen, daß ich zuwenig geschlafen habe. ›Du siehst blaß aus‹, sagt er zu mir. ›Warum hast du Ringe unter den Augen? Warum hast du nicht genug geschlafen?‹ Ich antworte zwar immer, er soll es gut sein lassen, sich keine Sorgen machen, es gehe mir gut. Tatsächlich mag ich aber seine Fragen unheimlich gern.

Sicher würde nicht jede Frau auf Jonathan abfahren. Er hat etwas Rabiates an sich, das eine Frau verrückt machen würde, die seine Art von unbedingter Nähe nicht mag. Er ist gewissermaßen immer auf mir drauf, entschuldigen Sie den Kalauer. Sein sexuelles Engagement ist lächerlich, so intensiv ist es, als ob nichts genügen würde, außer der totalen Verschmelzung. ›Ich will nicht bloß einen Teil von dir‹, sagt er, worauf ich jedesmal antworte: ›Ja, ich weiß, du willst mich ersticken.‹

Aber, wissen Sie, nach etwa einem Jahr – nachdem ich bis dahin auf seine Intensität häufig reagiert hatte, indem ich mich ausklinkte, mich weigerte, zu verschmelzen, ihn oft wegscheuchte – geschah etwas Kurioses. Ich begann, mich nach dieser Art von Nähe zu sehnen, so tyrannisch sie sein mag. Sie machte mir weniger Angst. Sie kam mir lebendig vor – ich fühlte mich lebendig. Ich liebte es, mit ihm zu spielen – er war so witzig, so zugewandt. Er kannte mich so gut und war so aufmerksam. Statt mich vereinnahmt zu fühlen, begann ich, mich frei zu fühlen, als ob irgendein seltsames, tiefes Bedürfnis, von dem ich nicht einmal gewußt hatte, daß es in mir steckte, erfüllt worden sei. Ich saß irgendwo und sehnte mich wie verrückt nach ihm. Ich fing an, seine Art von Engagement nicht als eine rasende, vorübergehende Tollheit zu empfinden, sondern als eine normale Lebensweise, die richtige Art zu lieben. Ich möchte jetzt die ganze Zeit mit ihm beisammensein, mit ihm schlafen, besonders jetzt, da ich zum Orgasmus komme. Ich brauche nichts mehr zurückzuhalten. Was mich jetzt manchmal erschreckt, ist nicht etwa, daß ich Angst habe, sondern daß ich *überhaupt keine* Angst habe – ich fühle mich hellwach durch die Intimität dieser Beziehung. Ich fühle mich lebendig. Vielleicht kann ich es mir leisten..., auf Jonathan so abzufahren..., weil Russell so reserviert ist. Vielleicht tue ich nichts weiter, als die Leerstellen in meinem Leben auszufüllen, verstehen Sie? Man sagt doch, daß viele Seitensprünge bloß dazu dienen, die Primärbeziehung zu stabilisieren. Vielleicht ist es genau das, was ich tue. Oder vielleicht hoffe ich, daß es ausbrennen wird. Oder explodieren. Daß die Situation unhaltbar werden wird. Und das wird doch passieren, oder? Man kann nicht beides haben. Was mir wirklich am meisten Sorgen macht, ist, daß ich mir nicht vorstellen kann, auf einen der beiden zu verzichten. Ich fühle mich merkwürdig komplett: Ich habe etwas wiederbekommen, etwas, das ich an mir mochte und verloren hatte. Ich bin glücklich in meiner Ehe, und glücklich in meiner Liaison. Angeblich funktioniert das nicht, und angeblich müßte ich völlig durcheinander sein, aber in Wirklichkeit fühle ich mich besser als je zuvor, obwohl das allen Theorien widerspricht. Vom Verstand her weiß ich zwar, daß es nicht ewig so weitergehen kann, aber dann denke ich mir: Warum eigentlich nicht? Wer hat das behauptet?«

Die Entscheidung Junes, mit Jonathan zu schlafen, kam sicher gar nicht so plötzlich. Sie war in den letzten paar Monaten in Form dieser theoretischen Fragen bezüglich ihrer Ehe und Sex im allgemeinen herangereift – hatte sie Russell *nur* geheiratet, um ein Kind zu bekommen? Hätte sie ihn sonst nicht geheiratet? Wie geht eine Frau, die eine Affäre hat, mit dem Betrug um? Wie würde sich ein eigener Seitensprung auf Chloe, Russell und ihre Ehe auswirken? Sie erinnerte sich, daß diese müßigen Phantasien, die kein Motiv zu haben schienen, keinen Sinn, angefangen hatten, kurz bevor sie Jonathan kennengelernt hatte. Aber sie hatte sicherlich nicht die Absicht gehabt, ein Verhältnis anzufangen; das war etwas, das andere Frauen taten, auch Freundinnen von ihr, aber nicht sie.

Ebenso wie June hatten auch die meisten anderen Frauen, die ich kennenlernte, vorehelichen Sex gehabt, mit ihren künftigen Ehemännern und mit anderen Partnern, es war also die Monogamie, die neu für sie war, nicht mehrfache Beziehungen. Dieser Wandel gegenüber früher schlägt sich in Untersuchungen nieder, aus denen hervorgeht, daß eine Frau mit größerer Wahrscheinlichkeit außerehelichen Sex praktizieren wird, wenn sie vorehelichen Sex gehabt hat. Wie aus Befragungen hervorgeht, neigen aber selbst diese Frauen – ebenso wie die Frauen im ganzen Land – dazu, außerehelichen Sex zu mißbilligen. Sie glauben an das heilige Ideal der sexuellen Ausschließlichkeit in der Ehe. Sie meinen, Ehebruch sei unrecht. Damit das »grüne Licht« für Ehebruch also so zwingend werden konnte wie für June – und ihr das Gefühl geben konnte, sie verleugne ihre Bedürfnisse, wenn sie dieses Signal ignoriere –, mußte sie eine emotionale und geistige Kehrtwendung machen, sich einem komplizierten, aber mächtigen selbstverordneten Konditionierungsprozeß unterziehen, der es diesem mißbilligten Verhalten ermöglichte, das erwünschte und akzeptierte zu verdrängen. Für sie ebenso wie für die anderen Frauen bedurfte es dieses Umdenkens, dessen gefühlsmäßige Bewältigung in der Regel durch einen Mann bewirkt wurde.

Daß Männer nach ihrer Heirat immer noch hinter ihr her waren, überraschte June ebenso wie die anderen Frauen. »Klar, ich wußte, daß Männer noch *existierten*«, sagte die achtundzwanzigjährige, seit einem Jahr verheiratete Sarah zu mir, »und ich fühlte mich zu manchen sogar hingezogen, aber etwas hatte sich in meinem Innersten verändert. Etwas hatte ich abgeschaltet.« Aber dieses Etwas hatte sich nicht notwendigerweise auch für die Männer verändert. »Mein früherer Freund rief mich nach wie vor an und wollte mich sehen, auch nach meiner Hochzeit«, erzählte sie mir. »Ich sagte immer wieder: ›Todd, ich bin *verheiratet.*‹ Er antwortete stets, ›Ja, Sarah, das *weiß* ich‹, als ob ich irgendeine völlig irrelevante Bemerkung gemacht hätte.« Da saß sie nun mit ihrem automatisch einsetzenden Monogamie-Gebot und einem Gefühl, daß sich ihre spontanen sexuellen Regungen »im Innersten« abschalteten – Sarah nannte es das komische Gefühl, mit einem Schild auf der Brust herumzugehen, auf dem in Leuchtschrift »verkauft« stand –, und dennoch hielt es die Männer nicht davon ab, ihr Interesse zu bekunden. Die Erklärung der Soziologin Lynn Atwater in ihrem Buch *The Extramarital Connection* (1976) lautet, daß

> Männer durch die Fortsetzung von Verhaltensweisen, die sie so tief verinnerlicht haben, zu Vermittlungsinstanzen auf dem Weg zur ersten außerehelichen Beziehung werden. Frauen sind bei diesem Vorgang natürlich nicht völlig passiv. Aber die sexuelle Initiative des Mannes, besonders wenn sie direkt und eindeutig ist, bringt einer Frau die Gelegenheit zu außerehelichem Sex so nahe, daß sie sie *bewußt* zur Kenntnis nehmen und auf sie reagieren muß.« (Hervorhebung durch D. H.)

Was auch könnte eine Frau, die ihr ganzes Erwachsenenleben lang auf sexuelle Avancen reagiert hat, die sich in ihrem Körper wohl fühlt und die andere sexuelle Beziehungen hatte, die sich im Bezirk ihres eigenen Verlangens bestens zurechtfand und seit Jahren damit umging, diese Möglichkeit *vergessen* lassen? Im Zeitraum von zehn Jahren, zwischen ihrem zwanzigsten und dreißigsten Geburtstag, hatte June Verlangen nach anderen Männern empfunden, obwohl sie nur mit einem schlief; und hatte sie nicht in all ihren komplizierten vorehelichen Beziehungen die Finessen sexueller Etikette und sexueller Gefühle gemeistert? Sie kannte die Wirkungsweise ihres eigenen sexuellen Begehrens – wie es sich unabhängig von ihrem Willen regte, wie es sie überschwemmte, ein Teil von ihr war –, und keines dieser Gefühle hatte ihr Angst gemacht. Sie kannte die Launen ihrer eigenen sexuellen Natur; sie *wußte,* es war absurd, anzunehmen, daß sich Begehren und Begehrtwerden verflüchtigen, sobald sie einen Ring am Finger trug – und dennoch war genau dies geschehen.

Es ist eine Sache, sage ich zu June, sich bewußt für sexuelle Ausschließlichkeit zu entscheiden, sich als *off limits* zu erklären – das ist eine Entscheidung, die sowohl Männer als auch Frauen häufig treffen, wenn sie heiraten. Etwas anderes ist es, wenn man sich unbewußt aus dem Verkehr gezogen hat – seine sexuellen Gefühle unterdrückte, sie nicht ins Bewußtsein dringen ließ, als ob sexuelle Ausschließlichkeit keine Entscheidung wäre, sondern eine unumstößliche Tatsache, eine vom Körper erlassene Verordnung: *Jetzt fällst du niemandem mehr auf. Jetzt fühlst du nichts mehr.*

Ja, sagt June, das habe sie sich auch gefragt, habe sich gefragt, ob sie denn nicht verheiratet sein, aber dennoch dieses schöne, beflügelnde Gefühl behalten könnte, das sie im Umgang mit Männern immer gehabt hatte. Warum hatte die Eheschließung dieses Gefühl abgewürgt? Warum fühlte sie sich jetzt, da sie »erlaubten« Sex hatte, irgendwie unsichtbar, so, wie sich Sarah fühlte, wenn ihr früherer Freund sie »auch nach ihrer Hochzeit« noch anrief?

Warum ging diese profunde Kenntnis von sich selbst und ihrem Körper, ihr Verständnis für Sex und Beziehungen, erworben in jahrelangem Kontakt mit ihrem Körper und mit Männern, erworben durch viele erotische Erfahrungen, plötzlich in den Untergrund? Wie konnte dies alles aus dem Bewußtsein verschwinden – in der Sprache der Psychologie: abgespalten oder verdrängt werden, jedenfalls nicht länger verfügbar, nicht länger ihr eigen sein? Was konnte so mächtig sein, daß es eine moderne, erfahrene junge Frau veranlaßte, ihre eigenen lustvollen Gefühle auf diese Weise zu verleugnen? Und warum sollte die Ehe, der Ort, von dem sie glaubte, hier würde ihre Sexualität zu Hause sein, genau der Ort werden, wo sie sie »nicht länger als mein eigen« empfand?

3. Die vorbildliche Ehefrau

Die Augen der anderen sind unser Gefängnis; ihre Gedanken unser Käfig.

Virginia Woolf, »An Unwritten Novel«
aus *A Haunted House and Other Short Stories* (1944)

Wenn man es sich recht überlegt, ist der Preis, die eigene »wahre« Persönlichkeit aufzugeben, gering angesichts des Reichtums, »fortan glücklich« mit dem richtigen Mann zusammenzuleben!

Lynda Barry, Karikaturistin

Was ist das, die Ehe? frage ich jede der Frauen. Sie lachen. Ihre Reaktionen sind bemerkenswert ähnlich: Ein Mann und eine Frau, die sich lieben. Vertrautheit. Ewiges Glück. Dieses Bild ewiger Seligkeit ist heute dasselbe wie gestern, trotz der sexuellen Revolution, trotz Scheidungsstatistiken und höherer Lebenserwartung, trotz ihrer eigenen selbstkritischen Witze darüber, wie naiv diese Vorstellung sei – und trotz des ernüchternden Befunds jener Langzeitstudie, die zu dem grimmigen Schluß kommt, die Ehe sei in den USA eine »geschwächte und im Rückgang begriffene Institution«, weil »die Frauen immer weniger davon haben«. Die emotionale Reaktion der Frauen auf diesen Begriff »Ehe« wurde vor langer Zeit fixiert, als Frauen lernten, die Ehe zu idealisieren, ihr »ideale Eigenschaften und Vorzüge zuzuschreiben«; die Ehe hat zu lange ewiges Glück versprochen, als daß die Realität diesem Bild viel anhaben könnte.

Als nächstes frage ich, wie lang sie zum Zeitpunkt ihrer Hochzeit verheiratet zu bleiben erwarteten. Jede Frau antwortet: »Für immer.« Die Soziologin Annette Lawson fragte ihre Studentinnen in Berkeley: »Wie viele von euch haben vor, zu heiraten?« Alle hoben die Hände. »Wie viele von euch rechnen damit, geschieden zu werden?« Sehr wenige Hände. »Sie kennen die Zahlen«, kommentiert Lawson, »aber ihnen wird das nicht passieren?« Meine Frauen wissen ebenso wie diese Studentinnen, daß aus dem ursprünglich unabänderlichen Ehevertrag, der Verpflichtung auf Lebenszeit, eine

Verpflichtung geworden ist, die von der Qualität der Beziehung abhängt – der Inbegriff eines labilen Zustands. Wenn einer der Partner zu dem Schluß kommt, die Qualität habe hinreichend nachgelassen, dann hat er gute Chancen, daß das Gericht die Ehe beendet. Dieser Umstand allein hatte für die Lebensdauer der Ehe gravierende Folgen: Er änderte die Bedeutung von »für immer« um in »für eine Weile«; er machte die Dauer der Ehe von unserer Laune abhängig. Dennoch hält sich der Traum vom ewigen Glück nach der Hochzeit, den Frauen immer gehegt haben, so hartnäckig, daß Lawson, die ihn »den Mythos der romantischen Ehe« nennt, feststellt: »Romantische Liebe ist zur begehrtesten Lebenserfahrung geworden, zur Phantasie der westlichen Welt«, die »speziell für Frauen bedeutet, eine gute und vollständige Person, ja eine Heldin zu werden«.

Jede der Frauen, mit denen ich sprach, hatte von dem Augenblick an, in dem das Wort »Heirat« in der Luft lag, das Ziel angestrebt, diese gute und vollständige Person zu werden. Sie begannen ihr nachzueifern, oder zumindest ihrer Vorstellung von ihr. Ihr Bild dieser *vorbildlichen Ehefrau* war ein Image, das ihnen einerseits zutiefst vertraut war, da es in Liebesgeschichten, die sie gehört und gelesen hatten, endlos wiederholt wurde, und gleichzeitig fremd, denn keine von ihnen kannte eine solche Frau persönlich. Natürlich wissen sie, daß sie ein überholter Prototyp ist, so wie sie wissen, daß die Ehe selten für immer geschlossen wird, wenn sie dies auch nicht glauben wollen. Sie ziehen es vor, dem Mythos Glauben zu schenken und nicht der Realität, stellt der Soziologe Norval Glenn fest, »trotz allem, was sie wissen, denken, fühlen und kommen sehen«. Sie seien »völlig unrealistisch«, sagt er, redeten sich ein, daß sie den Fallstricken entgehen würden. Die *vorbildliche Ehefrau* sei ein Image, das sich der Veränderung ebenso erfolgreich widersetze wie die Mär vom ewigen Glück; sie sei ein Bestandteil der gleichen Traumwelt.

Wer ist die *vorbildliche Ehefrau*? Welche Wirkung hat sie auf die Frauen, die ihr nacheifern? Und warum existiert sie jetzt – immer noch – für diese sexuell erfahrenen Frauen, von denen man annehmen sollte, daß sie mit diesem Idealbild nichts mehr anfangen könnten? Die Antworten werden uns vielleicht einen ersten Eindruck davon geben, wie Junes Selbstentfremdung entstehen konnte, ihr Gefühl, gleich zu Beginn der Ehe »ihre Sexualität an ihren Mann abgetreten« zu haben.

Werden wie Donna Reed

Die *vorbildliche Ehefrau* ist natürlich Donna Reed.* Sie ist schön, hilfsbereit und zufrieden, sie lächelt, sie ist großzügig und feminin – sie ist, mit einem Wort, gut. »Gut«, wie es für die *vorbildliche Ehefrau* gilt, mindert stets ihr Selbst, wie in den positiv besetzten Eigenschaften Selbstaufopferung, Selbstverleugnung, Selbstbeherrschung, Selbstbescheidung das nachgestellte Wort stets das Selbst der Frau einschränkt, zügelt, schmälert. Ihre Tugendhaftigkeit steht in direkt proportionalem Verhältnis dazu, wie weit ihr Selbst bereits beschnitten wurde und wieviel vom Rest sie bereit ist aufzugeben. Falls sie bereit ist, ihr Selbst ganz auszulöschen – selbst*los* zu werden –, hat sie es geschafft, das höchste Ziel zu erreichen. Sie hat das erlangt, was viele für das beste Selbst der Frau halten, oft sogar als ihr »wahres« Selbst bezeichnen – so sehr ihr wahres Selbst auch offenkundig daraus getilgt wurde.

Wenn sie ihr Selbst völlig auslöschen kann und es dennoch schafft, zufrieden zu erscheinen, dann hat sie die weitere Glanzleistung vollbracht, ihre Weiblichkeit zu erhalten – dieses schwer dingfest zu machende Wesensmerkmal, das Frauen immer zu verlieren drohen, sooft ihr Selbst all diese Fesseln sprengen will. In ihrem Buch *Femininity* (1984) bemerkte Susan Brownmiller, das Gespenst der verlorenen Weiblichkeit bedränge die Frauen zu allen Zeiten, eine ständige Mahnung an diese »angeborene Natur«, die sie »so sträflich zu ignorieren scheinen, sooft sie die ihr gesetzten Grenzen übertreten«. Sicherlich ist Weiblichkeit etwas, von dem man annimmt, daß Frauen in der Vergangenheit mehr davon besa-

---

* Donna Reed war die Hauptdarstellerin der amerikanischen Fernsehserie *The Donna Reed Show*, die seit Anfang der sechziger Jahre in der ARD unter dem Titel *Mutter ist die Beste* ausgestrahlt wurde.

ßen – Brownmiller definiert den Begriff als »die Tradition auferlegter Beschränkungen« –, und tatsächlich schwindet die »Weiblichkeit« einer Frau mit jedem neuen Anzeichen keimenden Selbstbewußtseins, wie etwa Durchsetzungsvermögen oder Ehrgeiz. Am nachhaltigsten aber bringt offen gezeigte Sexualität diese Weiblichkeit zum Verschwinden; offene Sexualität ist mit Weiblichkeit oder Fraulichkeit nicht vereinbar. Die Annahme, daß die Frauen früher weiblicher waren als heute, liegt allein darin begründet, daß die Fesseln, die ihrer Sexualität angelegt wurden, in der Vergangenheit sehr viel stärker waren. Heutzutage gibt es zumindest theoretisch wenig, was Frauen davon abhalten könnte, offen aufzutreten und sich ihre sexuellen Wünsche zu erfüllen – oder doch zumindest zu zeigen, wie groß ihr Appetit darauf ist. Wie die Psychiaterin Dorothy Dinnerstein in *The Mermaid and the Minotaur* (1976) schrieb:

Dies kann heute jeder spüren: Wenn Frauen zu mehr genitaler Lust fähig sind, als sie sie gegenwärtig bekommen, und wenn es ihnen gelingt, diese Lust zu finden, werden sie sehr viel stärker ihren eigenen Willen zeigen und weniger leicht zu unterdrücken sein; und umgekehrt, wenn sie fähig sind, mehr eigenen Willen zu zeigen, als sie es jetzt tun, und es schaffen, Anteil an der Macht zu erringen, die jetzt von Männern monopolisiert ist, werden sie mehr sexuelle Ansprüche geltend machen.

Es ist schwer zu sagen, welche Bedrohung – die sexuelle oder die politische – die Verteidiger unserer alten Ordnung stärker alarmiert.

Die Frauen, mit denen ich sprach, betrachteten sich niemals wirklich als Donna-Reed-Rohstoff. Sie fühlten sich kaum dazu in der Lage, einem solchen Vorbild von Selbstlosigkeit und Geschlechtslosigkeit zu entsprechen. Dennoch unterzog sich jede von ihnen bei der Eheschließung einem Prozeß der Selbstrevision, das heißt, sie veränderten oder verdrängten jene Teile von sich, die sich nach ihrer Vorstellung nicht mit diesem Idealbild deckten. Ihre Gefühle, ihr Wissen und ihre Erfahrung – das heißt, was sie körperlich fühlten, was sie über sich selbst, über Männer, Sex und Beziehungen wußten –, all das fiel allmählich in sich zusammen und machte Vorstellungen davon Platz, was sie fühlen, wissen und erfahren *würden*, sobald sie Ehefrauen waren. Sie sprachen von dieser neuen Person mit einer Ironie, die ihr Einverständnis mit ihr Lügen strafte, mußten sie doch oft feststellen, daß ihre eigenen Gefühle beschämend hinter dem zurückblieben, was ihres Erachtens die Gefühle einer Ehefrau sein *sollten*. Eine junge Ehefrau formulierte diese Diskrepanz so:

Vermutlich bin ich eine ziemlich fordernde Person, man hat mich immer als »dominant« bezeichnet. Als ich heiratete, dachte ich, hier werde ich bekommen, was ich brauche – oder geht es hier darum, auf alles zu verzichten, was ich brauche? Ich hatte so ein Gefühl, was soll's, ich laß' mir Zeit, um all das herauszufinden. *So sehr werde ich mich ja wohl nicht ändern.* Wenn man Ehefrau werden soll, muß man eben darauf vertrauen, daß man da hineinwachsen wird. Darum meinte ich, ich werde mich einfach bemühen, bis ich's schaffe, andere Frauen tun das ja auch.

Ich sagte zu meinem Mann, damals mein künftiger Mann: Hör zu, ich bin eine schlechte Köchin, ich bin ein Morgenmuffel, und am Abend werde ich um zehn Uhr müde. Ich kann das nicht ändern. Er reagierte toll: das wäre ihm schon klar. Trotzdem hatte ich fürchterliche Schuldgefühle, wenn ich nicht kochte, und bemühte mich verzweifelt, länger wachzubleiben. Es ist gar nicht so leicht, *nicht* zu versuchen, ein besserer, liebenswürdigerer Mensch zu sein, selbst wenn man weiß, daß es aussichtslos ist.

Heiraten hat mir insofern immer Angst gemacht, als ich im Grunde einfach nicht der Typ dafür bin. Ich bin nie sehr angepaßt gewesen, sehr wohlanständig.

So beginnt ein Prozeß der Abwertung des unverheirateten Lebens und früheren Selbst der Frauen, während sie sich völlig neuen Kriterien von Anstand unterwerfen und sich anschicken, den Status zu erwerben, der ihnen angemessener und beglückender erscheint als ihr vorhergehender. Sie werden dann ebenso idealisiert werden wie die glückselige Beziehungswelt, in die sie eintraten: Damit werden sie die Gefühle los sein, die sie vor der Ehe hatten, all diese ungezügelten, zweifelhaften, widersprüchlichen Gefühle in ihren vorehelichen Beziehungen, die Rachel Brownstein in *Becoming a Heroine* (1982) ironisch die »wirre, feindselige Wildnis der Tage« nennt, durch die alleinstehende Frauen irren, bevor ihnen die vollkommene Liebe begegnet und »ihr zielloses Leben mit einem Ziel ausstattet«.

»Zu dominant« für die Ehe

Wie Donna Reed zu werden fing für diese Frauen oft damit an, alles Nötige zu tun, um sich neben ihr nicht grotesk zu fühlen. Sie beklagten sich selten darüber, daß sie sich vergleichsweise »zu klein« vorkamen; vielmehr fühlten sie sich zu dominant. Denn sie waren sich nur zu deutlich bewußt, daß das Modell Donna Reed zierlicher, stiller, charmanter, makelloser und femininer ist als sie selbst. Manche fühlten sich sofort »zu groß« oder »zu dick« – andere begannen erst mit der Zeit, sich »zu beherrschend«, »zu unabhängig« oder »zu kompliziert« zu fühlen. Oder »zu laut« oder »zu schrill« oder »zu emotional« – oder zu sehr an Sex orientiert.

Neben Donna Reed, die hauptsächlich zuhört und gelegentlich einen klugen Rat gibt, empfanden sie sich auch als »zu gesprächig«. Natürlich kannten sie die Behauptung, daß Frauen endlos schwätzen; bewußt waren sie sich vielleicht auch der Tatsache, daß Männer, nicht Frauen in Konferenzräumen mehr reden; daß es die Jungen, nicht die Mädchen sind, die sich in der Schule mehr Gehör verschaffen. Wenn Männer und Frauen in einer Gruppe gleich viel reden, dann *meinen* die Leute bloß, die Frauen hätten mehr geredet, wie uns Deborah Tannen in ihrem Buch *Du kannst mich einfach nicht verstehen* (1992) erinnert. *Jede* sprachliche Äußerung einer Frau werde als *zuviel* empfunden, da die meisten Menschen in einem Winkel ihres Bewußtseins der Meinung seien, daß man Frauen sehen, nicht aber hören sollte. Tannen weist auch darauf hin, daß sich Frauen in Gegenwart von Männern »im Rampenlicht« fühlen und dazu neigen, ihre Zunge im Zaum zu halten, ihr Verhalten zu kontrollieren und sowohl ihre Redeweise wie auch die Inhalte den Vorstellungen der Männer anzupassen.

Die von mir interviewten Frauen wußten: Das, was am ehesten als »Zuviel« empfunden wird, sind ihre Erfahrung und ihr Wissen, ihr Leben vor der Ehe, genauer gesagt, ihr *Sexual*leben vor der Ehe.

Da sie ihren Männern gegenüber nicht rücksichtslos sein wollten, übten sie sich um der Zusammengehörigkeit willen in einem Schweigen, das neu für sie war. Viele Frauen verbargen ihre gesamte Sexualgeschichte vor ihren Männern, in der Hoffnung, keine Eifersucht zu wecken, in der Hoffnung, nicht »zu erfahren« zu erscheinen, wie eine Frau es ausdrückte.

Aber während manche Frauen »Höflichkeit« und »Zartgefühl« als Gründe nannten, weshalb sie über ihre Vergangenheit schwiegen, gingen andere über bloße Rücksichtnahme auf die Gefühle ihrer Männer hinaus und löschten ihre Vergangenheit völlig aus, ohne dazu genötigt worden zu sein. June erzählt mir zum Beispiel *en passant*, daß sie, sobald sie wußte, sie werde Russell heiraten, all ihre alten Liebesbriefe verbrannte.

»Sie haben alle Ihre Briefe verbrannt?« fragte ich sie. »Warum haben Sie das getan?«

Ich weiß es eigentlich nicht. Russell hätte es nichts ausgemacht, nehme ich an. Es hatte damit zu tun, daß ich für das Wesentliche bereit sein wollte; eine Art Vorbereitung auf die Heirat, für all diese wunderbaren Dinge, die geschehen würden.

»Wunderbar in welcher Hinsicht?« frage ich sie.

In dem Sinn, daß ich nur diesem Mann gehören würde, so wie er mir gehören würde und wir einander treu sein würden. All diese andere Liebe, die ich bisher erlebt hatte, war vermutlich etwas ganz anderes.

»Waren Sie sich bewußt, daß Sie einen Teil von sich selbst wegwarfen, oder hatten Sie nicht dieses Gefühl?«

Überhaupt nicht. All dieses peinliche Gesülze wegzuwerfen? Das erschien mir überhaupt nicht als Opfer.

Die Mehrzahl der Frauen, die ich über diesen Punkt befragte, hatten sich ebenso verhalten wie June, hatten die Briefe weggeworfen, die sie von anderen Männern erhalten hatten. Die siebenunddreißigjährige Bettina erklärt das:

Ich stellte mir vor, daß Ron [ihr Mann] eines Tages in meinen Tagebüchern blättern und einen Anfall kriegen würde. Mit anderen Männern hatte ich Dinge getan, die ich mit ihm nicht getan hatte, und das stand alles da, offensichtlich sexuelles Zeug. Ich fürchtete, daß er daraufkommen könnte, daß er mich vielleicht fragen würde, warum ich diese Dinge nicht mit ihm getan hatte oder warum ich sie mit anderen Männern getan hatte. Ich wollte dieser Konfrontation jedenfalls aus dem Weg gehen. Natürlich ist es lächerlich, weil er ja wußte, daß ich mit anderen Männern gelebt hatte.

Rosemarie, die mit siebenundzwanzig, drei Jahre, bevor ich sie kennenlernte, einen Studienkollegen geheiratet hatte, sagte, es seien nicht ihre sexuellen Erfahrungen gewesen, von denen sie sich nach ihrem Empfinden distanziert habe, sondern ihre Gefühle gegenüber dieser Erfahrung, die, wie sie meinte, »einfach zu ungeordnet, zu dramatisch« seien, als daß sie mit ihrem Mann darüber reden könnte. Sie würde dann ja »all diese Schmerzen und Freuden und Kompliziertheiten« erklären müssen, »und er würde gewiß nicht verstehen, wer diese Person war, die all das empfand«. Ihr Mann liebe sie, zumindest jene Aspekte von ihr, die sie ihm gezeigt habe. Aber würde er auch die Gefühle billigen, die sie verborgen hielt? Obwohl all die Frauen, die ihre Liebesbriefe weggeworfen hatten, dies aus scheinbar harmlosen Gründen taten, ließen sie doch durchblicken, eine umfassende Selbstreinigung als Vorbeugungsmaßnahme gegen eine mögliche schreckliche, inkriminierende Enthüllung über sie selbst sei nötig gewesen. Erinnerungen an verflossene Liebhaber, frühere Freude, Sex und Wut, Beweise alter Leidenschaften seien gefährlich, meinten sie etwas kleinlaut, und, wie June es formulierte, »den Verdruß nicht wert«.

»Was meinen Sie mit ›den Verdruß nicht wert‹?« frage ich sie. »Welchen Verdruß denn? Was würde geschehen, wenn Russell mehr als einen flüchtigen Eindruck von Ihrer Vergangenheit erhielte? Was wäre, wenn Sie Ihre sexuelle Geschichte *nicht* auslöschten?«

Ich weiß nur, daß ich sie [die Briefe] eines Tages las und dachte, sie seien so peinlich, so dumm, ich muß sie loswerden. Ich weiß im Grunde nicht, warum. Ich wollte jedenfalls nicht..., daß meine Kinder sie sehen.

»Warum halten Sie alle Ihre Gefühle, alle Erfahrungen, die Sie vorher machten, für ›peinlich‹ und ›dumm‹?«

»Wenn Sie sehen könnten, was ich geschrieben habe«, antwortete sie, »würden Sie es verstehen.«

Die sexuelle Vergangenheit begraben

Viele Frauen hatten vor ihrer Heirat irgendeine Art von Tagebuch geführt – und viele hatten es weggeworfen. Aber ebenso wie June fiel es ihnen schwer, zu erklären, warum. Ein Grund, den mir eine 40jährige Frau namens Natalie nannte, war:
Es schien mir nicht richtig, etwas zu verbergen, da ich doch vor meinem neuen Mann nichts zu verbergen haben sollte.
Verwundert über eine Logik, die das Problem des Verbergens ganz auf den Gegenstand verlagert, fragte ich Natalie: »Wenn es vor Ihrem Mann nichts zu verbergen gibt, warum werfen Sie dann die Tagebücher weg? Verbergen Sie damit nicht faktisch sich selbst?«
»Ich wüßte gar nicht, wo ich die Tagebücher hinlegen soll.«
»Geht es wirklich darum?« frage ich. »Gibt es keinen anderen Grund?«
»Ich habe ein neues Leben, ich brauche sie nicht mehr. Wirklich. Sie würden nur Probleme schaffen, das weiß ich.«
Diese Frau begrüßte ein neues Leben, das diese alten, abgenutzten Zeugen turbulenter Gefühle irrelevant machen würde – die emotionale Geschichte einer vorehelichen Existenz, die ihr irgendwie nicht länger angebracht schien. Janna, eine seit vier Jahren verheiratete 33jährige Frau, dachte lange über diesen Punkt nach; sie sei sich nicht sicher, warum sie ihre – vom elften Lebensjahr an geführten – Tagebücher weggeworfen habe, vielleicht weil
ich mein Tagebuch immer schon versteckt habe, zuerst vor meiner Mutter und dann vor meinen Schwestern. Das stand also für mich außer Frage, daß sie versteckt werden mußten. Ich habe da jedes Gefühl hineingeschrieben, das ich hatte, meine ganze Wut, alle meine kleinen Missetaten und Gedanken. Später, als es um Jungen ging, habe ich darin meine sexuellen Empfindungen und all das festgehalten. Ich weiß nicht, warum ich nicht beschlossen habe, sie einfach weiterhin zu verstecken, aber das erschien mir einfach unerträglich albern. Schließlich war ich eine erwachsene Frau. Wo sollte ich sie aufbewahren? »Liebling, würdest du deine Schreibtischladen ausräumen, damit ich Platz für meine Tagebücher habe, die du nicht sehen darfst?« – Etwa so? Dann überlegte ich mir, daß sie keinen Nutzen mehr für mich hatten; sie würden

einfach zuviel Platz in unserer Wohnung einnehmen, und wofür? Ich glaube, ich hatte das Gefühl, sie nicht rechtfertigen zu können – als ob sie alte, ausgestopfte Tiere oder so etwas wären. Wendy, 28, seit zwei Jahren verheiratet, begründete ihr Verhalten so: »Dieses Kapitel meines Lebens ist vorüber.« Andere Frauen stimmten ihrer Auffassung zu, daß »vorüber« soviel wie »gelöscht« bedeutete. Tatsächlich hatten die meisten das Gefühl, daß sie in der gleichen Situation die Zeugnisse ihrer Vergangenheit »wiederum beseitigen« würden. Wendy sagt:

Ich war im Begriff *zu heiraten*. Es schien mir richtig, das alles loszuwerden. Tatsächlich saßen meine Mutter und ich beisammen und lasen [die Briefe] – wir haben uns vor Lachen gebogen, weil da einige unheimlich schmachtende Briefe von Männern dabei waren, an die ich mich nicht einmal erinnern konnte, und dann warfen wir, warf ich sie ins Feuer. Es war wie ein Initiationsritus, etwas, das Frauen einfach tun müssen.

Es war ein Initiationsritus zur Feier des Brautstandes und der Verwandlung in einen Zustand, in dem sie sich der Ehe als würdig erwies. Es ging darum, jemand Neuer und Besserer zu werden. Ebenso wie eine Taufe oder sonstige religiöse Wiederherstellung der Unschuld diente das Ausradieren ihrer ganzen sexuellen Geschichte dazu, sie zu »reinigen«. Es war nicht nur gerechtfertigt, sondern lobenswert, so empfanden es diese Frauen; ein Anerkenntnis der besitzergreifenden Gefühle eines Ehemanns gegenüber seiner Frau. Freud schrieb in seinem Essay von 1918, »Das Tabu der Virginität«: »Die Forderung, das Mädchen dürfe in die Ehe mit dem einen Manne keine Erinnerung an Sexualverkehr mit einem anderen mitbringen, ist ja nichts anderes als die konsequente Fortführung des ausschließlichen Besitzrechtes auf ein Weib, welches das Wesen der Monogamie ausmacht, die Erstreckung dieses Monopols auf die Vergangenheit.«

Wie kann sich frau besser auf das Kapitel Ehe – das Ende der Suche einer Frau nach Liebe – vorbereiten, als dadurch, daß sie ihre Erinnerungen über Bord wirft und die Beweise ihres Wissens vernichtet? Wie kann sie besser Donna Reed werden, als dadurch, daß sie alle Indizien von vorehelichem Sex, alle Unanständigkeit, tilgt und außerehelichen Sex tabuisiert, indem sie ihrer Seele ein Ideal sexueller Reinheit überstülpt, das nichts anderes gelten läßt? Und was sonst würde eine Frau veranlassen, alles – heute ebenso wie zu Freuds Zeiten – aufzugeben, als das Versprechen anschließenden ewigen Glücks?

Im Laufe der Monate, in denen wir miteinander sprachen, begannen viele Frauen das Paradox zu erkennen, daß sie sich um einer guten Beziehung willen versteckten, obwohl sie dies nie zuvor getan hatten. Sie fragten sich, was ein solches Zugeständnis bedeutete. So kam June zu dem Schluß, daß sie sich selbst und Russell einen schlechten Dienst erwiesen hatte, als sie alle Zeugnisse ihres früheren (Sexual-)Lebens wegwarf. Sie stellte die damalige Entscheidung in Frage, klagte, daß ihre Vergangenheit niemals wieder ausgegraben werden könne, bedauerte ihr jahrelanges Zögern, darüber zu sprechen, außer in verschwommenster, geringschätzigster Weise. »Ich komme mir wirklich dumm vor. Ich würde diese alten Briefe so gern Chloe vorlesen; ich möchte, daß sie weiß, wer ich war, bevor ich ihre Mama wurde.«

Das vorbildliche Mädchen

Es war nicht das erste Mal, daß diese Frauen versuchten, einen Teil von sich auszulöschen, um einer idealisierteren Vorstellung von Weiblichkeit zu genügen. Sie hatten dies bereits einmal getan, im Alter von elf oder zwölf, als sie begannen, Frauen zu werden. Gerade vorher sind Mädchen so oft am glücklichsten und am meisten sie selbst, am aufrichtigsten, ehrlichsten und klarsichtigsten, ist ihre Welt voll komplexer Beziehungen. Am Anfang der Adoleszenz, meint die Psychologin Carol Gilligan, beginnen Mädchen dann plötzlich einen Prozeß, den sie Revision nennt: Sie fangen an, zu verbergen, was sie bereits wissen und fühlen, als ob »ihre Gefühle grundlos [seien], ihre Gedanken nichts Wirkliches beträfen, sie ihren Erlebnissen nicht trauen könnten oder sie sie niemals verstanden hätten«. Ihre bis dahin klare Sicht des Lebens werde getrübt. Gleichzeitig werteten sie ihre eigenen vertrauten Beziehungen ab und strebten ein weniger prosaisches, aber... vollkommeneres Leben an, in dem es nur vollkommene Beziehungen gibt. Gilligan schreibt:

Wir sprechen während dieser ganzen Zeit mit Mädchen und hören, daß zweierlei geschieht: Was sie durch Erfahrung wissen, ihre eigenen Gedanken und Gefühle, verliert plötzlich an Gewicht. Und Beziehungen werden auf einmal idealisiert; sie sind plötzlich wunderbar, während Mädchen bis dahin wissen, daß Beziehungen interessant, schmerzhaft, erfreulich und gräßlich sein können...; jetzt sind die Beziehungen auf einmal wunderbar. Plötzlich hören wir diese hauchenden Stimmen...

Ein eben noch offenherziges, prä-adoleszentes Mädchen – das im Alter von elf resolut und präsent ist und sich in seinem Körper und in der Welt zu Hause fühlt, das fähig ist, komplexe Beziehungen auszuhalten und zu akzeptieren, zu Eltern und Freundinnen, zu Jungen und zu Lehrern – verliere in diesem Prozeß innerhalb einer Spanne von nicht mehr als etwa einem Jahr das Selbstvertrauen, den direkten Kontakt zu ihren eigenen Gefühlen, ihre Verbundenheit mit ihren Freundinnen und Verwandten, ihre Ehrlichkeit, ihre Aufrichtigkeit und ihren Freimut, ihre Respektlosigkeit, ihren Humor, ihr selbsterworbenes Wissen, daß Beziehungen ständigen Veränderungen unterworfen sind und daß Konflikt und Ärger ebenso ein Teil von ihnen sind wie Harmonie. Nun unterwerfe sich das Mädchen einer Vorstellung von sich selbst, von der Welt, die unrealistisch sei. Denn nichts von alldem komme aus ihren eigenen Erfahrungen, noch gehe es aus ihren eigenen Gefühlen hervor. Gilligan stellt fest:

Mädchen machen aufmerksam auf die Diskrepanz zwischen der Lebenssicht eines mit der Welt Vertrauten, derer sie in der Kindheit teilhaftig sind, und der eines Außenseiters. Sie geben uns zu verstehen, daß das Wissen des Geborgenen in Gefahr ist, weggespült oder übergangen zu werden. Sie sind einer Art Stimm- und Gehörtraining ausgesetzt, das ihnen klarmachen soll, welche Art von Stimme die Leute bei Mädchen gern hören und was Mädchen sagen dürfen, ohne nach heutigen Maßstäben als »dumm« oder »unhöflich« zu gelten. In ihrem Alltag erhalten die Mädchen dauernd Lektionen darüber, was sie mitteilen dürfen und was sie für sich behalten müssen, wenn sie nicht von anderen als verrückt oder unanständig bezeichnet werden wollen – oder einfach zu hören kriegen, sie hätten unrecht.

Die Stimmen, die die Leute hören wollen, sind sichtlich nicht ihre wirklichen Stimmen; das merken die Mädchen rasch. Genausowenig sind die Eigenschaften der vorbildlichen Ehefrau diejenigen, die die Frauen, mit denen ich sprach, zu besitzen glaubten. Die Stimmen von Mädchen, die die Leute hören wollen, in diesem Augenblick des Erwachens ihrer Sexualität, sind überhaupt keine Stimmen.

Eine landesweite Befragung von 3000 Mädchen und Jungen über den Zusammenhang zwischen Geschlecht, Selbstachtung und Erziehung, 1990 von der American Association of University Women (AAUW) begonnen, hat ergeben, daß sich nur 15 Prozent der Mädchen auf eine Diskussion mit ihren LehrerInnen einlassen, wenn sie glauben, im Recht zu sein, verglichen mit fast einem Drittel der Jungen. Die LehrerInnen rufen Mädchen seltener auf als Jungen, und sie neigen dazu, die Arbeiten der Jungen nach deren inhaltlichen Leistungen zu beurteilen, die der Mädchen nach deren sauberer und ordentlicher Form. Nur 29 Prozent der Mädchen stimmen der Aussage zu: »Ich bin zufrieden mit mir, so wie ich bin«, verglichen mit 46 Prozent der heranwachsenden Jungen. Tatsächlich sackt der Prozentsatz von Mädchen, die der Aussage zustimmen, »Ich mag die meisten Dinge an mir«, in den mittleren Schuljahren um fast 15 Punkte ab. Angesichts ihres geringen Vertrauens zu sich selbst und ihren Fähigkeiten, beginnen die Mädchen, ihr Äußeres als den wichtigsten Maßstab ihres Selbstwertes anzusehen. In den mittleren Schuljahren mögen aber nur 16 Prozent der weißen Schülerinnen, 10 Prozent der hispanischen Mädchen und 25 Prozent der farbigen Mädchen ihr eigenes Aussehen. Der Bericht kommt zu dem Schluß, daß der Verlust an Selbstachtung für die Mädchen weitaus gravierender sei als für die Jungen und daß er »die am längsten anhaltende Wirkung« habe.

Jetzt, da sie mit der Mauer der »westlichen Kultur« konfrontiert sind, wie Gilligan es nennt – womit sie das Patriarchat meint –, beurteilten sich die Mädchen plötzlich nach einem ihnen unvertrauten neuen Maßstab: Sie beginnen, sich mit den Augen anderer zu sehen, sich dadurch als Objekte, nicht als Subjekte wahrzunehmen und ihre wirklichen Gefühle und Beobachtungen befangen für sich zu behalten. Sie verstummen, weil das Aussprechen der Wahrheit, wie sie sie erkennen – nicht, wie man von ihnen *erwartet,* sie zu erkennen –, als rebellischer Regelverstoß bewertet wird. Sie befürchten, daß ihr Wissen, wenn sie es aussprächen, ihre Beziehungen gefährden würde. Sie werden mit dem zentralen Dilemma von Beziehungen konfrontiert: »Wie man ehrlich reden und gleichzeitig die Nähe zu den anderen bewahren kann.«

In ihrem Bestreben, so zu sein, wie andere sie haben wollen, und nicht, wie es ihren Gefühlen am besten entspricht; in ihrer Verwirrung, wie sie die Beziehung zu anderen erhalten, aber gleichzeitig sich selbst treu bleiben können, neigen Mädchen dazu, sich unterzuordnen, sich zu zensieren, um sich bei den anderen beliebt zu machen – bis sie schließlich ihre Klarheit und ihren Mut verlieren. Das Ergebnis dieses Vorgangs, daß Mädchen ihr Wissen verdrängen, seien »Selbstzweifel, Ambivalenz, Panik und Verlust«, so die Psychologin Lynn Mikel Brown. Eine solche Selbstentfremdung ist genau das, was June gleich nach ihrer Heirat erlebte, als sie nicht länger sicher war, was sie empfand, und das Bewußtsein ihrer eigenen Sexualität verlor.

Dieser Prozeß zwingt Mädchen zu verstummen, unauthentisch zu werden, ohne Kontakt zu ihren Gefühlen, mit der Folge, daß sie zutiefst unsicher werden, außerstande, sich in den realen Beziehungen, die noch Augenblicke zuvor ihr Lebenselixier bildeten, weiterhin ehrlich zu äußern. Dies ist der Augenblick, in dem Eltern sagen: »*Was ist passiert? Noch gestern war sie so selbstsicher!*« Das Mädchen steckt in einer Krise. Um der *Beziehung* willen, sagt Gilligan, gibt sie die Beziehung auf.

Gleichzeitig tritt, wie ausgesandt, um sie zu quälen, die Verkörperung dieses neuen Ideals auf, vielleicht in ihrem eigenen Klassenzimmer, das *vorbildliche Mädchen.* Wie dem Titelbild von *Seventeen* entsprungen, hat sie das ideale Aussehen, bekommt die guten Noten und erregt die Bewunderung aller um sie herum. Still und zurückhaltend, wird sie von den LehrerInnen und den Jungen angehimmelt und von den anderen Mädchen gehaßt, weil sie so entgegenkommend und so falsch ist. Im Gegensatz zu dem Mädchen, das schön und fleißig und beliebt, aber auch lebendig und echt ist, wird das vorbildliche Mädchen sichtlich auf ihre eigenen Kosten brav. Sie hat ihre Vitalität verloren und wirkt entfremdet. Sie macht einen leblosen Eindruck, als sei ihre Persönlichkeit im Interesse des schönen Scheins ausgesaugt worden. Sie erkennt, daß sie einem Image entspricht, und bemüht sich vielleicht sogar, es aufrechtzuerhalten, aber diese Rolle ist für sie ebenso unbehaglich wie für ihre Altersgenossinnen. Sie sieht gut aus, aber sie fühlt sich nicht gut. So willkürlich zum »Ideal« erklärt, weiß sie, daß ihr diese Ehre aus Gründen zuteil wird, die wenig mit ihrem wahren Selbst zu tun haben.

Mit dem Auftreten dieser Verkörperung eines bizarren, starren Inbegriffs von Teenage-Tugendhaftigkeit legt sich ein Bann über das Klassenzimmer: Falls unser Mädchen ihm nacheifert, wird sie die Plastizität und Echtheit ihrer eigenen Welt verlieren und sich immer mehr zurücknehmen, je mehr sie in diese erstickende falsche hineingerät. Ihre Alternative besteht darin, die Art von Mädchen zu sein, die das Ideal offen ablehnt, die sich weigert, an die Realität dieses saccharinsüßen Geschöpfes, ihre unechten Beziehungen und ihre erstickte Sexualität zu glauben; die Art von Mädchen, die sich auch weiterhin offen über alles äußert, was sie sieht und weiß und fühlt. Sie kennen dieses Mädchen: Sie schminkt sich vielleicht stark; sie zeigt ihre Sexualität offen; sie macht sich über faulen Zauber lustig und redet laut darüber; sie wagt es, genauso auszusehen, sich zu kleiden, zu sprechen und zu handeln, wie sie will. Sie kümmert sich nicht um das vorbildliche Mädchen. Weil sie sich jedoch nicht darum kümmert und weil sie sich wegen ihrer Wut und ihres Trotzes nicht beliebt macht, wird ein solches Mädchen »unanständig« genannt.

Dies »unanständig« bedeutet auch: *sexuell* unangepaßt. Das vorbildliche Mädchen dagegen ist vor allem keusch. Das ist es, was sie – noch mehr als ihre Schönheit und ihre Fügsamkeit – »vorbildlich« macht. Jungfräulichkeit ist das Markenzeichen des vorbildlichen Mädchens. Ihren Eltern und Lehrern gestattet dies, sich beruhigt zurückzulehnen. Die Sexualität eines Mädchens *muß* in den Untergrund gehen, wenn das Mädchen für Lehrer und Eltern akzeptabel sein soll, die entscheidenden Einfluß auf ihr Selbstwertgefühl haben. Die oben genannte Untersuchung der AAUW bestätigte, daß Erwachsene und deren Institutionen einen weitaus bestimmenderen Einfluß auf die Selbstwahrnehmung der Mädchen haben als ihre AltersgenossInnen.

Die Sexualität der Mädchen

Dennoch beobachten junge Mädchen ebenso wie Jungen ihre eigene Sexualität und die der anderen. Die Mädchen bewundern den heranwachsenden männlichen Körper, sie bemerken die allmählichen Veränderungen des Oberkörpers, der Stimme und der Genitalien der Jungen, doch nichts als ein undurchdringliches Schweigen zeugt von dieser Faszination. Während sich Männer an ihr sexuelles Erwachen erinnern und darüber reden und schreiben – Portnoy und Holden Caulfield, die Hauptfiguren aus Philip Roths *Portnoys Beschwerden* und Jerome D. Salingers *Der Fänger im Roggen*, werden ihre Geschichte noch Generationen von jungen Männern erzählen –, werden Frauen offenbar genötigt zu maskieren, was sie empfanden, zu verschweigen, was sie sahen, nichts wahrzunehmen, außer wie sie selbst Männern erscheinen. Sie werden gegenüber ihrer eigenen erotischen Entwicklung stumm und dumm gemacht. Wo sind die Stimmen dieser einst so offenherzigen, scharf beobachtenden, leidenschaftlichen und artikulationsfähigen Mädchen, die über die ersten Regungen ihrer eigenen Sexualität berichten? Wo sind die jungen Frauen – denen nicht die winzigsten Veränderungen, die subtilsten Nuancen in jeder ihrer Beziehungen entgehen –, die offen über ihr eigenes sexuelles Verlangen, ihr eigenes erotisches Angezogensein von Jungen oder Mädchen sprechen? Was wird geschrieben, um das sexuelle Erwachen einer Frau von *ihrem* Standpunkt aus zu schildern? Wo ist der Diskurs über *ihre* Begierde, die Geschichte *ihrer* sexuellen Neugier, der Ausdruck *ihrer* Lust?

Wo gibt es einen Dialog zwischen Müttern und Töchtern über sexuelle Lust – ein Dialog, der mit der Zeit ein Genre von Literatur hervorbringen könnte, das dem von Männern hervorgebrachten Genre gleichzusetzen wäre? Mütter ermahnen ihre Töchter, auf der Hut zu sein, sich vorzusehen, sich zu schützen und »anständige« Mädchen zu bleiben; sie reden über die Mechanik von Sex und über die Folgen von leichtsinnigem Sex. Aber Töchter bekommen von ihren Müttern – oder sonst jemandem – nicht viel über sexuellen Lustgewinn zu hören. Wie könnte auch Schweigen etwas anderes hervorbringen als wieder Schweigen? Mädchen kennen kaum Bezeichnungen für ihre Geschlechtsorgane; im englischen Sprachraum bezeichnen sie ihre Genitalien als *down there* (da unten). Ohne Äußerung der erotischen Gefühle von Mädchen, ohne Gespräch zwischen Mutter und Tochter über das Erwachen des sexuellen Bewußtseins eines Mädchens, über Lust und Verlangen, wird es keine Sprache für sie geben, in der sie über ihre eigenen Erlebnisse sprechen könnten. Und weil sie nicht darüber sprechen, wird schnell geschlossen, daß Mädchen keine sexuellen Begierden haben. Denn warum sollten sie es nicht sagen, wenn es anders wäre?

Wir gehen viel zu sehr davon aus, daß die erotische Neugier eines Mädchens minimal sei, daß sie keine Erfahrungen mit ihrer eigenen Sexualität habe und daß Lust das Letzte sei, was ihr in den Sinn kommt – merkwürdig, wo wir doch *wissen*, wieviel sexuelle Gefühle eine Frau hat, wissen, daß ihre physische und emotionale Kapazität für sexuelle Lust ungeheuer und potentiell grenzenlos ist. Merkwürdig auch, wenn man bedenkt, daß Frauen *untereinander* darüber reden, wie mächtig ihre unterdrückten sexuellen Gefühle als kleine Mädchen waren, daß sie sich von den erotischen Gefühlen erzählen, die sie hatten, Spiele, die sie spielten, Phantasien, in denen sie schwelgten. Aber all dies ist subversiv; es ist ein Wissen, von dem man annimmt, es existiere nicht, obwohl uns das Gegenteil bekannt ist; ein Wissen, das Frauen angeblich nicht bewußt ist, das man sie zwingt zu vergessen.

Die wirkliche Sexualität eines Mädchens, das heißt, ihr eigenes sexuelles Erleben, wird somit im vorbildlichen Mädchen durch ein Konstrukt ersetzt, eine Kalkulation der Wirkung, die ihr Verhalten auf Jungen und auf ihren Ruf haben wird. Gedrillt, weder eine »Schlampe« noch »frigide« zu sein, auf Normen festgelegt, die von ihr fordern, anders zu wirken, als sie sein darf – sie muß sexy *scheinen*, darf aber nicht sexy *sein* –, ist die Sexualität des vorbildlichen Mädchens ein glänzender Köder: Sie existiert nur für den Genuß anderer. Später wird sie dazu benutzt werden, um sich einen Mann zu angeln, um Liebe zu bekommen, um geheiratet zu werden.

Ein Mädchen, dessen Geschichte Millionen von uns bewegt hat und dessen unerschrockene Offenheit wir so sehr bewundern, ist Anne Frank. Die wenigsten LeserInnen des *Tagebuchs der Anne Frank* wußten bis vor kurzem, wie sehr ihr Tagebuch einer Zensur zum Opfer fiel, die Anne mit dem Image des vorbildlichen Mädchens versehen sollte, und was das für uns, ihre LeserInnen, bedeutete. Das Tagebuch von Anne Frank, das wir kennen und lieben, wurde stark überarbeitet, um dieses außergewöhnliche Mädchen, »das soviel wußte«, »in den Augen der Welt vollkommener oder akzeptabler oder beschützter erscheinen zu lassen, indem sie den Eindruck erweckte, weniger zu wissen, als sie wußte«. Jene Eintragungen, in denen Anne Frank ihre emotionalen Probleme thematisierte, zum Beispiel ihre komplizierte Beziehung zu ihrer Mutter und die sie in Anspruch nehmende Sexualität – wurden gestrichen, ausgelöscht. Nur in einer Fassung von Anne Franks Tagebuch mit dem Titel *De Dagboeken van Anne Frank* (dt. *Die Tagebücher der Anne Frank*, 1988), die 1986 vom Netherlands State Institute for War Documentation herausgegeben wurde, begegnen wir ihren wahren, unredigierten Gefühlen – Seite für Seite sind die zunächst gestrichenen Passagen neben der offiziellen Version angeführt. Nur hier darf Anne Frank sagen, was sie wußte, aussprechen, was sie dachte. Erst da wird sie zu dem leidenschaftlichen, freimütigen, stimmungsabhängigen und auch schwierigen Mädchen, das sie war, dem Mädchen, das die Frauen, mit denen ich sprach, in sich verdrängt hatten. In einer in früheren Ausgaben gestrichenen Eintragung vom 18.3.1944 schreibt sie:

Liebe Kitty!

Niemandem auf der Welt habe ich mehr über mich selbst und meine Gefühle erzählt als Dir, warum sollte ich Dir dann nicht auch etwas über sexuelle Dinge erzählen?

Eltern und Menschen im allgemeinen sind bei diesem Thema sehr eigenartig. Statt daß sie sowohl ihren Mädchen als ihren Jungen mit 12 Jahren alles erzählen, werden die Kinder bei solchen Gesprächen aus dem Zimmer geschickt und dürfen selbst sehen wo sie ihre Weisheit herholen. Wenn die Eltern dann später merken daß die Kinder doch etwas erfahren haben, denken sie daß die Kinder mehr oder weniger wissen, als mit der Wirklichkeit übereinstimmt. Warum versuchen sie dann nicht noch das Versäumte nachzuholen und fragen wie es damit steht?

Ein wichtiges Hindernis gibt es für die Erwachsenen, aber ich finde dieses Hindernis nur sehr klein, sie denken nämlich daß die Kinder die Ehe sozusagen nicht mehr heilig und unversehrt vor Augen haben wenn sie wissen daß die Unversehrtheit in den meisten Fällen bloß Unsinn ist. [Die fehlerhafte Interpunktion entspricht dem Original.]

Da Anne Franks klarsichtiger Widerstand gegen das vorbildliche Mädchen ebenso wie ihre Kritik an der vorbildlichen Ehefrau und ihre Bemerkung über die sexuelle Heuchelei der Erwachsenen in der ursprünglichen Ausgabe fehlt, wird der Eindruck erweckt, als habe sie diese Dinge weder hinterfragt, noch sich gegen sie gewehrt. Tatsächlich hat sie sich dagegen sehr heftig aufgelehnt. Uns wurde vorgegaukelt, daß in dieser komplexen, ihrer Sexualität bewußten jungen Frau das vorbildliche Mädchen lebe – fügsam, alles akzeptierend und nichts in Frage stellend. Es ist die Lüge, mit der sich Mädchen jeden Tag allerorts herumschlagen müssen, eine Lüge, die sie trivialisiert, ihre Stimmen zum Schweigen bringt und ihre Sexualität unterdrückt. Es ist eine Lüge, die zu der Frage Anlaß gab, welche ich mir in diesem Buch immer wieder stelle: Warum glauben Frauen, die vorbildliche Ehefrau existiere, wenn sie doch das Gegenteil wissen?

Um eine Antwort darauf zu finden, brauchen wir uns nur die Mädchen anzusehen. Auch junge Mädchen beginnen irgendwann zu glauben, das vorbildliche Mädchen existiere, selbst wenn sie *wissen*, daß das nicht stimmt. Erwachsene machen ihnen klar, daß es nur so ein Mädchen sein kann, das zur glücklichen Heldin all der romantischen Liebesgeschichten heranwachsen wird, die Mädchen bereits auswendig können.

Liebeslektionen für Mädchen

Dieses schöne, stumme Geschöpf, das vorbildliche Mädchen, die jüngere Ausgabe der vorbildlichen Ehefrau, füllt die Seiten der Liebesgeschichten, die schon unsere Kindheit erfüllten und jetzt unser Unbewußtes bevölkern. Der vor mir liegende Klappentext etwa bezeichnet eine dieser Geschichten, Hans-Christian Andersens berühmtes Märchen »Die kleine Meerjungfrau«, als »zeitlose Geschichte über Mut, Opferbereitschaft und den Triumph selbstloser Liebe«. Ich möchte Ihnen diese Geschichte in Erinnerung rufen.

Eine schöne, fünfzehnjährige Meerjungfrau erblickt auf einem Schiff einen sechzehnjährigen Prinzen und verliebt sich auf den ersten Blick in ihn. Ein Sturm kommt auf, das Schiff zerschellt, und der Prinz fällt ins Wasser. Einen Augenblick lang ist die kleine Nixe überglücklich – er wird bei ihr sein in ihrer eigenen Welt; sie werden zusammen sein! Aber schnell erkennt sie, daß er im Wasser nicht leben kann und daß sie ihn an Land bringen muß, was sie auch tut. Sie ist unglücklich. Wie können sie sich ineinander verlieben, wenn er sie nicht sehen kann, nicht weiß, daß sie ihn rettete, wenn sie einander nie wieder begegnen werden? Sie muß sich in eine Frau verwandeln, eine Menschenfrau, um seine Liebe zu erringen. Deshalb wendet sie sich an die Meerhexe, die zwar bereit ist, ihr diesen Wunsch zu erfüllen, sie aber warnt, daß die Aufspaltung ihres Fischschwanzes in menschliche Beine so schmerzhaft sein werde wie ein Schwerthieb (das hat sie nun davon, an Sex mit dem Prinzen auch nur zu *denken*) und daß diese Schmerzen sie nie verlassen werden. Sie werde mit diesen Beinen zwar bezaubernd *aussehen*, werde als Inbegriff von Anmut *erscheinen*, aber jeder Schritt, den sie von da an tue, werde ihr vorkommen, als gehe sie auf Messern.

Und sollte es der kleinen Seejungfrau nicht gelingen, die Liebe ihres Prinzen zu erringen, sollte er mit einer anderen Hochzeit halten, dann werde ihr schon am nächsten Morgen das Herz brechen, und sie werde sich augenblicklich in eine Schaumkrone verwandeln. Gut, antwortet die Nixe. Ich bin einverstanden.

Als Lohn für die Verwandlung fordert die Meerhexe einen Preis: Sie wird der Seejungfrau die Zunge abschneiden. Das Mädchen werde zwar die Chance haben, den Prinzen zu erobern, aber stumm. Und unter Schmerzen. Und gelinge es ihr nicht, ihn zu heiraten, dann sei es ihr Tod. Die Meerjungfrau jedoch ist leidenschaftlich verliebt und stimmt diesen Bedingungen zu.

Als sie in Menschengestalt vor dem Prinzen erscheint, ohne Zunge und mit den versprochenen schneidenden Schmerzen in ihren neuen Beinen, ist er betört von ihrer Anmut, ist bezaubert von diesem lieblichen Mädchen, das so sehr der Frau gleicht, die ihn rettete, der einen Frau, die zu lieben und zu heiraten er gelobt hat. Aber er ist sich nicht im klaren darüber, daß *sie* diese Frau *ist*. Und die kleine Seejungfrau kann nicht sprechen.

So kommt es, daß der Prinz eine Prinzessin kennenlernt, sich in sie verliebt und ihr, nicht seiner stummen Begleiterin, glaubt, daß sie das Mädchen sei, das sein Leben rettete. Die kleine Meerjungfrau wird dazu bestimmt, der Braut bei der Hochzeit die Schleppe zu tragen – stumm, verstümmelt, gebrochenen Herzens –, und als Strafe dafür, daß sie den Prinzen nicht für sich gewonnen hat, muß sie kurz darauf sterben.

Die Geschichte geht noch weiter. In Kürze: Wenn sie den Prinzen tötet, kann sie ihr eigenes Leben retten. Sie weigert sich, und darin liegt die Moral: Weil die kleine Seejungfrau so gütig ist, so liebevoll, so selbstlos und so bereit, dem Prinzen zu verzeihen (der fortan bis an sein Lebensende mit einer anderen Frau glücklich ist, die er mit ihr verwechselt hat), wird ihr Leben gerettet. »Von den 156 Märchen, die Andersen in seinem Leben geschrieben hat, ist diese Geschichte nach wie vor eine der bezauberndsten«, schließt der Klappentext.

Wer kann diese Geschichte von Verstummen und Verstümmelung, von Schmerz, gebrochenem Herzen und Verlust »bezaubernd« nennen? Wessen Kriterien entsprechen diese Eigenschaften, die ich eben genannt habe – Güte, Selbstlosigkeit und Verzeihen? Kleine Mädchen, die »Die kleine Meerjungfrau« lesen, bekommen eine schreckenerregende Geschichte vorgesetzt mit fünf eindeutigen Lektionen über die Liebe, von denen eine weniger »bezaubernd« ist als die andere:

Liebeslektion 1: Um von einem Mann erwählt zu werden, bedarf es einer grundlegenden Verwandlung. Du kannst nicht du selbst sein und geliebt werden.

Liebeslektion 2: Nach deiner Verwandlung, die qualvoll und deformierend sein wird, kannst du nur hoffen, daß der Mann, für den du dich so großer Mühen, ja Qualen unterzogen hast, imstande sein wird, zu erkennen, *wer du wirklich bist*. Ihm ist auch nicht bewußt, wieviel von dir du um seinetwillen verändert hast.

Liebeslektion 3: Falls ihm nicht gefällt, was er sieht, wirst du deine Existenz verlieren.

Liebeslektion 4: Was auch immer dir zustößt, du wirst kein Bedürfnis nach Rache und Vergeltung haben. Du wirst großzügig, selbstlos und verzeihend sein, und du wirst schweigen. Und das wird man »anständig« nennen.

Liebeslektion 5: Diese Anständigkeit, deine Bereitschaft, zu schweigen und dich verstümmeln zu lassen, um einen Mann für dich zu gewinnen, wird dich für die Rolle des vorbildlichen Mädchens – und später der vorbildlichen Ehefrau – qualifizieren.

Verzichte auf Sex, und du bekommst alles andere

Nicht alle Geschichten von Mädchen, die darauf warten, vom Prinzen entdeckt zu werden, enden so glücklich. Die Disney-Filmfassung der »Kleinen Meerjungfrau« [1989] erhält die Grundprämisse, befriedigt dabei aber alle unsere Erwartungen, daß der Traum vom ewigen Glück in Erfüllung gehe: die kleine Nixe muß keine Schmerzen leiden; ihre Stimme kehrt am Ende zurück, und sie, nicht die Prinzessin, heiratet den Prinzen. Aber ob Happy-End oder nicht, die meisten Märchen verstärken ein ähnlich deformiertes Idealbild vom vorbildlichen Mädchen. Fasziniert, wie wir nun einmal von der Verwandlung eines gewöhnlichen Mädchens in eine Person sind, die es wert ist, von einem Prinzen erwählt zu werden, bestätigen uns diese mythischen Geschichten über Liebe, daß das, was schließlich dessen Liebe erringt, ihre Schönheit und ihre Keuschheit, ihre Sittsamkeit und ihre Stummheit ist; und natürlich ihre Selbstlosigkeit, ihre Bereitschaft, allen zu verzeihen, die sie verletzen (einschließlich grausamer Stiefschwestern, böser Mütter, Meerhexen und anderer weiblicher Figuren, deren Rolle es gewöhnlich ist, die Gesetze des Patriarchats durchzusetzen und all jene zu bestrafen, die dagegen verstoßen). Während ihre Attraktivität für den Prinzen offenkundig ist, gilt dies für ihre Sexualität nicht: in ihrem glühenden Eifer, den bewundernden Blick des Prinzen auf sich zu ziehen, hat das vorbildliche Mädchen seine Leidenschaftlichkeit bereits aufgebracht; endlich die Seine geworden, ist die Seejungfrau im Disney-Film zu ewiger Geschlechtslosigkeit verdammt. Unwissentlich hat sie an der Vorbereitung ihres eigenen Abgangs aus der Geschichte mit Beginn des Ehelebens mitgewirkt.

Das Märchen vom Aschenputtel* beschreibt das weibliche Ideal ähnlich wie die Geschichte von der Meerjungfrau: Auch sie, ein armes Hausmädchen, muß verwandelt werden, um eine geeignete Partie für den Prinzen darzustellen. Beide Figuren, Meerjungfrau und Aschenputtel, müssen das, um akzeptable Menschen zu werden, und beide erwarten nach ihrer Verwandlung den Lohn männlicher Gunst. Die aktivere Seejungfrau – schließlich ergreift sie die Initiative, um ihren Geliebten zu erringen – verliert; Aschenputtel gewinnt. Aber beide Mädchen haben ein gemeinsames Merkmal, ihre Stummheit.

Das Mädchen, das in diesem Märchen eine Traumkarriere macht, *sagt* niemals etwas über seine Wünsche, sein Vergnügen; vielmehr »stammelt Aschenputtel«, so schreibt Louise Bernikow in *Among Women* (1980), »außerstande, zu sagen, was sie will – denn sie ist passiv, leidend und sittsam...«; die gute Fee »ahnt einfach Aschenbrödels Wunsch...«, schön gekleidet zu sein, auf den Ball zu gehen und den Prinzen zu erringen – wie auch wir ihn ahnen. Es scheint unvorstellbar, daß sich Aschenputtel dieses Szenarium nicht wünschen könnte.

Aschenputtel äußert keine Gefühle, was auch immer um sie herum geschieht, sei es gut oder schlecht. Ihre Stimme, die uns ihren Wunsch nach Liebe, ihre Erwartungen für das Leben nahebringen könnte, bekommen wir nicht zu hören. Wie war der Ball? War es aufregend, von diesen schrecklichen Schwestern beneidet zu werden? Wie war der Prinz? Sicherlich ist er reich und gutaussehend, aber *magst* du ihn? Hat es Spaß gemacht, mit ihm zu tanzen? Findest du ihn sexy? Und was diese Drohung betrifft, in einen Kürbis verwandelt zu werden – bedeutet diese Ermahnung, vor Mitternacht zu Hause zu sein, nicht, daß dich jemand daran hindern will, *mit einem Mann zu schlafen?* »Das Ziel ihrer Verwandlung ist im Grunde nicht Vergnügen«, schreibt Bernikow, »sondern auf den Ball zu gelangen, und zwar mit der richtigen Ausstattung, um den

---

* Das Märchen entspricht nicht der Grimmschen Fassung.

Prinzen einzufangen.« Und wir als LeserInnen sehen sie durch *seine* Augen und geben uns damit zufrieden, nicht zu wissen, was *sie* sah, fühlte, sagte. Wir füllen die Lücken reflexartig, ohne daran zu zweifeln, daß das Vergnügen des Prinzen auch ihr Vergnügen ist. Wir liefern eine fehlende Stimme – aber ist es die ihre? Wir liefern den Schluß, aber was geschieht mit ihr danach? Niemand sagt rundheraus zu Frauen: *Gebt eure Sexualität auf, dann könnt ihr alles haben.* Aber wir Frauen haben in unserer Jugend so sicher wie Aschenputtel die Gefahr kennengelernt, die einem anständigen Mädchen droht, das nicht Schlag Mitternacht zu Hause ist: es wird alles verlieren. Sein Abendkleid wird sich in Lumpen verwandeln, seine Kutsche in *Gemüse.* Es wird nicht länger begehrenswert sein. Was die Frauen empfanden, als sie stumm und geschlechtslos wurden, als sie die Eigenschaften der vorbildlichen Ehefrau annahmen, war Wut und Traurigkeit und Verlust – genau wie die Mädchen, wenn sie die Eigenschaften des vorbildlichen Mädchens annehmen. Als ich in meinen Gesprächspartnerinnen diese Mädchen sah, begann ich etwas Paradoxes zu verstehen, etwas, das auf den ersten Blick sinnlos erscheint: Warum sollte eine lebendige, sexuell aktive Frau heute ihre Lebendigkeit und Sexualität aufgeben und danach streben, Donna Reed zu werden, eine geschlechtslose, stumme, erwachsene Version der stummen und verstümmelten kleinen Meerjungfrau?

Um darauf die Antwort zu finden, müssen wir wieder zu den Mädchen zurückkehren. Es gibt ein paar halbwüchsige Mädchen, die sagen, »nicht mit mir«, die beschließen, an ihrer inneren Autorität festzuhalten und diese Entfremdung von sich selbst und anderen nicht mitzumachen. Sie sind entschlossen, zu kriegen, was sie wollen, nicht, was man ihnen einreden will, zu wollen – mit anderen Worten, ihre innere Stimme nicht aufzugeben, die sie mit ihrer Sexualität verbindet. Tatsächlich interessiert sich Gilligan am meisten für diese Mädchen, die sie Widerständlerinnen nennt, weil sie die Vorstellung vom vorbildlichen Mädchen, das vorbildliche Beziehungen hat, verachten. Diese Mädchen lassen sich nicht kaufen, sagt sie; sie müßten in ihrem Mut und ihrem Widerstand unterstützt werden. Sie seien die Unbezähmbaren, Lebendigen, denen es gelingt, während ihrer ganzen Adoleszenz psychisch lebendig zu bleiben – auch wenn man sie deshalb »verdorben« nenne.

Viele der Frauen, mit denen ich sprach, waren inzwischen erwachsene Widerständlerinnen, Frauen, die es geschafft hatten, ihre ganze Jugend zu überstehen, ohne sich dem Idealbild des vorbildlichen Mädchens zu unterwerfen. Sie hatten vorehelichen Sex gehabt, zu einer Zeit, als dies nicht länger verteufelt wurde. Sie waren Frauen, die weder auf ihre Stimme noch ihre Authentizität, noch ihre Sexualität verzichtet hatten. Die meisten waren unter dem Einfluß neuer und offenkundig sexueller Ikonen wie Madonna und Cher aufgewachsen, Rollenvorbilder, die sie sowohl in ihrem Widerstand gegen das vorbildliche Mädchen wie auch in ihrer Bejahung sexueller Lust und in ihrer Suche danach unterstützten.

Diese Frauen sind Angehörige einer Kultur, die eher etwas in Auflösung begriffen als puritanisch streng wirkt, die Frauen von all der Tugendhaftigkeit befreit zu haben scheint, die Sex verbot und Stummheit verehrte. Es ist eine Kultur, die Modelle von offener Lustsuche und verbalem Freimut anbietet. Man könnte annehmen, daß diese sexuell versierten Frauen sich in ihrer Neigung bestärkt fühlen würden, ihren eigenen Weg zu gehen. Man sollte davon ausgehen, daß diese geradlinigen, befreiten Frauen anders an die Ehe herangehen würden als ihre Mütter und Großmütter.

Aber etwas Merkwürdiges ist auch mit ihnen an jener Wegscheide passiert, an der sich die Wünsche der Frauen und die Normen der Kultur nochmals kreuzen: Bei ihrer Heirat war die Verheißung einer idyllischen Beziehung und ewigen Glücks genauso faszinierend für sie wie eh und je. Die Verlockung, zur vorbildlichen Ehefrau zu werden, geborgen in den schützenden Wänden des Für-Immer, blieb einfach unwiderstehlich. Die Hochzeit scheint heute genauso wie früher selbst für die entschlossensten Rebellinnen der Augenblick der Kapitulation vor dieser antiquierten Moral zu sein.

4. »Ich dachte, durch Erfahrung würde ich glücklich werden«

Connie und ihre zwei besten Freundinnen saßen im Juli 1975 in einem Zug nach Boston. Die zwanzigjährigen Mädchen waren aus ihrer Heimatstadt Chicago aufgebrochen, um sich ein Wochenende lang dem Vergnügen in die Arme zu werfen.

»Der da«, flüsterte Pamela und deutete auf einen jungen Mann, der eine Gitarre umhängen hatte. Der hat einen knackigen Hintern, dachte Connie, als er an ihr vorüberging. Die drei Frauen sahen einander zustimmend an. Connie stand auf und folgte dem Mann in den nächsten Waggon. »Mach's gut«, rief Meg ihr nach.

Zwei Stunden später kam Connie zurück.

»Na?« wollten ihre Freundinnen wissen.

»Nun ja, es war halt... Eisenbahnsex«, antwortete sie. »Das Beste daran ist noch, daß ich mir von euch beiden nichts mehr über diese gräßliche Lücke in meinem Leben erzählen lassen muß. Meine Ausbildung ist jetzt abgeschlossen.«

»Wie stolz deine Eltern sein werden. Eisenbahnsex – und noch nicht einmal mit dem College fertig«, meinte Pamela.

»Sie hat noch keinen flotten Dreier gemacht«, erinnerte sie Meg.

»Und wird auch nicht«, versicherte Connie.

»Du mußt!« tönten die Mädchen unisono.

Am Ende dieses Sommers hatte sie auch das absolviert. Im Sommer 1980 war sich Connie, fünfundzwanzig Jahre alt und mit einem Jahrzehnt sexueller Experimente hinter sich, ziemlich sicher, alles getan zu haben, was man sexuell tun konnte und was nicht schlicht pervers war. Dreier, Analverkehr, Gruppensex und ständig wechselnde sexuelle Beziehungen hatten sie an das Ziel geführt, auf dem ihre Clique bestanden hatte: Sie hatte mit hundert Männern geschlafen, vollgedröhnt mit Drogen, in Flugzeugen, in betrunkenem Zustand, wenn sie Lust auf Sex hatte und wenn sie keine hatte. Sie erzählt mir, daß es in diesen Jahren zwischen 1970 und 1980 keine Regeln gab außer der, daß man, wenn man eine Regel entdeckte, sie brechen mußte. Die einzige Sünde war, etwas nicht ausprobieren zu wollen.

»Es gehörte einfach zur College-Erfahrung, alles in Spalte A, Spalte B und Spalte C abzuhaken«, meint Connie. »Wie es Jimi Hendrix in den Sechzigern herausplärrte: *Are you experienced?* Das war die Frage, die wir einander stellten. Die Antwort mußte ›Ja‹ lauten. Wenn sie ›Nein‹ hieß, dann war man das Schlimmste, was man sein konnte: ein braves Mädchen.

Meine Mutter – der Inbegriff des braven Mädchens – wurde in dem Glauben erzogen, ihr würde etwas Schreckliches zustoßen, wenn sie gegen die Regeln verstoßen und zum Beispiel vor der Hochzeit mit jemandem schlafen würde. Und sie hatte recht; so wäre es gekommen.«

Connie brauchte sich dagegen schon einmal keine Sorgen zu machen, daß sie schwanger werden könnte; sie brauchte sich nicht einmal Sorgen zu machen, wenn sie schwanger wurde. Das war, bevor irgend jemand etwas über Aids gehört hatte. Soviel sie wußten, gab es keine Geschlechtskrankheit, die nicht heilbar gewesen wäre, und kein ungewolltes Kind brauchte geboren zu werden. Nichts Schlimmes konnte passieren; nichts Unwiderrufliches. Man konnte sich mit Sex weder die Gesundheit noch das Leben ruinieren.

1982, als sie siebenundzwanzig war, heiratete sie den sehr großen, sehr gutaussehenden blonden Martin, einunddreißig Jahre alt, Architekt wie sie und ihr Bürokollege in New York City. Sie galten als ein ideales Paar: sie – mit einsachtzig fast so groß wie er und mit großen, kornblumenblauen Augen, genau wie er – hätte seine Schwester sein können. Ich lernte Connie acht Jahre später kennen, als wir zufällig im Flugzeug nebeneinander saßen und nach einem dreistündigen Gespräch übereinkamen, es in der folgenden Woche auf der Erde fortzusetzen. Sie sagte, sie sei bereit, mit mir über ihre Gefühle in bezug auf ihre Ehe und ihre seit zwei Jahren bestehende Affäre zu sprechen. Das folgende Interview fand im Sommer 1989 in meiner New Yorker Wohnung statt.

DH: Worum ging es Ihnen und Ihren Freundinnen beim Sammeln Ihrer umfangreichen sexuellen Erfahrungen in der High School und im College?

CC: Ich denke, ich habe mir einfach weismachen lassen, daß Sex eine kreative Sache sei. Eine Begabung wie, ich weiß nicht, malen oder schreiben. Man entwickelt seine Begabung, das ist alles. Man läßt sie nicht brachliegen – das haben unsere Eltern getan. Man entwickelt sie, und sie wird immer besser. Das redeten wir uns ein. Es würde zu etwas führen.

DH: Zu was?

CC: Ich bin nicht sicher.

DH: Zu einem idealen, sexuell ebenso erfahrenen Partner?

CC: Nicht eigentlich. Ich glaube nicht, daß es mir vor allem darum ging, durch Sex einen bestimmten Mann zu finden, als vielmehr, mich selbst zu finden. Sex würde mir in ungeahnter Weise die Augen über mich selbst öffnen, und dieses Verständnis würde mir helfen, wirklich zu leben. Meine Mutter war für mich eine Person, die ihr Leben verschlafen hatte, nicht wirklich gelebt hatte. Das glaube ich übrigens noch immer. Ich würde mir nicht wünschen, nur einen Mann gekannt zu haben. Stellen Sie sich vor: Wie könnte man durchs Leben gehen und nur einen Mann kennen oder nur eine Art von Sex oder den Körper eines einzigen Menschen?

DG: Wozu sollte dieses Verständnis seiner selbst, dieses Gefühl, wach und nicht verschlafen zu sein, führen?

CC: Es sollte zu Glück führen. Vor allem anderen hatten wir das Recht auf Glück. Und sexuelles Glück – etwas, von dem wir wußten, daß Frauen es in der Vergangenheit nicht gehabt hatten – war unser Barometer dafür. Lustgewinn war das uns von Gott geschenkte Recht. Alles andere konnte man allein tun. Man konnte in die Welt hinausgehen und Geld verdienen, eine Karriere machen, selbständig sein. Aber man konnte nicht allein sexuell glücklich sein. Nicht wirklich. Gut, man konnte masturbieren, aber mir war es sehr wichtig, mit einem Mann in sexuellen Kontakt zu kommen. Deshalb ging es uns vor allem darum, daß ein Mann gut im Bett ist, in dem Sinn, daß er verständnisvoll und liebesfähig und selbst erfahren ist, und daß es ihm wichtig ist, uns glücklich zu machen.

DH: Haben Sie solche Männer gefunden?

CC: Klar! Rückblickend war es gar nicht so schwierig, da wir selten mehr als ein- oder zweimal mit einem Mann zusammen waren. Auf diese Weise kam unsere Bindungsangst gar nicht zum Zuge.

DH: Haben Sie sich auch verpflichtet gefühlt, die Männer glücklich zu machen?

CC: Ja und nein. Ich wollte ihnen Genuß verschaffen, aber hauptsächlich in sexueller Hinsicht; ich versuchte nicht, sie in allen Dingen zu *erfreuen*. Ich wollte, daß er durch mich denselben Genuß hat, wie ich durch ihn. Er sollte sein Glück darin finden, mit einer Frau zusammenzusein, der Sex genausoviel bedeutet wie ihm und die sich dessen nicht geniert – die das nicht zu verbergen sucht und die nicht anständiges Mädchen spielt. Vor allem ging es mir jedoch darum, ihn zu testen; sobald wir im Bett waren, war ich nicht darauf fixiert, selbst getestet zu werden.

DH: Haben Sie ihn getestet, um den besten Sexualpartner von allen zu finden – und ihn dann zu Ihrem Dauerpartner zu machen?

CC: Die Vermutung liegt nahe, aber das war's nicht. Jedenfalls damals nicht. Wir dehnten unsere Philosophie nicht bis zur Ehe aus; die war zu weit weg. Die Ehe war etwas ganz anderes. Das Ziel war anfangs bloß, den besten Mann im Bett zu finden, punktum. Das hatte wenig damit zu tun, ihn zu heiraten. Man suchte ihn und man vögelte mit ihm. Viel weiter voraus haben wir nicht gedacht. Der Schwerpunkt zu Beginn meines Sexuallebens war wirklich spezifisch sexuell – eher wie bei einem Mann. Ich versuche diese Nummer mit diesem Typ, vielleicht einen Dreier mit einem anderen. Ich dachte nicht: »Hier ist ein Mann, mit dem ich alles tun kann.« Ich suchte nicht speziell nach emotionaler Nähe. Und ganz sicher suchte ich nicht nach einer Bindung.

DH: Wenn Sie einen Typ fanden, der sexuell ganz toll war, wollten Sie ihn dann festhalten?

CC: Vielleicht noch für ein, zwei Nächte. Aber mein Gefühl war eher: »Dieser Typ ist toll! Hoffentlich finde ich noch mehr solche wie ihn!« Es war nicht so gedankenlos, wie es klingt – es war im Grunde einfach das Bewußtsein, daß wir herumexperimentierten und Spaß hatten.

DH: Haben Sie überhaupt ans Heiraten gedacht?

CC: Nein. Nur, daß es geschehen würde. Irgendwann würde ich heiraten, das wußte ich.

DH: Sollte die Ehe auch Spaß machen? Sollte sie sexuelles Vergnügen bringen?

CC: Die Ehe war, wie gesagt, in so weiter Ferne für mich, daß es sich genausogut um ein Altersheim hätte handeln können, so wenig habe ich überlegt, wie das sein würde.

DH: Haben Sie sich vorgestellt, daß die Ehe den sexuellen Genuß, der Ihnen so wichtig war, fortsetzen würde?

CC: Nun, zuerst mußte ich sexuellen Genuß finden, und trotz allem fand ich ihn auf diese Weise nicht.

DH: Sie meinen, indem Sie einer Art Don Juan-Skript folgten – möglichst viel Abwechslung?

CC: Ja. Ich mußte das ein paar Jahre tun, bevor ich begriff, wonach ich eigentlich suchte.

DH: Und was war das?

CC: Ich wollte wirklich wundervollen Sex, immer noch, aber ich wollte ihn in einer Beziehung. Ich wollte eine tiefere, spirituellere Verbindung. Ich wollte mein eigenes Modell schaffen, nicht dem von irgend jemand anderem folgen, dem meiner Freundinnen oder einem männlichen Modell, was mehr Sex um seiner selbst willen bedeutet hätte. Mit zweiundzwanzig oder dreiundzwanzig Jahren suchte ich bei einem Mann mehr Nähe.

DH: Ihre Einstellung zum Sex hat sich also grundlegend geändert?

CC: Ja, ich hatte längerfristig gute Liebschaften und echte Freunde, Männer, denen ich mich nahe fühlte, und Männer, mit denen ich zusammenlebte. Und das kam dem viel näher, was ich mir von all diesem Sex eigentlich erhoffte. *Damals* fing ich an, ans Heiraten zu denken.

DH: Als Sie daran zu denken begannen, glaubten Sie da, Sie würden jemand finden, mit dem es im Bett wunderbar war, und daß das das wichtigste Kriterium sei, um ihn zu heiraten?

CC: Nun, ich habe einen Mann geheiratet, mit dem es im Bett nicht wunderbar klappte – da haben Sie also Ihre Antwort. Es war nicht schlecht, es war bloß nicht das, wofür ich ihn gewählt habe. Ich dachte nicht daran, mir meinen künftigen Mann auf der Basis von gutem Sex auszusuchen. Das schien plötzlich keine Priorität mehr zu haben, und ich weiß nicht recht, ob ich erklären kann, warum. Aufgrund meiner Vorstellung, daß nämlich sexuelles Glück mein mir von Gott geschenktes *Recht* sei, fühle ich mich wirklich verschaukelt. Und dennoch, wessen Schuld war es? Ich war es, die die Entscheidung traf, ihn zu heiraten; niemand hat mich dazu gezwungen. Ich wußte, daß es im Bett nicht toll war, als ich ihn heiratete.

DH: Haben Sie eine Idee, warum Sie das taten, angesichts Ihrer Prioritäten?

CC: Nun, ich liebte ihn. Sie werden das nicht glauben, aber ich denke, es war im Bett so, wie ich es wollte. Denn ich wußte ja, was all diese sexuelle Wildheit bedeutete, nämlich Kontrollverlust. Und sie bedeutete Auseinandergehen. Sie bedeutete etwas Vorübergehendes, und ich dachte in einer perversen Weise: Wenn ich jemand heirate, der nicht wild im Bett ist, dann werden wir nicht bis an die Grenze gehen – wir werden es nicht immer toller treiben. Und deshalb wird es nicht vorübergehend sein. Ich wollte nicht, daß Sex eine Hauptsache in der Ehe ist, denn ich fürchtete mich irgendwie davor, was das bedeuten könnte, wenn es eine Hauptsache wäre. Ich dachte, wenn Sex einen geringeren Stellenwert hat, dann wird mein Leben… normaler sein. Eine traditionelle Ehe, wie *Eltern* sie haben, wo Sex keine große Affäre ist, *das* sei die richtige Form von Ehe, dachte ich, und auf diese Weise bleibt man zusammen! Denn wie kann man zusammenbleiben, wenn man sich gegenseitig um den Verstand vögelt – ich meine, wie lang konnte *das* dauern? Wie lang hatte es bei uns allen gedauert – eine Nacht, zwei, drei Wochen? Wenn ich jemand heiratete, der nicht sexbesessen war, dann war ich gerettet. Er würde mein Partner sein, er würde mir treu sein.

DH: Und Sie ihm auch?

CC: Ja.

DH: Aber Ihr Modell war doch ursprünglich ganz entschieden *nicht* das Ihrer Eltern; wie kam es, daß Sie wieder auf deren Gleise einschwenkten?

CC: Heiraten war nicht dasselbe wie die Experimentierphase. Heiraten war etwas anderes. Hier ging es um Monogamie und um Zusammenbleiben.

DH: War Monogamie wichtig für Sie als moralisches Ideal, oder verknüpfen Sie sie einfach automatisch mit der Ehe?

CC: Beides. Ich glaube nicht, daß ich viel darüber nachgedacht habe, ob sie wichtig für mich war, aber sie war es, und sie gehörte irgendwie dazu. Es war eigentlich kein moralisches Ideal, bloß ein Ideal. Verheiratet zu sein bedeutete, treu zu sein.

DH: Warum ist es nicht darum gegangen, den ganzen sexuellen Verhaltenskodex über Bord zu werfen?

CC: Nicht, sobald man heiratete. Das war natürlich ein ungeschriebenes Gesetz; niemand hat es je ausgesprochen. Aber irgendwo in weiter Ferne erreichte man, sobald man heiratete, diesen mythischen Ort.

DH: Wo alle treu und alle sexuell glücklich sind, und wo Sie sich geborgen fühlen?

CC: Ja. Wir versuchten nicht, *dieses* Skript zu ändern, weil es so weit weg war und soviel versprach; es war etwas, das man in ferner Zukunft tun würde, wenn man sein Leben bereits gelebt hatte. Obwohl das, wenn man es sich recht überlegt, ein ziemlicher Quatsch ist. Mit 22 hat man sein Leben noch nicht wirklich gelebt. Nach jahrelangem Herumschlafen und Herumspielen und Sichverlieben in jeden, den man wollte, wird man nicht plötzlich imstande sein, eine echte Beziehung aufzubauen. Eine *einzige* echte Beziehung.

DH: Aber Sie haben doch vorhin gesagt, daß Sie echte Beziehungen erlebten, sobald Sie von Ihrem früheren Sexmodell abrückten – das die Experten als das »männliche Modell« bezeichnen, weil es unverbindlichen Sex und eine Vielzahl von Partnern betont – und anfingen, eingreifendere, längerfristige Beziehungen mit Männern zu haben. Dies waren die wirklichen Beziehungen, während diese Chimäre, die eintreten würde, wenn Sie Ihr Leben bereits gelebt hätten, wie Sie es ausdrückten, de facto *nicht* wirklich war. Wie kann die Phantasie diesen Purzelbaum schlagen, so daß das Wirkliche unbefriedigend wird und das, was idealisiert wird, faktisch *nicht* wirklich ist?

CC: Wenn man etwas als das Ziel ansieht und es sein ganzes Leben lang so gesehen hat, dann hat dieses Ziel wahrscheinlich den größten Wirklichkeitsgehalt.

DH: Aber Ihr voreheliches Ziel war, sich mit Männern zu vergnügen, und jetzt erklären Sie, für Ihr eheliches Ziel spielte dieses Vergnügen praktisch keine Rolle. Was ich herausbekommen möchte, ist, wie es geschehen konnte, daß Sie – eine Frau, die ein Leben führte, das auf Ihren eigenen Lustgewinn ausgerichtet war – diesem Leben und dieser Orientierung plötzlich so geringen Wert beimaßen, als Sie einen Ehemann wählten. Warum wurde das, was so wirklich war, so unwichtig?

CC: Wahrscheinlich dachte ich einfach, daß die Ehe die wirklichste Beziehung meines Lebens sein würde.

DH: Und Sie dachten niemals, hm, ich hatte hundert Männer in zehn Jahren – zehn Männer im Jahr – das ist für mich wirklich. Was wird es für mich bedeuten, was wird es mir abverlangen, diese Wirklichkeit gegen das andere Modell von Beziehung einzutauschen und für immer bei einem Mann zu bleiben?

CC: Falls ich überhaupt darüber nachgedacht habe, was ich gar nicht glaube, dann dachte ich wohl, daß die Ehe einfach toll sein würde. Verstehen Sie, die Ehe war nicht dasselbe wie das Leben, das ich führte. Sie würde anders sein. Anders im *positiven* Sinn; ganz oben auf der Skala guter Dinge. Deshalb galten dafür nicht die gleichen Kriterien.

DH: Als die sexuelle Freibeuterin, die Sie waren, haben Sie also praktisch die ganze Zeit eine völlig traditionelle Ehe geplant. Eine ruhige, liebevolle, sexuell exklusive Ehe, genau wie Ihre Eltern sie führten.

CC: Ja. Ich dachte, daß ich es eigentlich nicht so plante, weil ich so hart daran arbeitete, vor der Ehe etwas anderes zu erleben. Und ich erlebte tatsächlich etwas anderes vor der Ehe als meine Eltern.

DH: Aber es hat Sie nicht glücklich gemacht?

CC: Nein, doch, das hat es schon. Es war bloß… an der Zeit, zu heiraten.

DH: Warum, denken Sie, wollten Sie kein anderes Arrangement *nach* der Eheschließung für sich treffen – verstehen Sie, die Institution neu erfinden, um das einzuschließen, worauf Sie vor der Ehe so entschieden bestanden haben – Ihre Sexualität, Ihre »Verworfenheit«?

CC: Weil ich nicht dachte, daß das nötig sei. Schauen Sie, ich wußte, daß es in gewisser Weise Quatsch war und daß ich mich auf etwas Unrealistisches einließ, aber ich *wollte* es glauben. Wovon ich wirklich etwas verstand, waren Affären mit Männern – aber ich konnte es nicht erwarten, sie durch die Ehe zu ersetzen, weil diese die fabelhafteste Beziehung überhaupt versprach. Die Ehe wurde uns als diese Wundertüte vorgegaukelt, die wir eines Tages bekommen würden und die all das enthalten würde, was wir benötigten. Sie ist bereits wunderbar, klar? Warum sollte also irgend jemand daran herumpfuschen wollen? Sie steht bereits fest. Ich habe nur die Erwartung, daß sich ihre Wunder auch für mich ereignen.

DH: Erzählen Sie mir über ihre Wunder. Was sie für Sie bedeuteten.

CC: Nun ja, Sie wissen schon. Vollkommene Liebe. Für mich bedeutete es jemanden, der mich *verstehen* würde. Wir würden einander sehr nahe sein. Wirklich gute Freunde. Wir würden miteinander reden und lachen und schlafen, und das würde alles aus einem Guß sein. Die Ehe würde uns völlig natürlich und unvermeidlich erscheinen. Der Haken ist bloß, es wird so schwierig, diese Vorstellung von wirklich enger Freundschaft und ausschließlichem, absolut vertrautem Sex aufrechtzuerhalten, wenn man tatsächlich heiratet.

DH: Warum? Wie kommt das?

CC: Also zunächst einmal bekam ich, was ich wollte. Mein Mann war treu und ist es noch. Ich dagegen bin fast von Anfang an die Wände hochgegangen. Nach einem Jahr Ehe dachte ich: Irgendwas stimmt da nicht. Der Sex ist so... fad. Wir lachen nicht viel. Wir sind nicht die engsten Freunde. Wo habe ich was falsch gemacht? Und ich erinnere mich, daß ich dachte, okay, ich werde es einfach durchziehen. Ich sagte mir... so wie man sich bettet... (*sie lacht*)... ich bin *selber schuld.*

DH: Warum ist es Ihre Schuld?

CC: Weil ich so naiv war. Sogar in sexueller Hinsicht – was ich weiß Gott nicht hätte sein dürfen. Anfangs dachte ich, nun ja, nachdem *ich* gut im Bett bin, wird es mit jedem im Bett gut sein, mit dem ich es will, weil ich selbst dafür sorgen kann. Ich brauche im Grunde keinen Mann, der gut im Bett ist, weil ich gut bin. Ich habe fast immer einen Orgasmus, deshalb wird alles gutgehen...

DH: Was taten Sie?

CC: Ich tat, was alle meine Freundinnen tun. Ich dachte, ich bin gut, und ich werde es ihm beibringen. Aber wenn jemand Sex einfach unwichtig ist, dann kann man ihm das auch nicht beibringen. So ist es mit Martin, jedenfalls mit Martin und mir. Er sieht unglaublich sexy aus – perfekt, im Grunde, dieser ideale Körper und die wunderschöne Haut –, und er wirkt wie ein richtiger Mann und sieht wie einer aus. Er schien genau richtig für die Rolle. Aber er macht sich im Grunde nicht viel aus Sex, glaube ich. Er hat eine Menge puritanischer Hemmungen diesbezüglich und Ängste und Erwartungen. Anfangs bestand er darauf, daß wir jeden Abend miteinander schlafen, als wär's ein Test, ein Test seiner Männlichkeit. »Das gehört sich so für Eheleute«, dachte er wohl. Es spielte keine Rolle, ob er Lust hatte, ob ich Lust hatte, es war ein Test der Ehe. Und ich habe nie das Gefühl, daß es irgend etwas mit Lust zu tun hat.

DH: Eher ein Ventil für die Angst?

CC: Ja. Und ich bin das Auffangbecken. Es ist nie entspannt im Bett – er achtet tatsächlich darauf, wie laut ich atme, und wenn ich nicht laut genug atme, beklagt er sich darüber. »Äh... Connie«, stellt er mißbilligend fest, »du bist nicht erregt.« Als ob es meine Schuld wäre! Da sind überall diese unsichtbaren Meßlatten, nach denen er meine Reaktion bewertet.

DH: Haben Sie aufgehört zu reagieren?

CC: Ja, weitgehend. Es ist zu sehr wie ein Leistungstest – ich habe das Gefühl, es soll wie... Filmsex sein, oder es ist nicht »richtig«. Das löst eine Menge Spannungen zwischen uns aus. Inzwischen bin ich so weit – und das finde ich wirklich schrecklich –, daß ich nicht nur nicht so atmen kann, wie er es von mir will, sondern daß ich Mühe habe, überhaupt zu atmen. Ich fühle mich apathisch. Abgestorben. Er erwartet von mir, daß ich jedesmal einen Orgasmus habe, aber irgendwie von selbst. Er tut sehr wenig, um diese Erwartung zu unterstützen. Ich soll es einfach *tun*, es für mich selbst herbeiführen. Und wenn ich nicht die Reaktionen produziere, die er erwartet, dann habe ich das Gefühl, versagt zu haben. Ich habe versagt, *und ich bin schuld, wenn er versagt.* Es ist eine Zwickmühle: Einerseits sollte ich eine total reaktionsfähige, orgasmusfähige, leidenschaftliche Frau sein. Und wenn ich andererseits eine total reaktionsfähige, orgasmusfähige, leidenschaftliche Frau bin, dann hat er Angst vor mir.

Früher habe ich vor ihm onaniert, weil ich glaubte, was er eigentlich wollte, sei, es mich allein tun zu sehen – ohne Druck auf ihn. Aber er will die Illusion, daran beteiligt zu sein; er möchte verführt werden. Deshalb verstimmte ihn die Onanieszene irgendwie, er fragte sich, was ich eigentlich für *ihn* tue. Das meine ich, wenn ich sage, daß da sehr wenig Lustgewinn dabei ist, für ihn ebensowenig wie für mich.

DH: Was passierte, wenn Sie versuchten, ihm zu zeigen, was gut für Sie ist?

CC: Er konnte nicht ertragen, daß ich ihm etwas zeigte, was er hätte wissen sollen. Das funktionierte nicht. Vielleicht war ich zu aggressiv. Ich weiß es nicht.

DH: Sie machen sich Vorwürfe für Ihre Erwartung, daß Sie bekommen würden, was Sie sexuell brauchten. Aber warum ist das Ihre Schuld?

CC: Weil ich mich so... geirrt habe. Ich hatte so falsche Vorstellungen davon, wie es in der Ehe sexuell zugeht, oder jedenfalls in dieser Ehe, und Sex war etwas, wovon ich wirklich etwas zu verstehen glaubte. Ich bin es, die ein so anderes Bild davon hatte, wie die Ehe sein würde. Und das werfe ich mir, glaube ich, vor, wie falsch dieses Bild war. Ich denke, er wollte mich mehr wie eine traditionelle Frau haben, wollte, daß ich durch Sex emotional abhängig werde – ich glaube, er wollte diese Klettenhaftigkeit, sah das als feminin an und haßte es, daß ich sexuell aktiv und dabei unabhängig sein konnte; daß ich meine Sexualität behielt, verstehen Sie, und sie nicht ihm auslieferte.

DH: Es geht also nicht darum, daß Ihr Sexualleben mit der Zeit durch Routine auskühlte.

CC: Nein. Ich denke, Martin hat meine sexuelle Unabhängigkeit als furchtbar bedrohlich empfunden.

DH: Es gibt eine Theorie, wonach manche Männer »situationsgebundenes« Verhalten zeigen, wie Soziologen es nennen – liebevoll und entgegenkommend in der Zeit der Werbung, wenn sie eine Frau erobern wollen, aber geneigt, sich zurückzuziehen, sobald sie sie haben.

CC: Das könnte sein.

DH: Glauben Sie an die alte Theorie mit dem Bekanntheitsfaktor – daß er der Grund sei, warum Ehen auskühlen?

CC: Hm, aber das ist so bald geschehen, bei mir und bei meinen

Freundinnen. Ich meine, irgend etwas ist unheimlich schnell geschwunden. Es geschah fast, bevor ich es wußte, ich war im Grunde nicht ich selbst, wie wenn man sich anstrengt, irgendwelchen Erwartungen zu entsprechen, beide Partner, ohne es den anderen merken zu lassen. Ich versuchte, ihn sexuell zu erobern, aber indem ich mich so gab, wie ich eigentlich nie gewesen war: unsexuell. Ich tat so, als sei ich nicht sexy, damit er mich sexy findet. Ich weiß nicht. Es geschieht schon, bevor man heiratet, wenn beide als Vorbereitung auf die Ehe all diese Entscheidungen treffen, die nichts mit ihren wirklichen Wünschen zu tun haben.

DH: Wie einen Mann zu wählen, mit dem es im Bett eigentlich unbefriedigend ist?

CC: Ja. Früher hat man oft von Männern gehört, bei denen es vor der Ehe mit »losen« Mädchen sexuell so toll geklappt hat, die sie sich aber weigerten zu heiraten. Und dann heirateten sie irgendeine College-Schönheit und wünschten inständig, es möge im Bett spannender sein. Sie sehnten sich ewig nach den Mädchen, die sie nicht heiraten wollten.

DH: Vielleicht hat die Phase, in der Sie Männer zu Sexualobjekten machten, bei Ihnen selbst Intimitätsprobleme zurückgelassen. Machen Sie sich darüber Gedanken?

CC: Hm, ich frage mich, ob ich mich nicht ein bißchen so verhalten habe wie diese Männer – ob ich nicht meine wahren Bedürfnisse und Wünsche deformiert habe, weil sie »nicht okay« sind. Das garantiert ja Frustration. Und ich fühle mich frustriert und eingesperrt. Ich habe das Gefühl, ich sollte höflich sein und bereit zu geben. Leise in meiner Suche nach Liebe, entsprechend laut, um sie unter Beweis zu stellen. Es ist erstickend. Ich kann es schwer erklären.

DH: So, wie sich ein »anständiges« Mädchen im Bett verhält?

CC: Ja.

DH: Aber sind anständige Mädchen überhaupt sexuell aktiv?

CC: Natürlich nicht.

DH: Früher waren Sie das Gegenteil.

CC: Ich war ein unanständiges Mädchen, eine kaltblütige Abschlepperin; und die Mädchen, die das Bild nährten, das ich von mir haben wollte, waren alle Outlaws. Patty Hanson heiratete Keith

Richards; Jerry Hall heiratete Mick Jagger. Das waren unsere Heldinnen. Sie hatten jede Menge Sex, und sie kriegten auch sonst alles – sie waren Topmodels, und damit verdienten sie ihr eigenes Geld. Sie waren Bohèmiens und auch auf diesem Selbstverwirklichungstrip, die Bohème unserer Zeit. Eine Kreuzung zwischen Tramp und Yuppy. Sie schienen sich den »femininen« Normen zu verweigern, was ich prima fand. Ohne sich an die Regeln zu halten, bekamen sie doch alles.

DH: Aber verdankten sie ihr glänzendes Leben nicht doch alten Regeln – sie waren schön und taten sich mit erfolgreichen Männern zusammen?

CC: Ja, aber sie wählten Männer, die ebenfalls Outlaws waren; Männer, die nicht von ihnen verlangen würden, brave Mädchen zu sein. Sie waren zu skandalumwittert, zu sexy und *verdorben*, um plötzlich Ehefrauen im traditionellen Sinn zu werden – keusch, jungfräulich. Darauf habe ich mich auch für meine Person verlassen. Daß auch von mir niemand erwarten würde, brav zu werden. Aber das Unglaubliche ist ja, daß ich mich *selbst* gezwungen habe, ein braves Mädchen zu sein. Das war mir damals noch gar nicht bewußt.

DH: Wann haben Sie Ihre Affäre begonnen?

CC: Vor zwei Jahren. Um ganz ehrlich zu sein, ich kann es kaum fassen, daß ich elf Jahre lang monogam war.

5. Die Sprache des Verlustes

»Ach!«, erwiderte Félicité, »es geht Ihnen genauso wie der Guérine, der Tochter des alten Fischers Guérin aus Pollet, die ich in Dieppe kennengelernt habe, bevor ich zu Ihnen gekommen bin. Die war so furchtbar traurig. Wenn sie vor der Haustür stand, sah sie aus wie ein aufgehängtes Leichentuch. Ihr Leiden soll eine Art Nebel im Kopf gewesen sein, und die Ärzte konnten nichts dagegen tun, auch der Pfarrer nicht. Wenn es zu schlimm wurde, ging sie ganz allein ans Meer. Der Leutnant vom Zollamt hat sie dort auf seiner Runde oft angetroffen, wie sie bäuchlings auf den Steinen lag und weinte. Später, nach ihrer Heirat, soll sich das von selbst verloren haben.«

»Bei mir«, erwiderte Emma, »ist es erst nach der Hochzeit gekommen.«

Gustave Flaubert, *Madame Bovary*

Zehn Jahre nachdem Connie der Figur des vorbildlichen Mädchens ins Gesicht gespuckt hatte, sich statt dessen einen Mädchentyp zum Vorbild nahm, der sein Selbstvertrauen und seine Sexualität lebendig erhielt, begegnet sie, unser einst skandalöser Outlaw, das schamloseste aller losen Mädchen, ihrer neuen Nemesis: der vorbildlichen Ehefrau. Sie tritt in eine Beziehungswelt ein, die ihrer Rock-'n-Roll-Seele so fremd ist wie der klösterliche Kosmos einer Karmeliterin. Sie wandelt darin herum und fragt sich nicht nur, was aus Sex und Lachen und Spaß und Vergnügen wurde, sondern auch: »Was ist aus mir geworden?«

In der Beziehung, von der sie hoffte, daß sie die »realste« ihres Lebens sein werde, empfindet Connie Verwirrung über die zwei miteinander verwobenen Themen Sex und Idealisierung, die sie einmal mehr in jene alte, wohlbekannte Krise treiben: Was darf sie sagen? Welche Stimme möchte Martin hören? Wieviel von ihrem Expertinnenwissen über Liebe, Leben und Beziehungen kann sie retten, jetzt, da das, was sie einst als genußvoll empfand, als »unanständig« gilt – jetzt, da ihr ihre ganze Vergangenheit plötzlich als »peinlich« erscheint? Wieviel von ihrer Sexualität, die ihr allein gehörte, auf die sie stolz war und die sie zwölf Jahre lang in Beziehungen intensiv auslotete, darf sie beibehalten? Wie sollte sie *sein*, jetzt, da sie es tunlichst vermeidet, ihren Mann an ihre wilden Jahre zu erinnern, als die »eiskalte Abschlepperin« zu erscheinen oder ihn sonstwie auf ihr Leben vor ihm aufmerksam zu machen?

Und so endeten Connies fruchtbare sexuelle Lehrjahre, so schrumpften all diese schwierigen, leidenschaftlichen, verrückten, komplizierten Beziehungen und ihre eigenen turbulenten Gefühle zu nichts weiter als einem anstößigen Geheimnis zusammen. So begann das Ehe-Drehbuch, auf dessen sexuelle Anforderungen sich Connie niemals hätte vorbereiten können, weil keine existieren. Sie schaut also zu, während die leuchtenden Farben des Wandgemäldes, das ihr Leben ist, weiß übertüncht werden, um darauf in sorgsamen Pinselstrichen eine neue »sittsame« und wohlgeordnete Szene entstehen zu lassen.

Wie Connie merkte auch keine der anderen Frauen, daß diese schimmernden Töne und Nuancen ihrer Lebensgeschichte den Blicken entschwanden, während ihre Vergangenheit versteckt und ihre Zukunft übermalt wurde, jedenfalls nicht, während dies geschah. Sie stimmten dieser Fassadenerneuerung zu, diesem aufregenden und freudigen Ritual, auf das sie als Bräute ein Anrecht hatten. Sie fühlten sich immun gegenüber dessen Fallstricken. Eine Frau erinnert sich an böse Vorahnungen:

...wie sonderbar ich mich bei meiner Brautfeier fühlte, und auch alle meine Freundinnen schienen ganz verändert. Es wurde soviel gequietscht und gekreischt – kleine Ausbrüche von unechtem Gelächter, das klang, als wären wir Frauen von irgendeinem anderen Planeten zusammengekommen, um über die Großartigkeit meines neuen Lebens zu kichern. Wo Frauen zu *Ehefrauen* werden.

Connie erzählte keiner einzigen ihrer Freundinnen je von ihrem Gefühl, eher in einer Kathedrale als in einer Beziehung zu leben, weil sie sich schämte, als ungeeignet für die Ehe zu erscheinen. Viele von ihnen, erfuhr sie später, fühlten sich genauso, enthielten einander aber systematisch die Wahrheit über ihre Ungewißheit und Isolierung und Desorientierung vor, da sie es nicht über sich brachten, ihre Unzulänglichkeit oder, was noch mehr gegen sie gesprochen hätte, ihr Unglück zuzugeben. So perpetuierten sie das Märchen vom Erfolg und der Zufriedenheit von Ehefrauen; mit anderen Worten, sie spielten mit bei der Kollusion ihres kollektiven Schweigens über das, was sie in Wirklichkeit empfanden, dachten und wußten.

Connie fragte ihre Freundinnen schließlich gezielt: »Was läuft hier eigentlich ab?« Sie war schockiert, als sie entdeckte, daß fast alle ebenso verunsichert waren wie sie, daß sie ihr Sexualleben als genauso schal empfanden wie sie und ebenso zu Schuldgefühlen und Selbstvorwürfen neigten.

»Endlich redeten wir offen darüber. Wir saßen beim Mittagessen zusammen und fragten uns: ›Was ist mit uns geschehen? Früher hatten wir soviel Spaß am Leben! Wir haben *gelacht*! Wir haben uns geschworen, wir würden nicht so tief sinken, uns über *Gardinen* zu unterhalten! Warum sind wir jetzt so *matronenhaft*?‹« Daß sie die Verbindung untereinander hatten abreißen lassen, die Bande, die einst ihr Universum zusammenhielten, hatte ihre Entfremdung noch verschärft. Sie waren immer mehr verstummt und immer weiter hinter dem Idealbild der vorbildlichen Frau, als die sie die jeweils anderen sahen, zurückgeblieben.

Connie erlebte ihr eigenes Schweigen als eine Spaltung nicht nur zwischen sich und ihren Freundinnen, sondern, zentraler, zwischen dem, wie sie sich wirklich fühlte, und wie es ihr aus der Sicht der anderen *erging*. Das heißt, als sie sich einen Augenblick lang aus dem Subjekt- in den Objektstatus versetzte, löste sie sich von ihrer eigenen, wahren Sicht der Dinge und konzentrierte sich darauf, wie andere sie sahen. »Du hast, was sich jede Frau wünscht«, sagte diese leise Stimme in ihr. »Was könntest du denn überhaupt noch mehr wollen?«

Diese leise Stimme in ihr, die sie erinnert, nicht nur, wer sie sein »sollte« und wie sie sich benehmen »sollte«, sondern auch, was sie empfinden »sollte«, verwirrt sie. Denn es ist nicht ihre eigene Stimme, die aus ihrer eigenen Erfahrung spricht und sagt: »Ich möchte, ich fühle, ich weiß, ich denke.« Es ist eine Stimme, die jemandem gehört, der sie zum Objekt macht und beurteilt und ihre eigene, wirkliche Stimme zum Schweigen bringt. Diese seltsame kritische Stimme stellt nicht nur ihre Gefühle in Frage; vielmehr »weiß« sie, wie sie sich fühlen sollte, wie sie eine Beziehung aufrechterhalten sollte, wie sie *sein* sollte, um die Liebe zu bekommen, die sie sich wünscht. Diese Stimme fordert, daß sie gehorcht oder diese Liebe verwirkt und bei der allerwichtigsten Aufgabe, der Aufrechterhaltung einer guten Beziehung, versagt.

Das Idealbild von Bravheit und die von dieser körperlosen Stimme diktierten Beziehungen haben zwar wenig mit ihren wirklichen Wünschen zu tun. Aber sie merkt, daß sie sich in ihrem neuen Bestreben, »untadelig genug zu sein«, um geliebt zu werden, ihrer wahren Wünsche immer weniger bewußt ist. Sie spürt, daß ihre eigentlichen Wünsche irrelevant sind, weniger wichtig als das Festhalten an ihrer Ehe und an ihrem Gefühl, eine ordentliche, moralisch einwandfreie und liebevolle Frau zu sein. Sie wird weiter in die Krise getrieben: Plötzlich spürt sie nicht nur die Frustration, sondern auch die Kritik hinter Freuds berühmter Frage »Was will das Weib?«, während die gleiche Stimme sie in die Zange nimmt: Nun denn, wenn es das *nicht* ist, was du willst, was um Himmels willen willst du dann?

Die »Sollte«-Stimme

In klassischen psychoanalytischen Begriffen nennt man diese Stimme, die in so verurteilendem Ton zum Selbst spricht und sich mit dieser moralischen Autorität über das authentische »Ich« erhebt, das Über-Ich; in der Objektbeziehungstheorie spricht man vom »falschen Selbst«; Dana Crowley Jack, die Autorin von *Silencing the Self: Depression and Women*, hat es »das Über-Auge« genannt, weil es aufpaßt und über dem »Ich« der authentischen Stimme der Frau spricht. Aber während der verurteilende, moralisierende Ton dieser Stimme mehr oder weniger dem Gewissen zugeschrieben wurde – als spreche sie die eigenen wahren Gefühle der Frau aus –, erinnert uns Jack daran, daß es keineswegs die eigene Stimme ist:

Das Über-Auge weist einen entschieden patriarchalischen Zug auf, sowohl in seiner kollektiven Sichtweise dessen, was für eine Frau »gut« und »richtig« ist, wie auch in seiner Bereitschaft, ihre Gefühle zu verurteilen, wenn sie von den erwarteten Verhaltensweisen (»sollte«) abweicht. Das Über-Auge fällt gnadenlos harte

Urteile über die meisten authentischen Bestrebungen einer Frau, einschließlich ihres Wunsches, sich in Beziehungen, in ihrer Kreativität und ihrer Spiritualität frei zu entfalten. Da die Urteile des Über-Auges einen kulturellen Konsens über weibliche Wohlanständigkeit, Wahrheit und Werte einschließen, haben sie die Macht, die Sichtweise des authentischen Selbst außer Kraft zu setzen.

Da die Stimme ein Verhalten fordere, wie es die Kultur vorschreibe, nicht, wie es der Frau selbst als natürlich erscheine,

...wird die Stimme des Über-Auges noch lauter, wenn Beziehungen in Schwierigkeiten geraten oder scheitern, sie weist darauf hin, daß die eigenen Mängel einer Frau die Probleme verursachten, und sie gibt ihr die Schuld an allem, was schiefging. Statt untergraben zu werden, weil sie nicht funktionierte, kann die vom Über-Auge vertretene Theorie, wie frau sich Liebe sichern kann, an diesem Punkt noch an Stärke gewinnen, da die Überzeugungen des authentischen Selbst weniger Autorität aufweisen als jene, die uns von der Kultur und der persönlichen Lebensgeschichte aufgezwungen werden.

Die Bedeutungen und der Herrschaftsanspruch, welche in diesem kleinen Wörtchen »sollte« enthalten sind, können nicht genug hervorgehoben werden. Seine Macht, Frauen zum Verzicht zu zwingen – sie zu nötigen, statt auf ihre eigene Stimme zu hören, ihm in erstickende und selbstzerstörerische Selbstlosigkeit zu folgen, ist von WissenschaftlerInnen und SchriftstellerInnen, von PsychologInnen und SoziologInnen hervorgehoben worden, von denen viele auf den kulturell vermittelten moralischen Imperativ hingewiesen haben, den Frauen ihr ganzes Leben lang empfinden, den Imperativ, die Arbeit des Gestaltens und Erhaltens von Beziehungen zu leisten. Da das Selbstwertgefühl von Frauen integral davon abhängig gemacht wurde, wie gut sie diese Arbeit tun, »sind Ereignisse im Bereich von Beziehungen höchst relevant für ihre Selbstdefinition und -bewertung«, schreibt Dana Crowley Jack und fügt hinzu, daß sich die moralischen Bedeutungen, die eine Frau interpersonalen Ereignissen zuschreibt, »entscheidend auf ihre Selbstachtung auswirken«.

Weil sie sich einem Idealbild von »Bravheit« verschreiben, das sie von sich selbst und von anderen abspaltet, weil sie sich eine verurteilende innere Stimme zu Herzen nehmen, die ihnen ständig mit Liebesverlust droht, fühlen sich all die Frauen, mit denen ich redete, psychisch gefesselt – gefangen zwischen dem, was sie wirklich empfinden, und dem, was sie empfinden sollten, zwischen dem, wer sie sind, und dem, wer sie sein sollten. Die Authentizität, die sie opferten, die intuitiven unkontrollierten Reaktionen, die sie verdrängten, sind genau jene Attribute, die einst das vitale Selbst ausmachten, das sie zu sein liebten und das ich ihre Sexualität nenne: das spielerische, ungehemmte Selbst, das sich freimütig äußerte, ohne Wut, Feindseligkeit und Konflikte zu zensieren, das Lust erlebte, das in Beziehungen aufblühte.

Die Romanautorin Margaret Drabble, die in *The Waterfall* (1976) eine Neufassung von George Eliots Meisterwerk *The Mill on the Floss* lieferte, läßt ihre Heldin, Jane Gray, direkt zu dieser Spaltung zwischen dem, was sie tun will, und dem, was sie tun sollte, sprechen, in dem Bestreben, die Macht des letzteren zu brechen. Im Gegensatz zu ihrem fiktiven Gegenstück von 1860, Maggie Tulliver, beschließt Jane Gray, sich nicht von den alten Strukturen fesseln zu lassen. Die herrschende Sexualmoral diskriminiere Frauen, findet sie, und »wenn ich eine Moral benötige, werde ich mir eine schaffen«. Indem sie sich eine Moral schafft, die ihr gemäß ist, findet sie die Abenteuer und Freuden, die Maggie versagt blieben: Ihre eigene Leidenschaft für den Mann ihrer Cousine »befreit sie aus einer Ummauerung«, statt sie wie Maggie »zu bestrafen«, und »eröffnet« ihr ein neues Leben, in dem sie eine »Wiedergeburt« erlebt.

Die neutralisierte Ehefrau

Die Soziologin Jessie Bernard beschreibt in ihrem Buch *The Future of Marriage* (1976) den komplizierten Prozeß, der dazu führt, daß sich Frauen die Schuld an Gefühlen geben, die sie nicht haben dürften. Sie bezeichnete die Ehe als »pathogen« für Frauen, die sie sich gleichwohl so sehr wünschten, daß sie nicht merkten, wie »deformiert« sie dadurch würden. Obwohl »Frauen, die es gewöhnt sind, sich frei zu äußern, in einer solchen Beziehung nicht glücklich sein können – dazu ist sie zu einengend und zu strafend –«, passen sich selbst diese Ehefrauen schweigend an, ein Faktum, das Bernard auf fabelhaft gelungene Sozialisation zurückführt. »Wir sozialisieren unsere Mädchen tatsächlich so gut, daß viele Ehefrauen, vielleicht die meisten, nicht nur das Gefühl haben, in der Ehe Erfüllung zu finden, sondern über jeden empört sind, der ihr eheliches Glück in Frage zu stellen wagt.«

Bernard wollte wissen, warum so viele Frauen ihre Ehe als »glücklich« bezeichneten, obwohl es Anzeichen dafür gab, daß sie sich in ihr zutiefst entfremdet fühlten. Sie stellte fest, daß Wissenschaftler dazu neigen, die Äußerungen einer Frau zu ignorieren, sofern sie nicht bestimmte Kriterien erfüllen: Das eheliche Glück maßen sie nicht daran, wie die Frau selbst es einschätzte, sondern vielmehr an ihrer *Anpassung* an die Ehe. Schien sie in den Augen der Wissenschaftler gut angepaßt, wurde sie von ihnen als »glücklich« bezeichnet. Bernard schloß daraus, es sei verständlich, daß eine Ehefrau genauso verfahre, nämlich »ihre Anpassung... als Glück deutet, gleichgültig, wie hoch der Preis ist, den sie in Form von seelischem Leidensdruck dafür bezahlt«.

Bernard hatte vor Jahren die »Schocktheorie der Ehe«, wie sie es nannte, vertreten, derzufolge »die Heirat so tiefreichende Brüche im Leben der Frauen zur Folge hat, daß sie ein echtes emotionales Gesundheitsrisiko darstellt«. Sie nannte einige der »standardisierten« Schocks: der Konflikt, den die Braut zwischen ihrer Bindung an ihre Herkunftsfamilie und ihrer Bindung an ihren Mann erlebt; die Desillusionierung, die nach den Flitterwochen eintritt; das Fehlen einer Privatsphäre in der Ehe; der Umbruch, der eintritt, wenn die Frau nicht mehr die Umsorgte ist, wie sie es in der Zeit der Werbung ist, und zur Umsorgerin wird; der Bedeutungsverlust, den die Ehe für Frauen mit sich bringt, trotz »all der Klischees über den hohen Status der Ehe«.

Susan Faludi ging in ihrem Buch *Backlash* (1991) [dt.: Die Männer schlagen zurück, 1993] Bernards Warnung nach, daß die Ehe ein emotionales Gesundheitsrisiko für Frauen darstellen könne. Ergebnisse psychologischer Untersuchungen bestätigten diese These:

In diesen Studien berichten verheiratete Frauen um 20 % häufiger von Depressionen als alleinstehende Frauen, und dreimal so häufig von schweren Neurosen. Verheiratete Frauen bekommen öfter Nervenzusammenbrüche, leiden häufiger an Nervosität, Herzklopfen und Antriebslosigkeit. Auch folgende Beschwerden quälen verheiratete Freuen unverhältnismäßig oft: Schlaflosigkeit, Händezittern, Schwindelanfälle, Alpträume, Hypochondrie, Passivität, Agoraphobie und andere Phobien, Unzufriedenheit mit ihrem eigenen Aussehen sowie überwältigende Schuld- und Schamgefühle. Eine an Collegeabsolventinnen über fünfundzwanzig Jahre hinweg durchgeführte Langzeitstudie ergab, daß Ehefrauen die geringste Selbstachtung hatten, sich am wenigsten attraktiv fanden, am meisten über Einsamkeit klagten, sich in jedem Bereich am inkompetentesten fühlten – sogar in bezug auf die Kinderbetreuung. ... Die Mills-Langzeitstudie, die sich über mehr als dreißig Jahre erstreckte, berichtete 1990, »traditionelle« Ehefrauen hätten ein höheres Risiko als alleinstehende Frauen, in ihrem Leben seelisch oder körperlich zu erkranken – von Depressionen bis Migräne, von hohem Blutdruck bis Dickdarmentzündung. Eine 106 000 Frauen umfassende Umfrage des *Cosmopolitan* ergab, daß alleinstehende Frauen nicht nur mehr Geld verdienen als verheiratete, sondern auch gesünder sind und mit höherer Wahrscheinlichkeit regelmäßig Sex haben. Und schließlich entdeckten die bekannten Psychologieforscher Gerald Klerman und Myrna Weissman, als sie die gesamte Literatur über weibliche Depressionen auf die verschiedensten Faktoren hin durchforsteten – von genetischen Einflüssen über das prämenstruelle Syndrom bis hin zur Pille –, nur zwei Hauptursachen für die Depression der Frau: ein niedriger sozialer Status und die Ehe.

Zu den subtilsten Veränderungen, die Frauen nach der Heirat erleben, zählt, wie Bernard ebenfalls beobachtete, die Degradierung »vom Status einer Frau zu dem eines Neutrums... Der angebliche Rückgang des Interesses an Sexualität bei älteren Frauen ist tatsächlich auf die Vorschriften für die Rolle der Ehefrau zurückzuführen.« Diese Erkenntnis, daß Frauen für den vermeintlich höheren Status einer Ehefrau ihre Sexualität eintauschen, ergänzte Philip Slater in seinem 1970 erschienenen Buch *The Pursuit of Loneliness* durch die Beobachtung, daß es in Modefragen »nur jungen, unverheirateten Frauen gestattet ist, ganz und gar weiblich zu sein... Sobald sie heiraten, sollen sie gefälligst ihre Sexualität dämpfen, und wenn sie Mütter werden, wird das bis zur Neutralisierung fortgeführt. Unterernährte Nymphen stellen also jedweden Sex-Appeal, den sie aufzubieten haben, mit allen Mitteln heraus, während die Art von reifer und voll erblühter Weiblichkeit, über Jahrhunderte ein europäisches Schönheitsideal, fast bis zur Unkenntlichkeit verschleiert wird.«

Nun wäre es sicher falsch zu behaupten, daß meine Gesprächspartnerinnen zum Neutrum gemacht werden; sie hatten auch nicht das Gefühl, daß jemand Bestimmter von ihnen erwarte, »ihre Sexualität etwas zu dämpfen«. Sie glichen kaum dem, was Bernard »das traurige Bild der psychischen Gesundheit verheirateter Frauen« nannte. Doch wenn ich ihren Worten genau zuhörte, wenn ich speziell auf ihre Sprache achtete, war es erstaunlich, wie viele dieser vitalen Frauen von ihrem »fragmentierten« Körper sprachen, über »farblose« Träume, »getrübte« Ansichten und eine schwache Libido. Sie sprachen von einem fundamentalen Gewahrwerden: daß sie sich nicht mehr als ganze Person empfänden, daß sie, statt Teil einer Beziehung zu sein, nur *eine Rolle* in ihr spielten, daß etwas in ihnen verschüttet sei oder Teile ihres Körpers und ihrer Seele wie durch explodierende Raketen zerrissen und verstreut worden seien – und all dies sei in den Jahren ihrer Ehe geschehen.

Ein »vitaler« Mensch hatte vorher existiert – die Frau, in die sich ihr Zukünftiger verliebt hatte –, aber diese Person war »geschrumpft« oder »gedämpft« worden, »ausgetrocknet«, »erstarrt«, »tot« oder »nur noch halb lebendig« oder hatte angefangen, »in einem Traum zu leben«. Oder dieser Mensch war, wie Connie über acht Jahre immer wieder träumte, zu einem Zombie geworden.

Marcie, eine zweiunddreißigjährige Frau, sagte, sie habe jahrelang das Gefühl gehabt, ihr Gehirn sei »benebelt« worden, und das habe etwa vor neun Jahren, ein Jahr nach ihrer Heirat, begonnen. Estelle, siebenundfünfzig, klagte über Herzschmerzen, aber eine ärztliche Untersuchung hatte keinen organischen Befund ergeben. Carolyn, eine fünfundzwanzigjährige Kunsthändlerin, berichtete über medizinisch nicht erklärbare Anfälle von Kehlkopfentzündung bald nach ihrer Heirat. Die neununddreißigjährige Alison erzählte, daß sie die ganze Zeit gefroren habe, und ihre Worte vermittelten die Kälte, die sie ständig empfand: Sie sagte von sich selbst, sie sei viele Jahre lang »auf Eis gelegen«. Als ich sie auf ihr drastisches Bild aufmerksam machte, bemerkte sie, daß ihre Formulierung nicht nur für ein tiefgehendes sexuelles Erkalten zutreffe, »sondern auch für eine Leiche«. Die siebenundzwanzigjährige Karen hatte sich angewöhnt, ihre eigenen Sätze abzubrechen; sie sprach nur noch in halben Sätzen, als ob niemand auf das Ende Wert lege. Die fünfundvierzigjährige Virginia, Geschichtsprofessorin, meinte, sie habe in den achtzehn Jahren ihrer Ehe »eine Wachspuppe« aus sich gemacht – ein ideales Selbst, das sie ihrem Mann und sich vorgaukelte.

Es ist eine Wachspuppe ohne Gefühle; sie ist, wie auch immer er sie haben will. Ich war wirklich sein Geschöpf – vertiefte mich in die Oper, beschäftigte mich mit der chinesischen Küche und brachte den Kindern Mozart nahe. Wenn er weg war, legte ich Fleetwood Mac auf und aß Eiscreme. Erst als die Wachspuppe mich zu ersticken drohte, spürte ich, daß ich weg wollte. Ich tat Dinge, die er nicht billigte – ich kochte nicht mehr und nahm Kurse in Steptanz, was er dumm fand. Er fühlte sich betrogen. Als mir klar wurde, wie viele Teile von mir mußten weggehackt werden, damit ich in das Puppenmodell paßte, geriet ich in Panik: Wenn ich die Schablone sprenge und ich selbst werde, dann verliere ich die Beziehung.

Peter, ihr Mann, verstand nicht, was vor sich ging, verstand nicht, daß Virginia überhaupt etwas verloren hatte; um so weniger, warum sie erst jetzt, achtzehn Jahre später, so empfand. Er erlebe ihre Verwirrung und ihre Wut, sagt sie, als eine kindische Rebellion, die sich fälschlicherweise gegen ihn richte.

Er fühlte sich von mir zum Schurken gemacht, weil ich den Vertrag ändern wollte. Er hatte recht; er war nicht der Schurke, aber ich muß ihm das Gefühl gegeben haben, daß sich mein Zorn gegen ihn richte. Trotzdem gab ich ihm nicht die Schuld; ich hatte mitgeholfen, diese Figur zu erschaffen, von der wir *beide* glaubten, das sei ich. Ich war ebenso verantwortlich für das, was ich geworden war, wie er. Und wissen Sie was? Ich glaube nicht einmal, daß er mich so mochte; wie hätte es im Grunde anders sein können? Ich war nicht mehr der Mensch, den er geheiratet hatte! Anfangs hatte er mich wirklich gemocht, diese Person aber... war nicht einmal mehr die Hälfte des Menschen, den er geheiratet hatte! Ich war überhaupt keine Person mehr. Doch keiner von uns beiden erkannte das. Wir hatten uns einfach ineinander verbissen; er fragte sich, warum ich verrückt geworden war, ich fragte mich, wie ich ihm den Grund verständlich machen sollte, ohne defensiv zu werden.

Wie Virginia Woolfs eindrucksvolle Schilderung ihrer Kindheitsdepression – »das Gefühl... in einer Weinbeere eingeschlossen zu sein und durch einen halb transparenten, gelblichen Film zu blicken« –, so zogen sich wehmütige Bemerkungen über erstickte Stimmen und vernebelte Perspektiven, über verschwundene Lebendigkeit und halbierte Persönlichkeiten oder Ersatzpersönlichkeiten durch die Geschichte jeder Frau. Ihre Worte, die ihr physisches Mißbehagen, ihre Entfremdung und Fragmentierung so anschaulich schilderten, führten mich durch den trüben Film zum Ursprung von Sehnsucht und Traurigkeit. Die Sprache ihrer physischen Empfindungen – eine Sprache ohne Kontakt zum Körper, wie völlig von ihm abgelöst – erzählte eine Geschichte des Verlusts und enthüllte eine Seele, die aus dem Gleichgewicht geraten war – wenn sich all dies auch hinter Selbstironie oder einer heiteren Fassade verbarg. Aber es ist eine fragwürdige Heiterkeit, so wie die, mit der Frauen auf das Firmenschild der englischen Restaurantkette »The Silent Woman« (Die schweigsame Frau) oder auf das Etikett eines Weines namens »The Quiet Woman« (Die stumme Frau) reagieren: Auf beidem ist eine geköpfte Frau abgebildet, geköpft, damit sie auch wirklich schweigt. Vielleicht lächeln sie sogar darüber, aber sie wissen, daß es eine Zumutung ist. Und sie empfinden dieses vage, schwer zu erklärende Gefühl von Schande.

Meine Gesprächspartnerinnen rangen darum, während sie sich in dieser Sprache der Verbote, der Zwänge und der Bravheit ergingen, Worte zu finden, die ausdrücken konnten, wie sie sich in diesen reduzierten Resten ihres Selbst fühlten. Wie sollten sie beschreiben, was sie empfanden, als sie ihre Sexualität verloren, wenn ihnen nur eine Sprache zur Verfügung stand, die keine Worte für etwas so Beklagenswertes hat?

Die vierzigjährige Wendy erinnert sich, wie sie damals, vor achtzehn Jahren, ihre Heirat fand:
Es war alles genau richtig. So beruhigend, wie es im Buche steht. Aber ich hatte ein zwiespältiges Gefühl, irgendwie Furcht, wie am Beginn eines Krimis. Das ist ja alles ganz nett, dachte ich, aber wie geht *mein* Leben jetzt weiter? Wann kommt unser wirkliches Leben? Wann fängt Ben [ihr Mann] an, so viel mit mir zu reden, wie all die Männer, die ich bisher gekannt habe? Und wann fange ich an, ich selbst zu sein? Ich hatte das Gefühl, etwas zu verlieren, das ich noch nicht richtig besessen hatte. Wann würde diese Beziehung denn endlich beginnen, so vertraut und entspannt und glücklich zu werden, wie ich es mir vorgestellt hatte, wie sie zu sein versprach, bevor wir heirateten? Und wer wird das in Gang bringen? Es hat ein Jahr gedauert, bis ich es in meinen Schädel hineinbrachte, daß das nicht mehr zu erwarten war.
Sie beschrieb dieses Gefühl drohenden Unheils als die Furcht davor, »etwas zu verlieren«. Kay, dreiundzwanzig und seit eineinhalb Jahren verheiratet, hatte das Gefühl, einem gnadenlosen »Korrekturprozeß« unterzogen zu werden, und war sich nicht einmal bewußt, daß sie selbst die Korrigierende war.
Ich wollte ja gar nicht anders werden. Es geschah einfach. Ich fing an, Dinge zu vergessen. Die lächerlichsten Dinge. Ich verlor einfach irgendwie... mein Gedächtnis. An die Stelle meines Gedächtnisses trat, ich weiß nicht, Luft. Ich machte zu. Ich fühlte mich wie eine verwirrte alte Dame. Das wurde mein... Stil.
Sie machte sich Vorwürfe wegen dieses neuen »Stils«, beschrieb sich als hohlköpfig. Diese Selbstentwertung verhinderte allerdings ein deutliches Empfinden dafür, was sie so »zu« sein ließ, und dies laut zu äußern. Es war, als ob sie einer nicht zu benennenden Macht unterstehe, die sie zwang, ihr Selbst aufzugeben, sie zwang, zu vergessen, woran sie sich eigentlich erinnern konnte. Judyann, siebenunddreißig, beschreibt den Prozeß so:

Ich fühlte mich weniger groß, kleiner, eingezwängt. Und ich versuchte ständig, mich zu strecken. Es war ein Krieg, den ich im Grunde in mir austrug, nicht mit meinem Mann. Ich glaube nicht, daß er auch nur im geringsten verstand, was ich empfand, obwohl ich versuchte, ihm mitzuteilen, was mich wütend auf mich machte. Verstehen Sie, er merkte im Grunde keine Veränderung bei mir, war glücklich mit mir. Aber da ich mir wie ein Schatten vorkam, fragte ich mich: Wie kann ihm das gefallen? Das war nicht die Frau, die er kennengelernt hatte – warum bemerkt er das nicht? Wie kann *er* an diesem Schatten Gefallen finden, wenn *ich* ihn so hasse? Warum hilft er mir nicht?

Die siebenundzwanzigjährige Joyce sagt:
Ich begann, diese kleinen Dinge zu tun, die man als verheiratete Frau tut. Meine Röcke wurden länger, meine Blusen zugeknöpfter, meine Haare kürzer. Es begann auf diese Weise, obwohl ich gleichzeitig darüber Witze machte, daß ich immer *Ehefrau-ähnlicher* würde. Aber plötzlich fühlte ich mich nicht bloß älter, sondern *matronenhaft*. Auch in meiner Ehe.

Die vierzigjährige Suzy beschreibt das Phänomen bei sich:
Ich sage meinem Mann nicht, was die Dinge kosten, die Dinge für mich. Ich tue so, als sei es meine Aufgabe im Leben, ihn vor dem Preis von Damenkleidung zu bewahren, damit ich keine Vorwürfe deswegen zu hören bekomme. Ich tue ihm gegenüber so, als ob alles, was ich kaufe, im Ausverkauf erworben sei, verstehen Sie, *ein Schnäppchen.* Ich gehe nicht einmal mehr zu dem Friseur, bei dem ich früher immer war. Das ist verrückt. Vermutlich würde er nicht mal sagen: »Du gibst zuviel für deine Haare aus!« Aber so braucht er gar nicht darüber nachzudenken. Eine leise Stimme in mir tut es für ihn. Ich schmuggle Kleider ein, bagatellisiere ihren Preis, rede viel über Sachen im Angebot und zum halben Preis. Alle meine Freundinnen tun das, obwohl es oft unser selbstverdientes Geld ist, das wir ausgeben. Haben Sie je gehört, daß ein Mann sagt: »Äh, Schätzchen, dieser Tennisschläger war ein *tolles Schnäppchen, ich mußte ihn einfach kaufen, weil er so billig war!*«

Zombie-Träume

Sie erlebten ihre korrigierten Persönlichkeiten, ob als Schatten oder Zombie oder Wachspuppe, sehr selbstkritisch. Nach all der Mühe, eine gute Ehefrau abzugeben, hatten sie dennoch nicht das Gefühl, daß es ihnen gelungen sei. Sie fühlten sich bloß schlechter, mangelhafter, deformierter, schuldiger. Sie waren »zu zurückhaltend« oder »zu fordernd«, »zu ungeschickt«, um klar äußern zu können, was sie in ihrer Ehe wollten, nicht »energisch« oder »hartnäckig« genug, um es zu klären. Sie fühlten sich unsicher in bezug auf sich selbst. Eine nach der anderen klagte über das Gefühl, ihrem Mann gegenüber nicht »ihr wahres Gesicht« zu zeigen; als ob ihre Substanz verändert, ihre Persönlichkeit verwandelt worden sei, erklärte die sechsundzwanzigjährige Gloria, »so wie diese Göttergestalten aus der Mythologie Frauen, auf die sie wütend waren, in einen Baum oder etwas Ähnliches verwandelten«.

Die Ehe, meinte Gloria, scheine eine *andere* Kategorie der *Existenz* für eine Frau zu sein, nicht bloß ein anderer Lebensstil.
...für einen Mann ist das aber nicht so. Die *Substanz* eines Mannes ändert sich doch nicht, oder? Er händigt einem nicht einen Teil seiner ureigensten Persönlichkeit auf Nimmerwiedersehen aus. Gibt ein Mann etwas in seinem tiefsten Inneren auf, wenn er heiratet? Ich glaube nicht.
Andere Frauen berichteten über ein ähnliches Gefühl – daß sich ein Mann, wenn er eine Ehe eingeht, zwar auch für sexuelle Ausschließlichkeit entscheiden könne wie eine Frau, er sich dabei jedoch innerlich nicht verändere. Er gehorcht den gleichen Regeln der Treue wie sie, aber von ihm wird nicht erwartet, so zu tun, als entspreche seine Entscheidung seiner Natur. Deshalb bleibt er Herr über seine Sexualität. Es wird niemals von ihm erwartet, daß er sich von ihr lossagt oder sie verleugnet. Von einer verheirateten Frau dagegen wird erwartet, daß sie von Natur aus monogam sei, als ließe sich ihre Sexualität leicht auf eine Person fixieren, weil sie ihr nicht wirklich gehöre; als wäre sexuelle Ausschließlichkeit ein biologisch bedingtes Persönlichkeitsmerkmal von Frauen. *Seine* Entscheidung zur Treue kommt eindeutig von außen; die *ihre* soll von innen kommen.

Machtlos vor dem Gefühl, auf geheimnisvolle Weise, aber in ganz konkreten Verhaltensbereichen verändert worden zu sein, zogen sich die Frauen zurück und hörten auf, sich selbst und ihre Männer sexuell zu erforschen und an ihren Beziehungen zu »arbeiten«. Mehrere Frauen erklärten, sie seien es leid, »darüber zu reden, was schiefgegangen sein könnte«. Sie hätten das deutliche Gefühl, an der Beziehung zu arbeiten, sei irgendwie sinnlos, und ihre Männer wüßten das. Ellen, achtundvierzig Jahre alt und seit zwanzig Jahren verheiratet, und Betty – gleich alt und seit einundzwanzig Jahren verheiratet – äußerten sich ähnlich.

Ellen:
Ich bin mir nicht sicher, daß Jim es je wirklich versucht hat. Wenn wir über uns sprachen, dann war das für ihn nichts anderes als Beziehungsgequatsche, mit dem Unterton: Geht das schon wieder los, was gibt's denn jetzt! In gewisser Weise hatte er recht. Ich hatte schließlich selbst genug davon, hatte es satt, die Dinge immer bessern zu wollen – als ob die Beziehung ausschließlich meine Sache sei, meine Verantwortung, und ich ihm diese Quälerei antun müsse. Ich war auch nicht mehr so scharf darauf, die Dinge zu klären.

Betty:
Früher war ich wirklich einmal eine ziemlich heiße Frau. Ich sage das, weil es mir heute so fremd erscheint, nicht, um anzugeben, als sei ich wirklich eine Klassefrau gewesen, die man bewundern sollte. Aber die Person, in die sich mein Mann einmal verliebt hat, war so anders, und es scheint mir so *unglaublich*, wie völlig verändert ich bin, und nicht weiß, warum. Irgendwie möchte ich darüber reden, was geschehen ist; aber andererseits kann ich gar nichts dazu sagen. Und [ihr Mann] denkt nicht, daß es da etwas zu besprechen gibt. Er denkt, mit mir ist alles in Ordnung.

Connie beschreibt den Augenblick, in dem sich ihr Sexualleben zu verschlechtern schien:
Sicher war ich zunächst diejenige, die forderte, jedenfalls äußerte Martin, er sei nicht sicher, ob er sexuell mit mir mithalten könne. Er hätte unbesorgt sein können. Etwa im zweiten Jahr hatten wir so nachhaltig die Rollen getauscht, daß ich es selbst kaum mehr für möglich hielt, wie aggressiv ich vorher gewesen war. Irgend-

wie war ich in diese Position der widerstrebenden Gattin geraten. Er näherte sich mir, als erwarte er eine Zurückweisung, als ob ich Kopfschmerzen oder so etwas haben sollte, irgendwie entschuldigend. Das irritierte mich. Und wissen Sie..., ich hatte dieses Gefühl, daß es ihm so ganz recht war. Daß er meinte, so *sollte* es sein – die Frau mit den Kopfschmerzen und der Mann, der mehr will. Aber in meinem Herzen war ich es, die mehr wollte; und er war es, der mich gerade deshalb zurückwies. Ich denke, in Wirklichkeit war es so, daß meine ausgeprägte Sexualität einfach zu bedrohlich für ihn war. Deshalb veranstalteten wir dieses ganze Theater von Vorspiegelungen, um es anders aussehen zu lassen. Er konnte *sein* Image korrigieren, indem er so tat, als sei er derjenige, der Sex wollte; ich korrigierte *meines*, indem ich vorgab, diejenige zu sein, die sich versagte.

Die dreiunddreißigjährige Sandra hatte dasselbe Gefühl wie Connie, daß ihr Mann ihre Sexualität möglicherweise als bedrohlich empfand:

Ich glaube, Dan wäre schockiert, wenn er wüßte, wie wild ich vor unserer Heirat war. Ich habe es ihm nie erzählt – ich bekenne mich dazu, das alte Spielchen gespielt zu haben: Hm, ja doch, ich hatte schon ein *bißchen* sexuelle Erfahrung, aber nicht furchtbar viel. In Wirklichkeit war ich ziemlich unersättlich. Als ich heiratete, änderte sich das. Ich wollte zwar Sex, aber ich hatte auch das Gefühl, daß ich mich bremsen sollte, weil dies jetzt etwas anderes war. Das kam nicht gleich am Anfang, dieses Gefühl, »Huch, jetzt ist es anders«, sondern allmählich, mit der Zeit. Ich fing an, mich unbehaglich zu fühlen.

Ich fragte Sandra, ob das Arbeiten an der Ehe ein Mittel zur Bekämpfung der Alltäglichkeit der Ehe sein könnte.

Nein. Nein. Ich mag das an der Ehe, ständig mit jemandem zusammenzusein. Damit habe ich kein Problem. Ich glaube, ich habe mich selbst beschnitten. Ich kann es nicht anders erklären. Ich fing an, etwas von mir selbst zu verlieren, mich selbst zurechtzustutzen; um Zustimmung für mein Verhalten zu bitten, für das ich nie Zustimmung benötigt hatte, für meine Gewohnheiten, mein tägliches Leben. Ich überprüfte mich, begann überlegter einzukaufen, kaufte andere Lebensmittel. Ich begab mich selbst auf den Prüfstand. Er ersuchte mich nicht darum; ich tat das. Ich tat es, selbst wenn ich es nicht tun wollte.

Gelangweilt? Nein. Ich empfand mich selbst als *langweilig*.

Die jungverheiratete Maryann und ihr Mann stellten fest, daß sie fast die ganze Zeit ernsthaft »an ihrer Beziehung arbeiteten«. Wir arbeiteten und arbeiteten und redeten und redeten. Aber wir spürten beide, daß etwas anderes vor sich ging. Es gab keinen Seitensprung zu diesem Zeitpunkt, und es war auch nicht Unzufriedenheit miteinander. Eigentlich konnten wir es nicht recht benennen.

Die vierundsechzigjährige Constance schildert, wie sie es erlebte: Mein Mann merkte, daß ich mich anders benahm und daß etwas nicht in Ordnung war. Seine Reaktion war: »Ich verliere dich, stimmt's?« Er wurde wütend, im Grunde hatte er Angst. So lief er mit dem Gefühl herum, »Ich verliere sie«, und ich mit der Vorstellung, »Ich ersticke. Ich werde zerquetscht«. Er gab mir dadurch natürlich nur noch mehr das Gefühl, zu ersticken, und ich gab ihm noch mehr das Gefühl, mich tatsächlich zu verlieren. Also lief ich ihm nach, um ihm zu beweisen, daß er mich nicht verlieren wird, und er lief vor mir davon, um mir zu beweisen, daß er keine Angst hat. Das ist verrückt.

Vergnügen? Fehlanzeige!

Auch die selbstbewußtesten Frauen mit den qualifiziertesten Jobs, die sich, den Soziologen zufolge, eher berechtigt fühlen als andere Frauen, in ihren Beziehungen Ansprüche zu stellen, auch sie sagten, sie fühlten sich unbeholfen, wenn sie in ihrer Ehe Vergnügen einforderten. Sie fürchteten, daß Vergnügen für sie nicht mehr in Frage komme – als ob es nur für unverheiratete Frauen da sei, aber nicht für Ehefrauen. Sie betrachteten die Rolle der Ehefrau als einen unabwendbaren Verzicht auf Vergnügen, wofür sie niemandem die Schuld gaben. Wenn man heirate, gehöre es sich einfach, emotional und sexuell geringere Bedürfnisse zu haben. »Jemand muß die Ehefrau sein, es ist bloß mein Pech, daß es mich treffen mußte«, bemerkte eine der Frauen.

Sie beschrieben den schmerzhaften Prozeß, sich mit einer Rolle abzufinden, die ihnen fremd war. Die Gleichförmigkeit ihrer Reaktionen – ihre große Verwirrung – überzeugte mich, daß etwas geschehen war, das sie erstickt und gelähmt hatte. Was im Grunde nötig war, war ein mühsamer Ausgrabungsprozeß – die Exhumierung eines verlorenen Gefühls von Lust und Spiel und Lachen, das Zutagefördern einer verlorengegangenen Sinnlichkeit, die in einem frühen Stadium der Beziehung lebendig begraben worden war.

Die physisch vollkommene Frau

Es war nicht das erste Mal, daß ich Frauen interviewte, deren Entfremdung von ihrem Ich sich als eine Entfremdung von ihrem Körper, als Abtrennung eines Körperteils oder als eine Temperaturanomalie ihres Körpers äußerte. Die Konflikte, die halbwüchsige Mädchen mit dem Heranwachsen und Frauwerden haben, äußern sich häufig in einem Kampf gegen ihre natürliche Körperlichkeit. Die Herausbildung der weiblichsten Teile ihres Körpers – ihrer Schenkel, Brüste und Hüften – erleben sie nicht als neu und wunderbar und aufregend, sondern als abstoßend, unerwünscht und angsterregend. Sie reagieren auf ihre sich entwickelnde Weiblichkeit und Sexualität mit Ekel, je mehr sich ihr Körper vom gesellschaftlichen Ideal weiblicher Vollkommenheit entfernt, jener widernatürlichen Kombination von Jungenbeinen, Knabenhüften und Teenager-Brüsten, die wenig Frauliches an sich hat.

Dieses Phänomen, das ich 1986 in *Mademoiselle* als Body Image Distortion Syndrome (Körperbild-Entstellungssyndrom) beschrieben habe, beschränkte sich einst auf junge Frauen mit Eßstörungen, oft Anorektikerinnen oder Bulimikerinnen, die in den Spiegel schauen und »dicke« Bäuche, »abstoßende« Schenkel und »riesige« Brüste erblicken, obwohl sie in Wirklichkeit um die 40 Kilo wiegen und eingefallene Bäuche, Schenkel mit Wadenumfang und so gut wie keine Brüste haben. Dieses Syndrom taucht mit zunehmender Häufigkeit unter jungen Frauen mit normalem Gewicht auf, Frauen, die keine Eßprobleme haben, die nicht abwechselnd fasten und fressen – Mädchen, deren Körper der Betrachterin anmutig erscheinen. *Psychology Today* stellte in einer Untersuchung (1985) fest, daß die Befragten »erheblich unzufriedener mit ihrem Körper« waren, als 1972 aus den Antworten auf ähnliche Fragen hervorgegangen war. In den Spiegel zu schauen und widerwärtige Körper zu »sehen«, die nichts mit der Realität zu tun haben, ist ein Phänomen, das sich nicht länger auf junge Frauen mit Eßstörungen beschränkt: Die Mehrzahl der gesunden jungen Mittelschichtfrauen in den Vereinigten Staaten ist davon betroffen.

Bei einer Untersuchung wurden 100 normalgewichtige Frauen ohne Symptome von Eßstörungen aufgefordert, den Umfang von Teilen ihres eigenen Körpers zu schätzen: Taille, Hüften, Oberschenkel, Wangen. Ihre Antworten wurden dann mit den tatsächlichen Meßwerten verglichen. Mehr als 95 Prozent der Frauen überschätzten ihren Körperumfang um durchschnittlich 25 Prozent. Zwei von fünf Frauen überschätzten ihre Maße noch stärker und nahmen zumindest einen Teil ihres Körpers um mindestens 50 Prozent umfangreicher wahr, als es der Realität entsprach.

Eine Untersuchung von 33 000 Frauen, von *Glamour* 1984 veröffentlicht, ergab, daß sich 75 Prozent der Befragten im Alter zwischen 18 und 35 Jahren für zu dick hielten (nur 25 Prozent waren faktisch übergewichtig); 45 Prozent der Untergewichtigen hielten sich ebenfalls für zu dick.

Die Reaktion der meisten jungen Frauen auf das erwähnte Körperideal: Statt das *Ideal* als das zu verwerfen, was es ist – unfraulich, lächerlich, destruktiv, häßlich –, lehnen sie *sich selbst* ab und justieren ihre Sichtweise so, daß sie es sind, die lächerlich, häßlich und unfraulich erscheinen. O. Wayne Wooley und Susan Wooley, die sowohl die *Glamour*-Erhebung als auch eine Körperbild-Studie in *Psychology Today* durchführten, gelangten zu dem simplen Schluß: »In dem Maße, in dem Frauen ein gnadenlos schlankes Idealbild verinnerlichen, an dem sie ihre Attraktivität messen, bleiben ihnen nur zwei Möglichkeiten für ihr eigenes Körperbewußtsein: Entweder sie sind entsprechend schlank, oder sie lehnen sich ab.« Sie haben, genauer gesagt, keine Chance zu entdecken, wie ein weiblicher Körper wirklich aussieht; und nur eine geringe Chance, sich jemals mit einem solchen Körper akzeptieren zu können.

In der Vorstellung ihrer eigenen Fettleibigkeit gefangen, spiegelt ihnen ihr Bild den abstoßenden Anblick ihres Geschlechts: Sie erblicken einen formlosen, gesichtslosen, grotesken Fettkloß, den Inbegriff des weiblichen Selbsthasses.

Mit diesem Ideal weiblicher Vollkommenheit im Kopf lassen manche Frauen in höherem Alter lieber ihren Körper mit Hilfe der Chirurgen ummodeln, als das Ideal in Zweifel zu ziehen; alle Anzeichen von Weiblichkeit, auf die sie ihr »gräßliches« Selbst zurückführen, sollen entfernt werden, um so der überwältigenden Angst Herr zu werden, die sie quält.

Wenn junge Mädchen die eigene heranreifende Weiblichkeit auf diese Weise »begrüßen«, kann das nicht nur als ein Problem des Körperbildes bezeichnet werden, als ob die Schwierigkeit allein in der Wahrnehmung des Körpers liege. Steven Levenkron, als Psychotherapeut spezialisiert auf Eßstörungen, ist überzeugt, daß es sich keinesfalls um ein Problem des Körperbildes handelt, sondern um eine plausible Reaktion auf die »antiweibliche Ethik« unserer Kultur. Die Autorin Naomi Wolf nennt es in *The Beauty Myth* (1991) »eine Obsession, bei der es nicht um weibliche Schönheit geht, sondern um weiblichen Gehorsam«. Das schlanke »Ideal« sei nicht aus ästhetischen Gründen schön, sondern »als eine politische Lösung«. Eine hungrige Frau werde schwach, stumm, unsicher, asexuell, erläutert sie – welche Autorität könnte von einer solchen Person schon ausgehen?

Die Körpersprache von Frauen zeugt ebenso wie das Körperbild junger Mädchen von einem so immensen Verlust und einer so großen Aggression, daß sie nur weiter nach innen gewendet und in noch größeren Selbstekel und Haß gegen alles Weibliche umgewandelt werden können. Die Idealbilder vom vollkommenen Körper und der vorbildlichen Ehefrau gewährleisten, daß es Frauen auch weiterhin schwerfallen wird, ihr wirkliches Selbst *nicht* zu hassen. Der Verlust ihrer Visionen und ihrer Stimme stellt bloß den Anfang dessen dar, was sie verlieren, wenn sie sich an diese falschen Ideale anpassen.

Wendys Gedächtnisverlust ist nicht so überraschend, schließlich sollte sie auch die meisten ihrer Beziehungen zu Männern »vergessen« und alle sexuellen Erfahrungen ihres Lebens hinter sich lassen. Carolyns Kehlkopfentzündung war sicher der körperliche Reflex auf das Gefühl, zum Schweigen gebracht worden zu sein, und dasselbe gilt für Karens Angewohnheit, ihre Sätze unvollendet zu lassen. Alisons eiskalte Glieder haben einen Sinn, wenn man berücksichtigt, wie die Gefühle zwischen ihr und ihrem Mann seit Jahren abkühlten, ohne daß einer der beiden bemerkt hätte, daß sie schließlich erfroren waren. Und Connies wiederkehrende Zombie-Träume? Ein Zombie ist ein entkörpertes Ding, ein seelenloser menschlicher Leichnam, zwar tot, aber von einer fremden Energie angetrieben, die es ihm ermöglicht, herumzugehen und zu handeln und sich zu bewegen, als sei er lebendig.

Depression und Desexualisierung

In ihrer 1980 erschienenen Untersuchung über Drepression unter Frauen, *Unfinished Business*, beschreibt Maggie Scarf, wie sie erstmals auf ihr »bizarr« erscheinende Statistiken stieß, aus denen hervorging – und darin stimmte die gesamte Literatur überein –, daß »auf jeden Mann, bei dem eine Depression diagnostiziert wurde, zwischen *zwei- bis sechsmal so viele Frauen entfielen*« [Hervorhebung durch M. S.] – mit steigender Tendenz. Die am häufigsten genannte Ursache, die zu diesen Zahlen führte, stellte sie fest, war »der Verlust an emotionaler Verbundenheit«; im Mittelpunkt depressiver Phasen stünden »bei Frauen häufiger als alle möglichen anderen Probleme *Bindungsfragen*«.

Bei ihrer weiteren Untersuchung des Zusammenhangs von Depression und Verlustgefühlen bei Frauen orientierte sich Scarf an der Arbeit Marcia Guttentags, der damaligen Leiterin des Harvard-Projekts »Frauen und psychische Gesundheit«, die das Ausmaß weiblicher Depression als »epidemisch« bezeichnete. Guttentag und ihre KollegInnen arbeiteten u. a. das Frauen- und das Männerbild in Publikumszeitschriften heraus. In den Erzählungen und Essays, die sich an Männer richteten, ging es in erster Linie um Abenteuer und um die Überwindung von Hindernissen; im Mittelpunkt des Interesses standen Problembewältigung und der Triumph über alle Schwierigkeiten.

»Die *für Frauen* geschriebenen Magazine hatten dagegen eine ganz andere Orientierung«, stellte Guttentag fest.»Hier dominierte eindeutig das Problem des Verlusts. Obwohl sich viele Frauenartikel und -geschichten mit Gefühlsbeziehungen und der Frage befaßten, wie man andere erfreut – besonders, wie man *Männer* erfreut«, schrieb Guttetag ironisch –, »war das Thema von Verlusten und wie man mit ihnen umgeht, allgegenwärtig.« [Hervorhebung durch M. G.] In all diesen für Frauen gedachten Texten war die Gefahr eines möglichen Zerreißens wichtiger emotionaler Bindungen letzten Endes »die Hauptsorge« und das Thema Nr. 1. Die Psychiaterin Jean Baker Miller, die das ebenfalls hervorhob, bemerkt: »Viele Frauen empfinden den drohenden Verlust einer Bindung nicht bloß als den Verlust einer Beziehung, sondern eher wie einen totalen Selbstverlust.«

Es wäre ein Fehler, diese Tendenz als Anzeichen übermäßiger Abhängigkeit der Frauen von ihren Beziehungen zu interpretieren, bemerkt Dana Crowley Jack in *Silencing the Self* (1991), denn: »Wenn die Depression durch eine übertriebene Abhängigkeit der Frauen von ihren Beziehungen bedingt wäre, dann müßte der Verlust dieser Beziehungen die Depression beschleunigen. Wir müßten dann feststellen, daß Witwen häufiger depressiv sind als Witwer.« Aber das Gegenteil trifft zu.

In unglücklichen Ehen sind Frauen, wie Untersuchungen zeigen, dreimal anfälliger für Depressionen als Männer. Und in glücklichen Ehen, in denen die Häufigkeit von Depressionen bei Männern wie bei Frauen insgesamt geringer ist, leiden Frauen dennoch fast fünfmal so häufig an Depressionen wie Männer.

Es ist bekannt, daß Depressionen im Leben einer Frau zweimal einen Gipfel erreichen – das erste Mal in der Adoleszenz und dann irgendwann zwischen dem einundzwanzigsten und vierundvierzigsten Lebensjahr (wobei das Alter des Einsetzens nach unten tendiert). In beiden Lebensstadien machen Frauen eine Beziehungskrise durch, die sich speziell um ihre Sexualität dreht: Sowohl in ihrer Jugend als auch in der Ehe sind sie gezwungen, ihr erotisches Selbst einzuschränken und in eine gefälligere, gezügeltere, eben selbstlosere Form zu zwängen.

Ich denke an die Bewunderung des vorbildlichen Mädchens in

der Pubertät und die gleichzeitige Wut auf sie und später an die Bewunderung und die Wut, die Frauen gegenüber der vorbildlichen Ehefrau empfinden. Ich denke an die Verdrängung dieser Wut in einer Gesellschaft, die immer noch Vorstellungen von rigider Angepaßtheit aufrechterhält. (»Auch heute noch«, schreibt Carolyn Heilbrun, »nach zwei Jahrzehnten des Feminismus, scheuen sich junge Frauen, ihre Wut auf das Patriarchat zum Ausdruck zu bringen. Vielleicht können nur Frauen, die das patriarchalische Spiel mitgespielt und sich trotzdem ein Selbst errungen haben, den Mut aufbringen, für den Feminismus einzutreten, denn das bringt immer noch reichlich Ungemach mit sich.«) Die in diesen zwei Altersgruppen so verbreitete Depression ist weder ein Zufall noch unerklärlich. In beiden Lebensphasen wird von Frauen erwartet, sich so umzukrempeln, daß sie perfekt dem entsprechen, was sie sein »sollten« und was sie wollen »sollten«; daß sie ihre konkreten Beziehungen und Lebensgeschichten gegen idealisierte, reichlich abgestandene Versionen von beidem eintauschen. Dies ist eine Anforderung, die ihre Gefühle verändert, ihr Wissen abwertet, ihre Erlebnisse verbietet, ihre Verbindungen durchtrennt und ihre Sexualität hemmt.

»Die Depression gleicht dem Kummer«, erinnert uns Dana Crowley Jack; »in beidem sind die Gefühle von Verlust und Traurigkeit beherrschend.« Die Frauen, mit denen ich sprach, empfanden Gram über ihr verlorengegangenes sexuelles Selbst. Der Verlust, von dem sie redeten, war kein potentieller Verlust, kein drohender Bruch einer emotionalen Bindung, sondern eine Tatsache; keine beginnende Furcht wegen eines künftigen Verlusts, sondern das beharrliche Echo eines vergangenen, der ihnen körperliche Schmerzen verursachte. Sie fürchteten nicht um eine Verbindung, die bald enden könnte, sondern trauerten um eine Fähigkeit zur Lust, die bereits abgestorben war. Wo sie abstarb – wo sie ihre Sexualität verloren –, war nicht in der Ehe als solcher, sondern in der Angepaßtheit. Die Ehe war bloß der Anlaß ihrer Kapitulation und das Vehikel, das sie unterstützte und aufrechterhielt (später zieht die Mutterschaft diesem Korsett weitere Stäbe ein).

So bedrückend es diese Frauen auch empfanden, in Beziehungen zu verharren, in denen sie ihre Sexualität erstickt hatten, so sehr schreckten sie vor dem Versuch zurück, sich diese neu zu erobern.

Sie fürchteten den totalen Verlust der Beziehung und ihres Selbst, wovon Jean Baker Miller, Maggie Scarf und Dana Crowley Jack sprechen – und worauf die Zeitschriften reagieren. Hier wurden die Frauen vor eine lähmende Wahl gestellt: Wollten sie sich weiter bemühen, die »Frauendarstellerin« zu werden, auf die wir alle hindressiert werden, wie Gloria Steinem sagte, oder wollten sie ihre Sexualität wiedergewinnen und der leidenschaftlichen, dem Untergang geweihten Heldin der Liebesromane geradewegs an ihr Ende unter einem Zug folgen.

Vor über 300 Jahren lebte in Boston die berühmteste und schönste Ehebrecherin der amerikanischen Literatur, Hester Prynne. Wie Prynnes Schöpfer, Nathaniel Hawthorne, sie schilderte, war sie »hochgewachsen und von vollendet schöner Gestalt. Sie besaß dunkles, üppiges Haar, das so glänzend war, daß der Sonnenschein darauf widerstrahlte, und ein Gesicht, das mit seinen regelmäßigen Zügen und der zarten Hautfarbe nicht nur schön, sondern durch die bedeutende Stirn und die tiefschwarzen Augen auch sehr ausdrucksvoll war«.

Exotisch, majestätisch, wunderschön, so hoben sich ihre blühende Sexualität und strahlende Weiblichkeit von der strengen Langeweile im puritanischen Neuengland ab; die Bewohner der Stadt verrieten mit jedem farblosen Kleidungsstück an ihrem Körper und dem verkniffenen Ausdruck auf ihren »harten Gesichtszügen« ihren religiösen und moralischen Rigorismus, ihre Verurteilung allen Vergnügens und allen Mitgefühls, ihren Abscheu vor der Sexualität und ihren unerschütterlichen Glauben an die Sündhaftigkeit von Männern und Frauen.

In krassen Gegensatz zu Hesters lebendiger Sexualität stellt Hawthorne ihre Geschlechtsgenossinnen in dieser nüchternen, freudlosen Gemeinde. Er bezeichnet sie als »Frauenzimmer«, »Weibsbilder«, »Hausherrinnen« und »Matronen«, aber niemals als »Frauen«, weil sie eine so erstaunliche Ähnlichkeit mit den herrschenden finsteren, »eisernen« Männern haben. Wir sehen sie anfangs, wie sie vor der Gefängnistür auf Hester warten und fordern, sie auf der Stirn mit einem glühenden Eisen zu brandmarken oder, wie es eine Hausfrau verlangt, zum Tode zu verurteilen. Hawthorne vergleicht sie mit der »männlichen [Königin] Elisabeth«, die fast hundert Jahre zuvor in England regierte. Er versucht, ihre Männlichkeit in beidem, im Aussehen wie auch im Urteilen, zu erklären: »... und Rindfleisch und Ale ihrer Heimat, mit einer ebenso derben moralischen Kost, sprachen bei ihrer Veranlagung sehr mit«; und er merkt an: »Zudem sprachen diese Matronen... so derb und rundheraus, daß es uns heutzutage erschrecken würde...« Sie waren genauso laut, derb, vierschrötig und hart wie die Männer, nicht nur, weil sie genau dasselbe aßen und tranken und genauso dachten wie sie, sondern weil sie psychologisch in genau dasselbe

undurchdringliche »eiserne Gehäuse von Überzeugungen« eingesperrt waren wie die Männer.

Es ist, als wollte Hawthorne diese sündengepeinigte Gemeinde mit
Hesters exotischer Schönheit und strahlender Weiblichkeit blenden;
als wolle er die Bewohner der Stadt zwingen, zur Kenntnis zu nehmen, wie eine Sünderin und eine richtige Frau aussieht. Er stattet
Hester mit einem so außergewöhnlichen Verständnis menschlicher
Beziehungen aus, daß sie allein zu einer Art Prophetin für diese Puri-
taner werden kann. Ihre Mission würde darin bestehen, ihnen allen
»eine neue Wahrheit zu offenbaren, welche die ganzen Beziehungen
zwischen Mann und Frau auf einen festeren Boden gegenseitigen
Glückes stellen könnte«. Sie allein könnte ein neues Zeitalter der
Liebe und des Mitgefühls einläuten, des Verständnisses und der Harmonie zwischen Männern und Frauen. Und das scharlachrote A auf
ihrer Brust war »das Symbol ihrer Berufung«.

Hawthorne lenkt geschickt die Aufmerksamkeit auf die Pracht
des scharlachroten Buchstabens, »die kunstvolle Stickerei und das
Funkeln des goldenen Garns«, als könnten die Liebe und Leidenschaft und Vitalität, die mit den Fäden der Sünde hineinverwoben
sind, den Frauenzimmern etwas Freudvolles, Großartiges enthüllen
– wenn sie es nur erkennen könnten. Seht her, sagt er, hier liegt das
Geheimnis von Hesters Charakter! Hört auf sie! Lernt von ihr!
Falls sie offen dafür wären, könnten sie in der Stickerei nicht nur die
Sünde sehen, sondern auch die Liebe, das Wissen und die Erfahrungen einer Frau, Erfahrungen, die sie nie gemacht hatten, die sie sich
nicht einmal vorstellen konnten – während Hester die Möglichkeit
eines »beiderseitigen Glückes« zwischen Männern und Frauen vor
Augen hatte, für das sie blind waren.

Es war ihre Sexualität, die Hester Prynne zu der einzigen Frau
unter all diesem »Weibervolk« machte; ihre Leidenschaft, die sie
aus dem eisernen Gehäuse ausbrechen ließ; beide Eigenschaften
zusammen, die sie so sündig, aber auch so imponierend machten –
»so stark ... mit der Stärke einer Frau«. Genau dies, ihre Sexualität
und ihre Leidenschaftlichkeit, war es, was Hester »soviel Kraft zu
handeln und Kraft, mitzufühlen,« verlieh, daß »viele sagten, der
Buchstabe A bedeute nicht Adultery [Ehebruch], sondern Able
[fähig]«.

Zweiter Teil

6. »Einkaufen war meine Ersatzbefriedigung«

Paula ist deprimiert, sowohl weil ihre Tochter Melissa fern von zu Hause ihr Studium aufgenommen hat, als auch weil ihre Friseuse ihre Haare erbsengrün gefärbt hat. Paula erinnert sich dieser zwei niederschmetternden Fakten in der Designer-Abteilung von Bergdorf Goodman's in New York. Sie weiß nicht mehr, wie sie dahingekommen ist, und auch nicht, warum.

Eine senffarben und schwarz gestreifte Gaultier-Jacke zum Sonderpreis von $ 779,– bringt es ihr mit diesen Wellen pulsierender Energie, die ihren Körper zum ersten Mal seit Wochen wieder durchströmen, in Erinnerung. Rote Velourslederschuhe von Joan & David zerstreuen ihre Depression; und verschiedene kleine Romeo-Gigli-Wickelblusen und -Röcke überzeugen sie, daß sie mit Melissas Fortgang fertig werden kann. Eine Mutter-Tochter-Beziehung wie die ihre wird doch wohl den Ausbildungserfordernissen standhalten können! Wenn sie recht überlegt, wird es ihr guttun, ohne die ständige Beschäftigung mit ihrer Tochter und ohne deren Anwesenheit zurechtkommen zu müssen; sie wird eine Menge arbeiten können und mehr Zeit für ihre Freundinnen haben. Doch da kriecht wieder eine Spur von Angst in ihr hoch.

Als sie sich aber mit den Augen eines Kindes, das gerade seine Weihnachtsgeschenke entdeckt, in der mit neuer Ware aufgefüllten Designer-Abteilung umsieht, löst sich ihre Angst, und sie fühlt sich wieder glücklich. In diesem Herbst hinreißend auszusehen, von diesem Augenblick an ein reiches, erfülltes Leben zu führen – das erscheint Paula plötzlich so klar und leuchtend wie die Farben der vier wunderschönen Vittadini-Pullover, so sicher wie die fabelhafte Schlichtheit von drei Calvin-Klein-Röcken und -Jacken; so unvermeidlich wie das kleine Schwarze und die Perlenkette von Chanel – das alles wird aus verschiedenen Stockwerken für sie eingepackt.

Auf der Rolltreppe abwärts fahrend, fühlt sie sich physisch und psychisch erhitzt, in höchster Erregung. Sie weiß, sie müßte den

Laden jetzt sofort verlassen. Sie springt auf die nächste Rolltreppe; an der Donna-Karan-Boutique ertappt sie sich, wie sie mit ihrer Kreditkarte Bodystockings aus Cashmere mit hinreißenden Sarong-Röcken aus dem gleichen Material erwirbt. Bilder, wie sie ins Gefängnis wandert, erfüllen ihre rechte Gehirnhälfte; Visionen, die sie in dem mit Münzen verzierten Rock von Karan zeigen, erfüllen die linke. Alles, erkennt sie plötzlich triumphierend und vollends kopflos, läßt sich so gut *einpacken*.

Erschöpft, aber immer noch fiebernd, setzt sie ihre Fahrt mit der Rolltreppe fort, die erbsenfarbene Frisur etwas platt und verrutscht auf dem Kopf wie eine Baskenmütze, weil sie sich so viele Oberteile über den Kopf gezogen hat. In der Kosmetik-Abteilung trägt sie etwas Rouge auf und ersteht innerhalb von drei Minuten ein ganz neues Haarpflegeprogramm und vier Lippenstifte – einen für die Sachen von Romeo Gigli, ziemlich fad und farblos, zwei Rottöne für die cremefarbenen Cashmeres und einen Glanzstift, der über alles paßt.

Kurz vor dem Ausgang landet noch der horrende Preis für eine Handtasche aus falschem Krokodilleder samt dazu passendem Gürtel auf ihrer Kreditkarte. Nur wenige Schritte von der Tür entfernt lächelt sie den Taschenverkäuferinnen matt zu. Ein letztes Mal tief nach Luft schnappend, ergreift sie doch noch eine riesige graue Tasche, groß, formlos und absurd teuer, aber auch als Rucksack verwendbar, und veranlaßt, sie ihr nach Hause zu schicken.

Die Rechnung für diesen Tag in Höhe von $ 8096 läßt Paula die ganze Nacht nicht schlafen und versetzt sie in einen Zustand, der ihre vorhergehende Depression vergleichsweise harmlos erscheinen läßt. Sie dreht sich zu George hin, der tief und schuldlos atmet, und beobachtet ihn eine Weile; bis zum Brechreiz von Schuldgefühlen gepeinigt, schwört sie sich, alles zurückzubringen, sobald Bergdorf's aufsperrt, nämlich in vier Stunden.

Um bezahlen zu können, was auf ihre zwei American Express-Karten und ihre Visa-Karte eingetragen ist, müßte Paula sonstwo tätig werden; ihr jämmerliches Einkommen als Kinderbuch-Lektorin hat sie gestern in Sekunden verpulvert. Das Einkaufen macht ihr nicht mehr den gleichen Spaß wie früher.

Paulas Beziehung zu ihrem Mann George ist freundlich, wie sie sagt, aber nicht besonders eng.

»Ist ›entfremdet‹ das richtige Wort?« frage ich sie.

»Nein. Nicht entfremdet. Es ist die Beziehung eines altmodischen Ehepaars, nicht so wie bei den Jungen, die eine Therapie machen und an ihrer Beziehung arbeiten. Wir haben die Art von Beziehung, die junge Mädchen niemals haben wollen.«

»Sie meinen, einen Ehetrott?« frage ich. »Wo sich die Ehepartner ›Mutter‹ und ›Vater‹ nennen?«

»Genau. George und ich haben das immer so gehalten. Das hat uns irgendwie gefallen. Melissa könnte uns umbringen, wenn wir das tun. Sie findet das spießig. In jedem Fall ist George ein guter Ehemann, und wir sind schon ewig verheiratet und werden verheiratet bleiben; er ist ein traditioneller Mann, ich glaube, so nennt man das, Männer, die sich gefühlsmäßig nicht sehr engagieren. Und unser Sexualleben ist nichts Besonderes. Ich könnte mir vorstellen, daß George im Lauf der Jahre eine Affäre hatte, aber ich bin nicht sicher.«

»Wenn Sie sicher wären, würden Sie darunter leiden?« frage ich sie.

»Ich habe darüber nachgedacht. Das ist wahrscheinlich nicht die Antwort, die Sie hören wollen, aber ich glaube, es würde mir nichts ausmachen. Ich stelle mir sogar vor – da ich mich um so wohler fühle, je zufriedener er zu Hause ist –, daß ich das tolerieren könnte, vorausgesetzt, George würde diskret damit umgehen und mich nicht verletzen. Ich könnte mir auch vorstellen, daß sich durch eine Freundin seine Anforderungen an mich verringern würden. Zum Beispiel könnte ich sie anrufen und fragen, ›Warum kümmern *Sie* sich nicht um seine Kleidung – den Schuster, die Reinigung und den Nachkauf von Hemden und Krawatten, und *ich* sorge dafür, daß er seine Lieblingsspeisen im Kühlschrank vorfindet! Okay? Ich meine, wir könnten das Ganze doch so arrangieren, daß wir uns beide das Leben erleichtern!‹«

»Haben *Sie* je daran gedacht, eine Beziehung zu einem anderen Mann einzugehen?« frage ich.

Sie bejaht. »Aber nur theoretisch. Ich fühle mich weder attraktiv genug, um jemanden zu fesseln, noch hinreichend interessiert an Sex, um jemanden zu begehren; ich fühle mich etwas vertrocknet, als wäre ich einmal eine Frau gewesen, und jetzt bin ich etwas anderes, etwas weniger Wertvolles. Ein bißchen mangelhaft. Es ist merkwürdig, aber ein Mann ist das letzte, was ich im Sinn habe. Tatsächlich wünschte ich mir, ich *wäre* darauf aus, jemandem meine Attraktivität zu beweisen. Jemandem außer mir selbst. Ich fühle mich wie in einem Turm, weggeschlossen wie eine Prinzessin, außerhalb der Realität und doch darin funktionierend. Auch darf man nicht vergessen, daß ich diese Einkaufs-Manie habe. Solche Einkäuferinnen sind immer brave Mädchen. Ich bin ein braves Mädchen, ein anständiges Mädchen aus einer anständigen jüdischen Familie. Ich tue nichts Unrechtes. Es könnte bloß sein, daß ich wegen meiner Kaufhausrechnungen ins Gefängnis komme.«

»*Sollten* Sie wegen Ihrer Rechnungen ins Gefängnis kommen?«

»Richtig. Ich *sollte*. Es vergeht kaum ein Vormittag, an dem ich mir nicht in irgendeinem Zusammenhang dieses ›ich sollte‹ vorsage, um mich zu motivieren. Ich sollte ein gesünderes Frühstück für George machen, obwohl er kein Frühstück mag; ich sollte zur gleichen Zeit aufstehen wie er und *mit* ihm dieses sagenhafte Frühstück essen; ich sollte ihn mehr nach seiner Arbeit fragen, mehr mit ihm über meine Gefühle sprechen. Ich sollte ihn konfrontieren: das ist der übliche familientherapeutische Weg zu einer besseren Ehe. Man redet über die Ehe. Ich sollte ehrgeiziger sein, wie meine Freundin Jenny. Ich sollte meine Freundin Jenny *anrufen*. Ich pflege meine Freundschaften nicht genug. Vielleicht werde ich eine Party veranstalten. Ich sollte geselliger sein. Ich sollte eine Diät einhalten. Ich sollte mehr kochen. Ich sollte cholesterinarme Speisen kochen – nein, mir so etwas ins Haus bringen lassen. Ich sollte ein Fitnesstraining anfangen. Vielleicht sollte ich George verführen. Nein, zum Teufel, George sollte mich verführen. Und so weiter.«

Zu Paulas »Sollte«-Geboten zählt ihre Verpflichtung zur Treue, obwohl sie nicht mehr ganz sicher ist, ob sich diese Verpflichtung aus Moral speist oder aus furchtbarer Angst. Oder aus sexueller Misere. Oder ob sie bloß bei etwas mitmacht, was sie einfach nie für ein verhandelbares Thema hielt. Daß sie eine Jungfrau war, als sie vor 23 Jahren im Alter von 24 George heiratete, wirke sich – wie sie meint – auf ihre Ambivalenz hinsichtlich des Ausprobierens von außerehelichem Sex aus. Die meisten ihrer verheirateten Freundinnen, die außerehelichen Sex hatten, hatten auch vorehelichen Sex gehabt. Das überzeugte sie davon, daß Liebesaffären Ähnlichkeit mit dem Radfahren haben: Was einem im späteren Leben leichterfällt, hat man vermutlich schon in der Jugend erlernt. Wenn Sex im Leben eines Menschen einmal eine Option dargestellt hat, zu dem Schluß ist sie gekommen, bleibe diese bestehen, ob verheiratet oder nicht. Aber für sie ist Monogamie eine Voraussetzung, keine Option.

»Mit jemand anderem zu schlafen, ist nicht etwas, worüber ich viel nachdenke – ehrlich – oder in Phantasien schwelge«, sagt sie. »Ich denke nicht: ›Wenn George eine Affäre hat, dann fange ich auch eine an‹, genausowenig wie es mir einfiele, George herumzukommandieren, weil er mich herumkommandiert. Wir sind verschiedene Menschen mit verschiedenen Verhaltensweisen. Ich wünsche mir nicht unbedingt, was er sich wünscht, und ebensowenig möchte ich sein, was er sein möchte.

Wissen Sie, wann ich mir wirklich ein Techtelmechtel mit einem Mann vorstellen könnte?« fragt sie mich, als ob sie zum ersten Mal darüber nachdächte. »Gleich nach dem Einkaufen, wenn das ausgetrocknete Gefühl verschwindet und ich mich wie... eine reife Pflaume fühle. Ich fühle mich so gut, so *hoffnungsvoll*, so... scharf. Manchmal habe ich das Gefühl, wenn ich genug einkaufen könnte, wirklich genug, um dieses Gefühl von Hoffnung und Erregung vielleicht eine Woche lang beizubehalten, dann hätte ich keine Lust mehr, einzukaufen, dann wäre ich in der Stimmung zu einem Seitensprung. Aber das Gefühl dauert niemals an, und sobald ich das Geschäft verlasse, kann ich kaum über das Abendessen nachdenken, geschweige denn über Sex.«

»Erzählen Sie mir noch mehr über Ihre Ehe«, sage ich. »Mehr über Ihre Rolle darin.«

»Ich habe versucht, in meiner Ehe eine eigene Person zu bleiben, aber das ist mir einfach nicht gelungen, weder im Bett noch außerhalb. Ich weiß nicht, warum, es ist sonderbar. Irgend etwas ist passiert, schon sehr früh; nichts Dramatisches, wohlgemerkt. Es wurde bloß... irgendwie weniger nah. Geschäftsmäßiger, als ob wir zusammen einen Betrieb führten. Aber ich dachte mir, nun ja, die Ehe… ist nun einmal so. Wenn man versorgt ist und wenn man freundlich zueinander ist, dann ist es eine erfolgreiche Partnerschaft, und welchen Sinn hätte eine Scheidung? Die Ehe *ist* ein Geschäft. Niemand in meiner Familie hat sich je scheiden lassen. In meiner Familie ist Scheidung ausgeschlossen. Das ist eine altmodische Einstellung, aber wenn ich an all diese Frauen in den siebziger Jahren mit ihren Selbstverwirklichungsgruppen denke – sie haben ihren Männern den Laufpaß gegeben, die Gruppen haben sie dabei unterstützt, und dann landeten sie für den Rest ihres Lebens in der Armut. Sie waren es, die als 46jährige in schrottreifen Kombiwagen herumfuhren, auf die Männer sauer waren und nie wieder heirateten. Wir sind ein bißchen realistischer.«

Es ist nicht so, daß sie ihren Mann, George, nicht leiden könnte; er geht, findet sie, mit der Auszehrung ihres dreiundzwanzig Jahre alten Beziehungslebens und mit ihrer jahrelangen respektvollen sexuellen Distanz in der einzigen Weise um, die ihm möglich ist – und dasselbe gilt für sie. Nur vier oder fünf ihrer gemeinsamen Jahre war sie sexuell engagiert, und daraus hat sie den Schluß gezogen, keine besonders starke Libido zu haben, jedenfalls nicht so wie George, oder wie George früher gewesen war. Sie ist glücklich, mit George verheiratet zu sein, und geht davon aus, daß er nach all diesen gemeinsam verbrachten Jahren ein Recht hat, seine wie auch immer gearteten Bedürfnisse zu befriedigen. Das gelte auch für sie.

Und ihr Bedürfnis ist nun einmal das Einkaufen. Es macht sie so glücklich wie sonst nichts – wenn auch nur vorübergehend. »Es ist seltsam, das zuzugeben«, sagt Paula, »aber diese Euphorie ist besser als Sex. Oder vielleicht ist sie genausogut wie toller Sex; ich bin nicht sicher, ob ich mich überhaupt noch daran erinnere.

Aber ich kenne meine körperlichen Empfindungen beim Einkaufen. Ich bin sofort äußerst konzentriert. Ich verspüre einen Energieschub, der alles – sogar mein Sehvermögen – etwas schärft. Die Farben haben mehr Leuchtkraft, die Gefühle sind intensiviert. Ich fühle mich ganz auf der Höhe, schleiche nicht bloß rum. Ich scherze mit den Verkäufern, ich bin witzig – ich bin einfach *toll*. Ob Sie es glauben oder nicht, plötzlich löse ich wie durch Zauberhand bisher unüberwindliche Probleme, was die Arbeit, was meine Familie betrifft. Und ich bin etwas Besonderes. Ich kann alles das haben, was irgendeine andere Frau in der Welt hat, und sei es Ivana Trump. Und natürlich sind die Verkäufer immer beeindruckt, behandeln mich immer gut, weil ich so viel kaufe. Sie halten mich für reich. *Ich halte mich für reich.*«

An Tagen, wenn das Rendezvous in einem Laden nicht völlig außer Kontrolle gerät, stellt ein kurzer Bummel –»ein Mittags-Quickie«, wie Paula es nennt – eine entspannte Verführung dar. Wenn sie zum Beispiel im vierten Stock von Bergdorf's ankommt, findet sie dort ihren Lieblingsverkäufer – einen Mann namens Jimmy vor. Sie ist erleichtert, ihn zu sehen, er ist begeistert, sie zu sehen. Er sagt, er habe eine Überraschung für sie, etwas Fabelhaftes, soeben eingetroffen und wie für sie gemacht. Er führt sie zu »ihrem« Umkleideraum – dem größten auf der Etage – und bittet sie, Platz zu nehmen.

Die »Überraschung« ist auf einer anderen Etage; so unglaublich schön, erzählt ihr Jimmy, daß ein junges Model es sich für den Tag ausgeliehen habe, um darin im Erdgeschoß Parfümproben zu verteilen. Aber, versichert er ihr, er werde es sogleich für sie herbeischaffen. Paula empfindet plötzlich panische Eifersucht. Sie will es haben. Sie weiß noch nicht einmal, was »es« ist, aber sie befürchtet, es nicht zu bekommen. Jimmy beruhigt sie. »Ich werde es ihr abjagen«, versichert er mit stählerner Ruhe, »selbst wenn sie es am Leibe trägt.«

Als Jimmy zurückkehrt, erwartet ihn Paula, entkleidet bis auf ihren Body aus schwarzer Spitze, Strumpfhose und Schuhe. »Ha, toll, ich habe es«, verkündet Jimmy stolz und seufzt dann, nach einem Blick auf sie. »Ich kann's nicht glauben«, sagt er, ihren Body kritisch prüfend. »Sant' Angelo?« fragt er und berührt den Spitzeneinsatz an ihrer Hüfte. »Nee, Olga«, antwortet Paula. »Ach je«, stößt Jimmy trocken hervor. »Jetzt fängt sie an, mit Pennies zu knausern, kauft Olga-Unterwäsche!« Sie lachen beide. »Her damit«, sagt sie und greift nach dem Etwas aus Seidencharmeuse, das er in der Hand hält. »Nicht so schnell!« Jimmy zieht es ihr vor der Nase weg und ändert die Garderobenbeleuchtung. »Ich möchte Sie so sehen, wie Sie am Abend aussehen werden…«

Er schaltet eine spezielle Lampe ein, die das grelle Neonlicht dämpft und Paulas Haut pfirsichfarbener aussehen läßt. »*Jetzt* her damit«, sagt sie. »Kommen Sie schon, Jimmy, was ist es?«

»Zum Sterben schön!« Jimmy hält ein hautenges, bodenlanges Kleid mit Spaghettiträgern vor sich hoch. »Sie tragen dazu«, verkündet Jimmy leise, verschwörerisch, »...nichts. Absolut nichts. Keine Perlen, keine Ohrringe, keinen BH, keine Strumpfhose. Nur Haut und Seide. Also. Ziehen Sie den Body aus. Ich möchte das Kleid mit nichts darunter sehen. Keinen Schmuck. Nicht einmal Ihre Uhr. Nicht einmal Ihren *Ehering*, hören Sie? Ich bin in fünf Minuten zurück. Und Paula, kämmen Sie Ihre Haare zurück. Streng, in einen Knoten.«

Paula tut wie geheißen. Streift alles ab. Die Ohrringe. Den Ehering. Auf ihrer Haut fühlt sich das Kleid an, als hätten Engel es gewebt, irgendein himmlischer Stoff, den sie nie zuvor am Leib hatte, eine satinartige Seide, weich fließend. Klopfenden Herzens schließt sie behutsam den seitlichen Reißverschluß. Sie kämmt ihr Haar zurück. Trägt schnell etwas Rouge und Lippenglanz auf, um Jimmy mit ihren frischen Farben zu beeindrucken. Sie betrachtet sich feierlich, ist zufrieden. Sie wartet.

Er macht einen tiefen Atemzug, als er sie erblickt. »So«, sagt er leise, ehrerbietig, »genauso habe ich Sie mir in diesem Kleid vorgestellt. Sie sind perfekt. Haben Sie irgendein Gel?« fragt er und streicht ihr eine kleine Strähne aus der Stirn. »Ja«, antwortet Paula, »aber ich benutze es nur im Sommer, wenn meine Haare naß sind.« »Nehmen Sie es«, befiehlt Jimmy. »Ihr Haar muß wie angeklatscht sein. Sie müssen ganz streng und schlicht aussehen. Der Effekt sind Sie – nackt – und dieses Kleid. Nicht zurechtgemacht, nicht dieser rote Lippenstift, den Sie so lieben – nackt, okay? – schöne Haut.«

»Okay«, verspricht Paula, elektrisiert durch seine Billigung, durch die Wirkung ihres neuen »nackten« Aussehens auf Jimmy.

»Und wir unternehmen etwas wegen der Haarfarbe, richtig? Wer hat Ihnen denn das *angetan*?«

»Oh. Sie meinen den Grünstich?« fragt Paula. »Den Le-Sueur-Look? Mögen Sie keine Dosenerbsen?«

»Ich möchte es dunkler. Weniger aschgrau. Gehen Sie zu Constance. Sagen Sie ihr, daß Sie mich kennen. Sagen Sie ihr, ich möchte honigblond, okay?«

»Okay.«

»Jetzt holen wir uns dafür eine Sandale«, kündigt Jimmy an. »Nichts Ausgefallenes. Nicht zu hoch. Ein Fünf-Zentimeter-Absatz. Silber, denke ich. Kommen Sie. Ziehen Sie sich an. Wir gehen in den dritten Stock.« Paula, inzwischen in Schweiß geraten, erfüllt von dem Vergnügen ihres – gemeinsamen – Sieges, zieht sich eilig um.

Als sie mit vor Befriedigung geröteten Wangen Bergdorf's verläßt, bewaffnet mit der Charmeuse-Robe und den Silber-Slippern, erscheinen ihr die Leute, die sich die 57. Straße entlangdrängen, wunderbar, farbig, von innen erleuchtet. Die Szene ist ein Zeichentrickfilm, ein charmanter Chaplin-Film, alles läuft ein bißchen zu schnell, alles ist bezaubernd. Ihr Was-für-eine-tolle-Stadt-Gefühl hält an, bis sie mit dem Bus von der 67. Straße den Park durchquert hat.

Und dann setzt es schnell ein: dieses Gefühl der Reglosigkeit, als stünde die Zeit plötzlich still. Es ist die Erkenntnis, daß dieses absolut traumhafte Seiden-Satin-Wasauchimmer-Kleid keine Bestimmung hat. Es wird nie getragen werden. Jimmys Intensität, sein obsessives Interesse an ihr, hat etwas in ihr angesprochen, was sie auf der vierten Etage von Bergdorf's, in einer Umkleidekabine, ausleben konnte. Diese Erregung und Freude, diese Pseudointimität, Jimmys beflissene Aufmerksamkeit – wegen eines Kleides. Und Schuhen. Scham überfällt sie.

Sie geht nach Hause, empfindet plötzlich Haß auf ihre Tüten. Die Putzfrau ist da. Sie kann es nicht ertragen, daß Flora sie mit weiteren Tüten von Bergdorf's ankommen sieht. Früher hat sie ihre Einkäufe vor George versteckt; jetzt versteckt sie sie auch vor Flora. Sie schließt die Tür auf und geht hinein, das himmlische Gewand und die Silber-Slipper läßt sie draußen. Da ihre Zugehfrau nicht in Sicht ist, packt sie die Tüten und steckt sie in den Flurschrank. Sie fühlt sich lächerlich. Ihr Herz klopft aus Angst, entdeckt zu werden. »Ich fürchte mich vor meiner Putzfrau«, stellt sie nüchtern fest und versucht, sich so weit zu beruhigen, daß sie ihr Wohnzimmer betreten kann. »Ich habe Angst, daß sie dahinterkommt. Daß ich in einem Hotel war? Nein. Daß ich einen Ladendiebstahl begangen habe? Nein. Daß ich Männerbesuch empfange? Nein. Ich habe Angst, meine Putzfrau könnte sehen, daß ich mir neue Kleider gekauft habe. Es darf nicht wahr sein.«

Paula weiß inzwischen, daß ihre Schuldgefühle und die nachfolgenden Depressionen das nötige Öl ins Feuer gießen, damit sich der ganze Vorgang wiederholt. Sie sind die Kehrseite der Euphorie, die Ausnüchterungsphase nach dem Exzeß; der Katzenjammer. Sie ermöglichen es ihr, die Kontrolle wiederzuerlangen, und bewahren sie vor Problemen.

Probleme stellten sich sieben Monate nach meinem ersten Gespräch mit Paula ein, und zwar, wie sie mir an einem Sommertag am Telefon sagte, in Gestalt eines Mannes Anfang 50 namens Harry.

Harry ist Illustrator. Sie lernte ihn bei seinem Verleger kennen, der ihr ein Manuskript mit seinen Zeichnungen zur redaktionellen Bearbeitung übergeben hatte. Lang bevor sie mit der Arbeit daran fertig war, besuchte Harry sie mit einem neuen Manuskript. Dann, als sie fertig war, kam er nochmals vorbei, um ihr zu danken. Er schlug vor, zusammen mittagessen zu gehen. Sie landeten in einem chinesischen Restaurant in der Stadtmitte. Dort unterhielten sie sich so gut, daß sie beschlossen, sich in der folgenden Woche zur gleichen Zeit am gleichen Ort wiederzutreffen.

Sobald sie sich – irgendwann um den dritten Lunch herum – klargeworden war, daß sie mit ihm schlafen wollte, ertappte sie sich häufig dabei, daß ihr Atem schneller ging und sie unter großer Spannung stand. Und einkaufen ging. »Die Vorstellung, Kleider zu kaufen, die ich tatsächlich *tragen* würde, vor jemand anderem als Jimmy bei Bergdorf's, verlieh meinen Einkäufen eine ganz neue Dimension: Realität. ›Werde vernünftig‹, sagte ich mir. ›Du brauchst kein Kleid für einen Eröffnungsball, du mußt an *Lunch im chinesischen Restaurant mit Harry* denken.‹ So bekam ich schließlich sechs oder sieben bezaubernde kleine ›Tageskleider‹ zusammen, wie Jimmy sie nennt, eine Menge Hüte und Handschuhe. Matinee-Kleider, die ihre Mutter tragen würde, Nachmittags-Kleider. Egal, es spielte keine Rolle; Harry fand mich super.«

Paula begann, über ein Faktum ihres Lebens nachzudenken, über Monogamie. Was würde es für sie bedeuten, nach all diesen Jahren damit zu brechen? »Ich meine, das mußte ich ausschließlich mit mir allein austragen. An diesem Punkt ging es gar nicht mehr um George und mich, weil er angesichts unseres Sexuallebens kein Recht hatte, den Anspruch auf Treue an mich zu stellen. Aber mein Bewußtsein von mir selbst war das Bewußtsein der treuen Ehefrau. ›Wer würde ich *sein*, wenn ich untreu wäre?‹ fragte ich mich. Ich bin 50 Jahre alt! Ich bin ein moralischer Mensch! Ich wurde überschwemmt von all dem, was mir Monogamie bedeutete, von alten Gefühlen, alten Überzeugungen, daß dieser eine Mensch, dem du deinen Körper für dein ganzes Leben geschenkt hast, dein sein würde und du sein, und daß ihr füreinander sorgen würdet, körperlich und seelisch. Wie dumm, daß ich meine Monogamie-Erwartungen an George aufgegeben hatte, ohne je die gleichen Erwartungen an mich selbst aufzugeben. Ich fragte mich, wie ich mich fühlen würde, wenn ich dieses Gebot brach – würde ich mir wie ausgesetzt vorkommen? Als ob plötzlich niemand mehr für mich sorgen würde? Würde ich einfach da draußen in der Luft hängen, unversorgt, auf mich gestellt?

Und natürlich hatte ich immer gedacht, eine solche Aufteilung zwischen zwei Männer sei vergleichbar der Koordinierung einer Spielgruppe von Sechsjährigen – wie schafft es eine Frau, mit zwei Männern überhaupt *zurechtzukommen*, geschweige denn, mit ihnen zu schlafen und sie zu lieben und Zeit für sie übrig zu haben? Wie kann sie denken? Was sagt sie zu dem einen – dasselbe, was sie zu dem anderen sagt? Würde ich Harry nachmittags begrüßen und mit ihm über meine Arbeit reden oder über den neuen Fußboden, den ich verlegen lassen will? Oder über die Rechnungen? Ist das, als nehme man einen zweiten Ehemann?«

7. Die Ermordung von Donna Reed

Wenn eine Beziehung wirklich glücklich ist, meinen viele, würden die Partner nicht zum Ehebruch »getrieben«. Ein weiterer Bestandteil des Volksglaubens ist, daß sich Eheleute draußen nach Sex umsehen, wenn es zu Hause zu wenig davon gibt. Wir haben festgestellt, daß heterosexuelle Paare, die monogam leben, sexuell weder mehr noch weniger aktiv sind als jene, die sich nicht der Ausschließlichkeit verpflichten. Wenn es also nicht die Häufigkeit sexueller Kontakte ist, dann könnte es deren Qualität sein, was die Partner von Seitensprüngen abhält. Auch dies erweist sich als unwahr. Monogame und nichtmonogame Hetero-Paare sind im Schnitt gleichermaßen mit ihrem gemeinsamen Sexualleben zufrieden. Eine weitere Möglichkeit: Partner leben nicht monogam, weil sie in der Beziehung ausgesprochen unglücklich sind. Es gibt keine Beweise für diese Behauptung… Heteros, die fremdgehen, sind in ihrer Beziehung im Schnitt ebenso glücklich wie monogam Lebende. Aber sie sind *nicht* ebenso überzeugt, daß ihre Beziehung von Dauer sein wird. Diese Tatsachen zeigen uns zwei wichtige Dinge. Erstens: Die wenigsten Heteros werden durch negative Gefühle in ihrer Beziehung zur Untreue getrieben. Zweitens: Für die meisten Heteros bedeutet Nicht-Monogamie ein geringeres Engagement für eine gemeinsame Zukunft. (Pepper Schwartz und Philip Blumstein, *American Couples*)

Paula, die sich noch an die kostbarsten ihrer traditionellen Werte klammerte, während sie bereits nahe daran war, sie aufzugeben, stellt sich ihrem Dilemma in ähnlicher Weise wie June. Sie ringt mit Fragen, die im Grunde moralische Fragen sind. Begriffe wie »sollen« und »müssen«, die ihr Leben regieren – Worte, nach denen sie gelebt hat, die ein idealisiertes Selbst beschreiben, das sie zu kultivieren versuchte –, drängen sich jetzt in diesen ungezügelten Teil von ihr, der Begierde empfindet. Aber es funktioniert nicht. Dieses

Selbst spricht nicht diese Sprache. Es reagiert nicht auf »sollte«. Während ein Mann sie von außerhalb der Gemarkung lockt, ein anderer ihr drinnen die Sicherheit des Gewohnten bietet, steht sie im Zentrum des Dilemmas zwischen Selbstverwirklichung und Selbstlosigkeit. Sie sucht nach einer Antwort auf die Frage, wie sie sowohl ihrer Ehe als auch sich selbst treu bleiben kann. Ihre Entscheidung ist folgenschwer, das weiß sie. Was auf dem Spiel steht, ist die Quintessenz des Ideals und das, was den Ehemythos zusammenhält: ihre sexuelle Untadeligkeit. Wenn sie die aufgibt, weiß sie nicht, was ihr bleiben wird.

Nach drei Monaten regelmäßiger Mittagstreffs mit Harry und sechs neuen Outfits für diese Begegnungen kann Paula der schwierigsten Frage nicht mehr ausweichen: ob sie Harry auf irgendeiner Basis haben kann – außer auf einer sexuellen. Die Möglichkeit, sich selbst an die erste Stelle zu setzen, vor George, vor ihre dreiundzwanzigjährige Ehe, sogar vor ihr Kind, stürzt sie in Verzweiflung: Das *kann* sie nicht tun! Jemand, den sie liebt, könnte verletzt werden. Aber was ist dann mit ihr? Mit dem, was für sie gut sein könnte? Nachdem Gefühle des Verlangens jetzt mit Gefühlen der Verantwortung in Widerstreit liegen, untersucht sie die betreffenden Fragen wie ein Juwelier, der einen Diamanten auf Mängel hin überprüft. Was ist denn eigentlich Untreue? Ist es, wenn man mit einem Mann Geheimnisse hat, Geheimnisse, die vielleicht nicht einmal der eigene Ehemann kennt, oder ist es, wenn man mit ihm zu Mittag ißt, ohne seinem Mann davon zu erzählen? Ist das Faktum der Freundschaft die Untreue oder daß man sie geheimhält? Beginnt die Untreue erst, wenn man mit diesem Mann schläft? Und bezieht sich Untreue ausschließlich auf eine sexuelle Beziehung, oder hat eine Liebesaffäre im Grunde nichts mit Sex als solchem zu tun? Vollzieht sich der Betrug denn nicht auf der Gefühlsebene?

Die Grenzen von Gut und Böse erforschend, zieht Paula ihre letzte Chance, unschuldig zu bleiben, in Erwägung: die Möglichkeit, ihre neue Freundschaft beizubehalten, aber sie offen zuzugeben. Sie könnte Harry in ihr Leben eingliedern, ihn George vorstellen, dem Geheimnis ein Ende bereiten, der Frage sexueller Untreue damit ganz aus dem Weg gehen. Sie wird das Vergnügen dieser Freundschaft haben, aber ohne den Sex. Sie wird brav bleiben.

Die Stimme der Anpassung

Schließlich ist sie nicht unglücklich in ihrer Ehe, erinnert sie sich, erleichtert über ihren Beschluß.

Aber warum fühlt sie sich dann so getrieben, sich außerhalb umzutun? Warum kann sie nicht einfach zu George sagen: Hör mal, so funktioniert das nicht!

Weil es eben doch funktioniert, antwortet sie sich selbst. Sie *hat* eine gute Ehe.

Aber was bist du dann gerade im Begriff zu tun? mischt sich diese strenge, aufgeregte leise Stimme ein.

Und ihre einzige Antwort lautet: Ich weiß es nicht, ich weiß es nicht, ich weiß es nicht.

Warum würdest du alles riskieren? insistiert sie.

Weil ich etwas haben muß, das ich hier nicht finde, ein Strauß von Gefühlen, auf die ich verzichtet habe; weil ich stumm und starr geworden bin, weil mein wahres Selbst irgendwo anders lebt, oben in einem Turm. Das ist nicht Georges Schuld. Wenn ich ihm aber offenbaren würde, wie ich mich fühle, würde er mich nicht verstehen. Er würde mir vielleicht raten, meinen Job zu wechseln, ich sollte mir mehr Bewegung verschaffen, ich sollte mich nach Hilfe umsehen. Vielleicht sollte ich mir wirklich einen anderen Job suchen. Und mehr Bewegung wäre in jedem Fall gut. Aber wer kann mir helfen? Und wobei soll man mir helfen? George würde mich sicher fragen, warum ich davon rede, in einem Turm zu leben…

Und was würdest du dann sagen?

Dann würde ich sagen… – ach, ich weiß es nicht, ich weiß es nicht, ich weiß es nicht!

Kaum imstande, ihre Gefühle in Worte zu fassen, geschweige denn, sie laut auszusprechen, empfindet Paula nur, daß alles ihre Schuld ist, nicht die ihres Mannes, daß das Verlangen sie überfällt wie ein Virus.

Sag es ihm! Sprich mit George!

Sag ihm was? Sprich worüber?

Sie weiß, sie müßte in einer anderen Sprache mit George reden als der, die sie bisher miteinander sprechen. Er würde versuchen, in der Sprache von Sollen und Müssen zu reagieren. Paula erinnert sich an ihren alten, immer wiederkehrenden Alptraum: sie läuft mit ihrem Zimmerschlüssel in der Hand einen Hotelflur entlang, aber an wie vielen Türen sie es auch versucht, der Schlüssel paßt in keines der Schlösser.

Sie fühlt sich in ihre Jugend zurückgeworfen, überflutet von Erinnerungen an ein sehr ähnliches Erlebnis. Sie versuchte, ihre wahren sexuellen Gefühle mit ihren guten Vorsätzen in Einklang zu bringen. Damals wie jetzt lautete die Frage, *ob sie sich auf Sex einlassen soll.* Damals wie heute zögerte und zauderte sie und wog vorsichtig die Regeln gegeneinander ab, die die Welt in Gut und Böse einteilen, in Abstinenz und »bis zum Letzten gehen«.

Ebenso wie Paula werden auch andere Frauen von beharrlichen Jugenderinnerungen heimgesucht: Dana, achtundzwanzig Jahre alt und seit drei Jahren verheiratet, berichtete mir, daß ihre Verwirrung darüber, »wie weit man gehen und immer noch [seinem Mann] treu sein kann«, sie an ihre Jugendzeit erinnere, »wie weit sie gehen« und immer noch eine Jungfrau bleiben könne. Das quälte sie.

Dana hat drei Jahre nach ihrer Heirat mit einem anderen Mann oralen Sex gehabt, sie fühlt sich aber »immer noch treu«, weil »wir nie richtig miteinander geschlafen haben«. Sie wußte zwar, wie unaufrichtig ihre Definition von »immer noch treu« war, aber vor die Wahl gestellt, ihre Jungfräulichkeit zu verlieren und »unständig« genannt zu werden oder eine sexuelle Gelegenheit auszuschlagen, um als »anständig« gelten zu können, entschied sie sich als Mädchen wie als erwachsene Frau für ein Ausweichmanöver: Wenn das »Unständige« am Sex der Koitus war, dann war vielleicht alles diesseits des Koitus *nicht* unständig. Das klang gut. Sie erinnert sich, wie raffiniert sie die Grenzen des Möglichen dehnte:

Man ist eine Jungfrau, bis man Geschlechtsverkehr hat, stimmt's? Ich gehe davon aus, daß es bei einer Ehefrau genauso ist: Man gilt als treu, bis man mit jemand anderem Geschlechtsverkehr hat. Ein halbes Jahr lang haben Jeremy und ich also nicht gevögelt. Wir benutzten Vibratoren, wir versuchten es mit chinesischen Kugeln – ich saß auf einem Stuhl und masturbierte mit diesen zwei kleinen Silberkugeln. Wir haben es wirklich wild getrieben, aber in meiner Einbildung war ich immer noch eine gute Ehefrau, weil wir nie einen Koitus hatten. Wenn das die Regeln waren – verdammt noch mal, ich hielt mich daran.

Frances, sechzig Jahre alt und seit sechsunddreißig Jahren verheiratet, erinnert sich an ihren Versuch, ihren vor fünf Jahren gefaßten Entschluß zu einem Seitensprung mit dem Wunsch zu vereinbaren, treu zu bleiben – »man muß sich das vorstellen, nach all diesen Jahren!« – und die Grenzen nicht zu überschreiten. Ebenso wie Dana hatte auch sie den Weg gefunden, um die feine Grenze des gerade noch Erlaubten zu erweitern – sie würde einfach die Kopulation vermeiden.

Es kam mir zwar der Gedanke, Fred könnte es nicht goutieren, daß ich mit dem Finanzchef meiner Firma regelmäßig und genußvoll Oralverkehr hatte, aber irgendwie hatte ich bereits früher gelernt, heftiges Petting nicht zu ernst zu nehmen: Als ich jung war, merkte ich, daß man eine *Jungfrau* sein und trotzdem aktiv und passiv oralen Sex betreiben konnte; so konnte ich jetzt eine *Ehefrau* sein und dasselbe tun!

Auch Frauen in den Zwanzigern und Dreißigern, die alle vorehelichen Sex gehabt hatten, fanden sich an den Konflikt »anständiges / unanständiges Mädchen« erinnert, den sie damals durchgemacht hatten. Außerehelicher Sex, merkten sie, wird noch weit stärker mißbilligt als vorehelicher Sex. Die fünfunddreißigjährige Ingrid: Mit sechzehn war ich zwar stolz darauf, daß ich nicht »leicht zu haben« war, aber ich empfand diese Jungfräulichkeit auch als lästig – schließlich war ich bereits älter als die anderen Mädchen, die bis zum Letzten gegangen waren. Und jetzt hatte ich wieder dieses komische Gefühl der Tugendhaftigkeit, aber gleichzeitig der Belastung durch meine eheliche Reinheit. Es kam mir allmählich vor wie Jungfräulichkeit in einem zu hohen Alter – ich fragte mich, wer braucht das eigentlich? Für wen tue ich das? Sicherlich nicht für mich! So wuchs das Bedürfnis, sie abzuschütteln.

Und die seit einem Jahr verheiratete zweiunddreißigjährige Julia: Ich hatte eine stark moralische Einstellung zur Untreue, war sehr überzeugt, daß sie unrecht sei. Gleichzeitig wurde mir auch das Herz schwer, als sei diese Einstellung nicht wirklich meine eigene, als hätte ich sie nur übernommen, und nun mußte ich sie verteidigen. Ich fühlte mich heuchlerisch. Wie eine Frau, die vernünftige Schuhe trägt, aber ständig mit den hohen Absätzen in den Schaufenstern liebäugelt. Ihr Mann kann sich auf sie verlassen und respektiert sie, aber er hat keine große Lust, mit ihr zu schlafen. Die Leute bezeichnen sie als einen »wertvollen« Menschen, weil sie so verdammt asexuell ist, die erwachsene Version des Schulmädchens mit der sympathischen Persönlichkeit, dieser Euphemismus für ein Mauerblümchen mit moralischen Ansprüchen und vernünftigen Schuhen. Ich war diese Frau, und ich wußte nicht recht, wie ich so geworden war.

Die dreißigjährige Maria hatte dasselbe Gefühl von »Heuchelei«: Da war doch tatsächlich derselbe Zwiespalt in mir, den ich nicht mehr empfunden hatte, seit ich in der neunten Klasse in Tommy Thomasson verliebt war. Ich erinnerte mich vage, daß es mir danach sehr gut getan hatte, das brave Mädchen durch mein schlimmes Selbst zu ersetzen, so konfliktbeladen das auch war. Ich hatte mich danach *viel*, viel besser gefühlt. Wahrscheinlich würde es mir auch diesmal guttun.

Die neununddreißigjährige Alexandra:
Es war so sonderbar, so keusch zu sein. Ich war Ende der sechziger Jahre aufgewachsen, wir waren die Generation der sexuellen Revolution. Und ich mag Sex. Alle nahmen an, daß ich jede Menge Sex hatte, aber bei meinem Mann und mir war das nicht der Fall.

Ärger im Haus

Verzweifelt bemüht, an einem Ideal von Angepaßtheit – und damit von Sicherheit und Geborgenheit – festzuhalten, dabei aber voll Sehnsucht, auszubrechen, stellen sich all diese Frauen am Ende dieselbe Frage: Kann ich Donna Reed töten und ruhigen Blutes weiterleben?

Ein Autor des 19. Jahrhunderts, Coventry Patmore, hat eine Romanfigur geschaffen, die er den »Engel im Hause« nannte. Für Virginia Woolf war dies die Verkörperung der vorbildlichen Frau.

143

Woolf schrieb über ihren Entschluß, diese sie bis dahin verfolgende Ideal-Figur zu vernichten – und wir werden ihre Mordlust nachempfinden können, denn der »Engel im Hause« trägt viele Züge seiner Nachfolgerin Donna Reed:

Sie war voll Mitgefühl. Sie war ungeheuer charmant. Sie war äußerst selbstlos. Sie brillierte in den schwierigen Künsten des Familienlebens. Sie opferte sich täglich auf. Wenn es Huhn gab – sie nahm nur das Beinchen; wenn es irgendwo zog – sie saß mittendrin: kurz, sie war so beschaffen, daß sie niemals einen eigenen Wunsch oder Willen hatte, sondern es vorzog, stets mit dem Wunsch und Willen anderer zu sympathisieren... Ich stürzte mich auf sie und packte sie an der Kehle. Ich tat mein Bestes, sie umzubringen. Meine Entschuldigung, wenn man mich vor Gericht stellte, würde lauten, daß ich in Notwehr gehandelt hatte. Hätte ich sie nicht getötet, dann hätte sie mich umgebracht.

Woolf machte dem Engel den Garaus und konnte der allgemeinen Mißbilligung sicher sein. Paula wird es da in ihrer Rolle der Mörderin schon ein bißchen leichter haben. Was Paula zu Hilfe kommt, ist eine neue Ikone, ein moderneres Bild der Ehefrau, ein Ideal, ganz anders als Donna Reed, von deren Geschichte sich Paula durchaus angezogen fühlt. Ein Produkt des Feminismus und der Protest-Bewegung der sechziger Jahre, ist diese neue Frau weder auf Männer noch auf die Ehe fixiert; sie strebt vielmehr ihre eigene persönliche Entwicklung an. Ihr Ziel ist Selbstentdeckung, Selbstverwirklichung und Selbsterfüllung. Noch ist sie längst nicht so tief im Unbewußten der Frauen verankert wie Donna Reed, dieses Modell der Weiblichkeit, das weder von Männern definiert wurde noch ausschließlich durch den patriarchalen Blick bewertet wird. Diese Frau läßt sich nicht auf das konventionelle, romantische Märchen ein, sondern geht ihren eigenen Weg der Kreativität und Selbstentfaltung. Annette Lawson beschreibt ihn als die Forderung an jeden Menschen, »den Verlust sicherer und bekannter Positionen um neuer und aufregender Herausforderung willen zu riskieren«, und »den Gipfel der Selbstverwirklichung – Reife – zu erklimmen«. Es ist ein Weg der Selbsterkenntnis, der von denen, die ihn beschreiten, verlangt, »alle Facetten ihrer selbst, einschließlich ihrer Sexualität, zu erforschen«.

Theoretisch kann dieser neue Weg des Abenteuers und der Selbstverwirklichung gut neben dem alten bestehen: Das Streben nach eigener Entwicklung muß nicht mit dem Streben nach einer erfüllten Ehe kollidieren, denn die Ehe verspricht heutzutage beiden Partnern Selbstentfaltung. Obwohl nun viele der Frauen, die hier zu Wort kommen, ihre Ehe mit der Absicht eingingen, sowohl getrennt als auch zusammen zu wachsen, mußten sie feststellen, daß dies doch zweierlei Ziele waren, daß die moralischen Imperative beider Wege unvereinbar waren. Der Versuch, sie miteinander zu verbinden, erwies sich als Zerreißprobe. Statt den neuen, mehr Selbsterfüllung versprechenden Lebensentwurf als erlösende Bereicherung des alten, auf Selbstaufgabe zielenden zu erleben, empfanden sie nur Konflikt. Jeder der beiden Entwürfe, mußte die vierundvierzigjährige Anna feststellen, »ist mit einem ganzen Sack voller Gebote befrachtet, denen wir gerecht werden sollen – und die widersprechen einander sehr!«

Die Frauen erlebten, daß ihnen die eheliche Zufriedenheit eine Selbstbeschneidung abverlangte, die sie nicht akzeptieren konnten; die Entwicklung der eigenen Person erforderte dagegen das Beharren auf eigenen Anliegen und Vergnügungen, die sie nur schwerlich durchzusetzen vermochten. Jede Frau jedweden Alters hatte Mühe, beides miteinander in Einklang zu bringen. Die neunundvierzigjährige Hope, seit dreiundzwanzig Jahren verheiratet und Mutter dreier halbwüchsiger Jungen, sagte:

Meine Ehe funktioniert am besten, wenn ich mich mehr um uns als Familie kümmere als um mich selbst – und die meiste Zeit ist mir im Grunde auch danach. Ich fühle mich dann am besten, quasi am untadeligsten. Sie wissen schon: »Die Suppe ist fertig, Leute!« – und alle lachen mich glücklich an. Das läßt für mich aber überhaupt keinen Raum, dieser Ganztagsjob. Doch der Familienverband funktioniert so am besten. Sie können fragen, wen Sie wollen.

Die siebenundvierzigjährige Ruth stimmt ihr zu:

Meine Ehe hat im Grunde nichts mit mir zu tun. Ich habe inzwischen das Gefühl, daß *ich* diejenige sein muß, die sich um mich kümmert. Ich habe endlich kapiert, daß es niemand anderer tun wird. Wütend bin ich nicht darüber, bloß ein bißchen... überrascht. Es ist einfach eine Tatsache. Mein Mann läuft eben nicht herum und macht sich Sorgen um meine Entwicklung. Wenn es *mir* also wichtig ist, dann muß ich selbst etwas dafür tun, sonst passiert einfach nichts. Sonst werde ich zu einer dieser Frauen, die ich hasse, die einem die Ohren vollabern, daß sie die besten Jahre ihres Lebens an Ehemänner verschwendet haben, die längst gleichgültig geworden sind oder sich von ihnen scheiden ließen, und an Kinder, die nicht wirklich zu schätzen wissen, was sie alles für sie getan haben.

Die achtundzwanzigjährige Chris neigt eher zu dem neueren weiblichen Lebensentwurf und spürt dabei weniger Ambivalenz als die älteren Frauen:

Ich finde es merkwürdig, daß sich meine Familie so wenig um meine Bedürfnisse kümmert. Endlich begreife ich, was mir die Frauenbewegung zu sagen versuchte. Männer denken heute genausowenig wie früher daran, ihre Frauen zu fragen: »Liebling, finden deine Bedürfnisse Erfüllung?« Auf das Risiko hin, langweiliger als eine Haarfärbereklame zu klingen: Ich weiß, daß ich weder ihm noch den Kindern oder mir selbst viel geben kann, wenn ich mit mir selbst nicht zufrieden bin. Deshalb versuche ich sehr zielstrebig, meinen eigenen Weg zu gehen.

Dieser Spagat zwischen ehelicher und persönlicher Zufriedenheit – zwischen dem, was Lawson den »Mythos der romantischen Ehe« und den »Mythos des Selbst« nennt – war in meinen Gesprächen ständig präsent, trat in jedem Interview zutage. Er führte die Frauen mitten in das Dilemma von Selbstlosigkeit und Selbstentfaltung. Wenn sie der Entscheidung näherrücken, ob sie sich auf ein Verhältnis einlassen sollen, stehen dem Drang, ihren Gefühlen nachzugeben, enorme Hemmungen entgegen. Sie scheuen sich, »die Art von Person« zu werden, die so etwas tut. Was würde aus ihren Vorsätzen, ihrem Anstand, ihrer Charakterstärke werden? Und dennoch: Sie spüren die Forderung an sich selbst, ein eigenes Leben gesondert von dem ihrer Familie zu führen, unabhängig und selbständig zu sein, »den Gipfel der Selbstverwirklichung – Reife – zu erklimmen«.

Angst vor der Option, der Selbstentfaltung nämlich, wie die achtundzwanzigjährige Chris sagt, »dafür gekreuzigt zu werden«, spricht aus ihren Geschichten. Wie Chris sagt:

146

Ach dieses Wort! Ich habe es vom ersten Tag an gehört: »*Chris, sei nicht so egoistisch.*« Brave Mädchen sind nicht egoistisch. Was für ein Quatsch! Kleine Mädchen bezeichnet man als »egoistisch«, wenn sie sich nicht ausschließlich um das Wohl von jedermann außer sich selbst kümmern. Jedes Kind ist egoistisch – warum wird von Mädchen erwartet, sich das abzugewöhnen, von Jungen aber nicht?

Und die vierunddreißigjährige Angela fügt hinzu:

Das Egoistischste, was ich in meiner Ehe je tat, war, in ein Heilbad zu fahren. »Wie kannst du dein Kind allein lassen?« fragten manche meiner Freundinnen. »Wie kannst du für eine einzige Woche so viel Geld ausgeben?« wollte meine Mutter wissen. Ich tat es dennoch, aber mein Entschluß, etwas für mich zu tun, was der Familie Unannehmlichkeiten bereiten könnte, war eine Riesenaffäre. Das war eine interessante Lektion: Du mußt darum kämpfen, zu bekommen, was du brauchst, selbst um Ruhe und Erholung. Das steht dir nicht selbstverständlich zu. Egoistisch war ich in zwei Fällen: als ich in das Heilbad fuhr und als ich mit Charlie ins Bett ging. Das waren aber die zwei Situationen in meinem Erwachsenenleben, in denen ich mich am besten gefühlt habe.

Und die vierzigjährige Carla, seit vierzehn Jahren verheiratet, sagt:

Wenn ich täte, was ich wirklich will, ich weiß nicht, ob meine Ehe dann noch bestehen würde. Ich stelle mir diese simple Frage: ob eine Frau wirklich tun kann, was sie will, und dabei verheiratet sein kann.

Die Frauen merken: Anpassung ist immer noch, obwohl sie »unehrlich« und destruktiv« ist und zur Stagnation, nicht zur Zufriedenheit schon ihrer Mütter führte, ein integraler »Bestandteil des Ehevertrags«. Sie würden kämpfen müssen, um sich aus diesem Klammergriff zu befreien. Wütend über die Mitwirkung der Frauen an der Perpetuierung des Donna-Reed-Modells, doch gleichzeitig selbst immer noch in dessen Bann, haben diese Frauen das Gefühl, einen Drahtseilakt zu vollbringen. Wenn sie sich der Selbstlosigkeit verschreiben, dann fühlen sie sich von einer Gesellschaft manipuliert, die immer noch von ihnen erwartet, brave Mädchen zu sein.

147

Sie sind wütend, wenn sie spüren, daß sie sich diesem Vorbild und dieser Forderung beugen, wenn sie merken, daß ihre eigene Stimme leiser wird und daß ihre eigenen Wünsche den Wünschen anderer weichen, als ob dieser Prozeß unausweichlich wäre.

Chris sagt:

Ich möchte nicht wie ein Selbsthilfebuch klingen, aber ich achte ganz bewußt darauf, meine Meinung zu sagen und ich selbst zu sein, denn wenn *ich* es nicht tue, wird es niemand tun. Vermutlich kann und sollte es auch niemand anderer tun. Aber es ist schon schwierig, das Pro und Kontra meiner eigenen Bedürfnisse nach Abhängigkeit und Unabhängigkeit abzuwägen.

Und Carla:

Ich habe etwas Neues begonnen. Jeden Tag tue ich etwas für mich selbst. Etwas, das mich freut. Egal, was. Das kann eine Kleinigkeit sein, etwa mir eine Lippenstift kaufen, aber es ist symbolisch. Wenn ich das nicht tue, dann fühle ich mich in Gefahr, niemals je wieder etwas für mich zu tun.

»Ich will kein Opfer sein«

Plötzlich liegt das Wort »Opfer« in der Luft; es taucht in jedem Interview etwa am gleichen Punkt auf und wirft ein Schlaglicht sowohl auf die Verachtung, die meine Gesprächspartnerinnen für die Frauen empfinden, die sich nie dagegen gewehrt haben, Donna Reed zu werden, als auch auf ihre Wut über ihre eigene Anfälligkeit für Donna Reed. Die Frauen, die miterlebten, wie ihre Mütter zu kämpfen hatten, um wieder einen Arbeitsplatz zu finden, oder wie sie von ihren Vätern schlecht behandelt wurden, oder wie sie nach der Auflösung ihrer Ehe neue Männer suchten, benutzten dieses Wort häufig in unseren Gesprächen. Die fünfundsechzigjährige Marcia sagt:

Schauen Sie, es ist nicht die Schuld meines Mannes. Er hat mich nie gebeten, auf meine Bedürfnisse zu verzichten. Ich war diejenige, die sagte, ich werde dein Rückhalt, deine Krankenschwester, deine Haushälterin sein – würden Sie ein solches Angebot ausschlagen, wenn Sie ein junger Mann wären? Es wäre richtig gewesen, kein solches Angebot zu machen, mich ihm nicht freiwillig als Opfer anzudienen. Ich darf nicht auf ihn wütend sein – freilich könnte ich es sofort, aber dann käme ich wirklich ins Schleudern.

Die zweiunddreißigjährige Vickie:
Manchmal höre ich, daß ich wie meine Mutter klinge, still verzweifelt, daß ich so tue, als sei meine Familie alles und ich hätte keine eigenen Bedürfnisse, daß ich in dieser braven Weise über meine Kinder und meine Rezepte rede..., und dann merke ich, daß mich die Wut fast erwürgt. Woher *kommt* das alles? Warum *tue* ich das? Wem soll das nützen? Was versuche ich zu *beweisen*? Mach endlich Schluß mit diesem Opfer-Getue!

Die sechsundvierzigjährige Renée:
Niemand hat je danach gefragt, warum meine Mutter kein Leben außerhalb von uns hatte. Ich erinnere mich, daß ich sie nicht glücklich fand, daß ich dachte, sie könnte eines Tages sehr krank werden. Wenn das passierte – ich würde wissen, warum, ganz egal, was die anderen sagten. Es würde die *Opferkrankheit* sein. Etwas tief drinnen, das die Eingeweide auffrißt; etwas Unheimliches, das nur Opfer bekommen. Ich machte mir große Sorgen darüber.

All diese Frauen, die das Bedürfnis hatten, das Modell weiblicher Fürsorglichkeit auch auf die eigene Person auszudehnen, ein neues Kapitel über einen neuen Frauen-Typus in einer neuen Art von Liebesbeziehung zu schreiben, die dabei aber von Angst und Bangen erfüllt waren, all diese Frauen hatten das Gefühl, keinem der beiden Ideale zu genügen, weder dem alten noch dem neuen. Die dreißigjährige Julie sagt:
Wissen Sie, ich fühle mich angeschmiert. Ich habe mich weder aufgeopfert, noch bin ich mir selbst treu geblieben. Ich passe in niemandes Modell von irgend etwas hinein. Ich bin einfach draußen in der Kälte. Trotzdem würde ich das andere, das Hergebrachte, nicht wollen.

Die jungverheiratete Janie, vierundzwanzig:
Ich habe gelernt, »gut« bedeutet »gut für Männer« oder »gut für die Kinder«. Den Automatismus, daß das dann auch gut für mich sein soll, lehne ich ab. Ich habe aber immer noch nicht die Kraft,

das zu tun, was gut für mich ist, wenn es zu den Wünschen aller anderen im Widerspruch steht. Das ist für mich weder leicht, noch ist es klar.

Und so stoßen diese Frauen wie Paula auf die grundlegenden Fragen, bevor sie ihre Einstellung ändern, Fragen, die ihr Idealbild von sich selbst in Zweifel ziehen. Harry erinnert sie daran, wie Jonathan June erinnerte, daß sie sich jedes Vergnügen verschaffen kann, wenn sie nur will – aber um einen schrecklichen Preis. Um es zu bekommen, wird sie ihren Anspruch auf weibliche Tadellosigkeit aufgeben müssen, den sie ohne Frage ihr ganzes Leben lang hochgehalten und bewahrt hat. Nach etwa zwei Monaten des Schwankens kann Paula diese Fragen nicht länger halbwegs gelassen abwägen; ihr ist nicht mehr klar, warum sie diese untadelige Frau bleiben soll, und ebensowenig kann sie sich vorstellen, diese untadelige Frau hinter sich zu lassen. Sie weiß, daß keine Antwort richtig sein wird und daß beide Entscheidungen einen gewaltigen Preis fordern. Doch Verlangen und Entschlossenheit erfüllen sie zu sehr, als daß sie noch umkehren könnte, und plötzlich sieht sie ihren nächsten Schritt deutlich vor sich. Paula schickt sich an, ein unerhörtes, lebensrettendes Manöver zu wagen, aber eines mit beängstigenden Konsequenzen: Ehebruch, der flagranteste Verstoß gegen den »eisernen Käfig«, in den Ehefrauen eingeschlossen sind, ist der mächtigste Hebel, den sie ansetzen kann, um ihn zu sprengen.

Bei genauerer Betrachtung ist keine der Frauen in außerehelichen Sex »hineingeschlittert«. Sie alle hatten, ähnlich wie June, ihren Entschluß nach langem Nachdenken und vielen Tagträumen gefaßt, hatten sich gefragt, »will ich das wirklich tun?«, und hatten ja gesagt. Sobald die Entscheidung getroffen war, das Undenkbare zu tun, das Wagnis einzugehen, war da ein Gefühl der Dringlichkeit gewesen, und aus »Ich darf nicht« wurde ein »Ich muß, und zwar *jetzt*«.

Paula sagt ja. Sie wagt den Sprung.

8. »Was ist das eigentliche Problem: die Monogamie oder die Ehe?«

Das folgende Interview mit Connie fand sechs Monate nach unserem vorhergehenden Gespräch in ihrem Haus in New Jersey statt. Connies Ehe mit Martin ist immer noch intakt, und dasselbe gilt für ihre außereheliche Beziehung zu Stephen.

DH: Erzählen Sie mir von Stephen.

CC: Stephen ist ein Freund. Ein alter Freund. Wir treffen uns, schlafen miteinander, mit sowenig Trara, daß man es eigentlich kaum eine Liebesaffäre nennen kann. Es ist eher wie eine großartige Freundschaft. Er nahm mich eines Abends in die Arme, weil ich bei der Arbeit Ärger gehabt hatte, und hielt mich einfach fest. Schlagartig wurde mir klar, wie lang das schon her war, daß mich ein Mann in den Armen gehalten und gestreichelt hatte, für mich da war. Ich hatte das Gefühl, mich fast nicht mehr erinnern zu können, wann ich das letzte Mal ohne Spannung im Arm gehalten worden war. Und das kam mir so sonderbar vor – daß ich ohne das gelebt hatte, nicht nur ohne guten Sex, sondern auch ohne Zärtlichkeit. Ich! Der Outlaw! Die Sex-Queen! Ich hatte plötzlich das Gefühl, daß ich meinen Bildungsweg nicht abgeschlossen hatte; daß ich zuerst durch diese unglaublichen Schulen gegangen war und mein Studium dann einfach abgebrochen hatte. Wie hatte sich die Sinnlichkeit aus meinem Leben davongemacht? Was war aus meinem Talent geworden?

DH: Sie entschlossen sich, zurückzukehren und Ihren Abschluß zu machen – haben Sie sich schuldig gefühlt?

CC: Nein. Wir schliefen miteinander, gleich da auf meiner Couch zu Hause. Martin besuchte gerade seine Söhne. Ich hatte keinerlei Bedenken. Nun ja, ein bißchen doch, ich hätte ihn nicht in unser Bett mitgenommen. Aber ich wollte einfach mehr von dieser Zärtlichkeit, wollte im Arm gehalten werden. Und so ist es seither geblieben.

DH: Weiß Martin davon?

CC: Nein. Martin hat das immer betont, schon gleich nach unserer Hochzeit: Es sei in Ordnung, wenn ich eine Affäre hätte; schließlich seien wir beide erwachsen, und es würde ihm einfach nicht soviel ausmachen. Ich habe es ihm nie geglaubt. Ich dachte im Grunde, er gebe sich bloß unglaublich cool. Damals machte mich das wütend, weil ich das Gefühl hatte, daß er nur sich selbst schützen wollte, indem er das sagte, und mir zu verstehen geben wollte, was für ein cooler und nicht besitzergreifender Typ er sei, obwohl ich doch wußte, wie possessiv er ist. Aber es hatte die Wirkung, die er wahrscheinlich erzielen wollte: Ich wollte es nicht testen, weil es so fürchterlich gewesen wäre, wenn es ihm wirklich nichts ausgemacht hätte.

DH: Sie wollten, daß er auf sexueller Treue besteht?

CC: Ja. Sicher. Rückblickend denke ich, daß er mir damals eine Warnung zukommen ließ: »Ich werde möglicherweise deine Bedürfnisse nicht erfüllen.« Im Sinne von: »Viel Glück.« Ich erkannte nicht, daß ich mich selbst verschaukelt hatte: Ich hatte einen Mann gewählt mit einem schwächeren Sexualtrieb, als ich ihn hatte, und einem geringeren Bedürfnis nach Nähe. Ich hatte meine eigenen Gefühle und meine eigenen Bedürfnisse gegen diesen mythischen Zustand eingetauscht, von dem ich mir Geborgenheit versprochen hatte. Ich hatte geglaubt, das sei der Preis dafür, daß man geliebt und umsorgt wird. Ich war wütend auf mich selbst, weil ich alles in seine Hände gelegt hatte, mein ganzes Wohl, mein Sexualleben wie auch den Rest meines Lebens. Was er mir mitteilte, war faktisch: Sei emotional und sexuell für mich verfügbar, wenn ich dich möchte. Aber erwarte das gleiche nicht von mir. Er meinte, Sex stehe ihm zu. Aber mir? Nein – ich war auf mich selbst gestellt –, er sagte sogar, daß ich auf mich selbst gestellt sei. Was ich damals nicht verstand, war, wie sehr sich das Wort »Sex« auf das beschränkte, was er wollte, und ausschloß, was ich wollte.

DH: Und Ihr eigenes Vergnügen ist angesichts seiner impliziten Forderung, ihm gefällig zu sein, verlorengegangen?

CC: Ja. Ich sollte eine immer bereite Quelle der Lust für ihn sein, als ob ich über ein Reservoir verfügte, aus dem ich schöpfen und ihn versorgen könnte, so oft er ein Glas davon benötigte. Das sollte da sein, in mir, in dieser lächelnden, zufriedenen Frau.

DH: Und so haben Sie das Gefühl verloren, daß Sie ihn um dasselbe bitten oder dasselbe von ihm bekommen könnten – Sie hatten das Gefühl, daß der Lustgewinn einseitig war?

CC: Ja. Und bei Stephen spürte ich plötzlich, es ist wieder da. Mein Leben ist zurückgekehrt. Ich fühlte mich lebendig und frei und wunderbar. Mein Körper hat sich wieder gut gefühlt, und – ach Gott, das klingt wie in einer Frauenzeitschrift – meine Haut sah wieder gut aus. Ich hatte plötzlich das Gefühl, daß ich in Farbe lebte und nicht in Schwarzweiß. Und diese Zombie-Träume verschwanden. Ich war drauf und dran, es Martin zu erzählen, die ganze Sache.

DH: Aber Sie werden das nicht riskieren?

CC: Nein. Ich habe das Gefühl, daß es ein Desaster wäre. Und auch, daß es Martin nichts angeht, was ich sexuell tue. Es ging ihn etwas an, als ich auf ihn beschränkt war, aber er war nicht sonderlich ansprechbar, und damit hat er dieses Recht darauf verloren. Jetzt habe ich das Gefühl, in zwei Welten zu leben – in meiner häuslichen Welt und in meiner sexuellen Welt. Und wenn ich ihm sagte, was ich tue, dann wäre das nur, um sein Interesse zu *wecken*, in einer perversen Weise, oder um ihn zu bestrafen oder mich selbst zu bestrafen. Ich brauche die zwei Welten nicht zu einer zu verschmelzen. Ich weiß bereits, daß ich das nicht kann. Nicht mit Martin. Ich habe also wieder die Wahl: Ich bin glücklicher, wenn ich von Stephen bekomme, was ich brauche, als wenn ich Martin zwinge, mir etwas zu geben, was er nicht geben kann.

DH: Haben Sie Schwierigkeiten, den Teil von Ihnen, den sexuellen Teil, von der Ehe abzuziehen?

CC: Ja. Wegen des Mythos, der mir einredet, daß ich alles von Martin kriegen sollte. Und weil ich Martin wirklich liebe. Deshalb möchte ich ihn beschützen, denn irgendwie ist er zu traditionell männlich, um ihm etwas klarzumachen. Aber sehen Sie, wenn Sie sagen, daß ich mein sexuelles Selbst aus der Ehe abgezogen hätte, so stimmt das nicht: Es wurde weggestoßen. Es war nicht erwünscht. Was erwünscht war, das war eine Art vorgetäuschte Sexualität. Eine Bereitschaft zu geben, mehr nicht. Dennoch verstehe ich ihn. Und ich weiß, daß er mich liebt.

Aber die Wahrheit ist, daß es gar kein Problem gibt. Es ist leicht, mit Stephen zusammenzusein. Es war schwierig, gegenüber Martin… so sexuell unecht zu sein. Das ist mir schwergefallen; es ist leicht, sich daran zu gewöhnen, daß man bekommt, was man braucht!

DH: Sind Sie in Stephen verliebt?

CC: Ich weiß nicht. Ich weiß, daß ich ihn liebe. Und daß mich das glücklich macht, was er mir gibt.

DH: Meinen Sie, daß Ihre Ehe auseinandergehen könnte, jetzt, da Ihre sexuellen Bedürfnisse außerhalb befriedigt werden?

CC: Nein, ganz im Gegenteil. Ich fühle mich jetzt besser in meiner Ehe als in den letzten zehn Jahren. Meine Ehe soll *dauern*, weil ich jetzt Sex erlebe, der mich wirklich befriedigt.

DH: Viele Psychologen würden sagen, daß Sie Ihre Ehe durch Ihr Verhältnis stabilisieren – wie wenn man an ein Fahrrad Seitenräder montiert –, daß Sie ohne die Seitenräder wieder in derselben alten, unbefriedigenden Ehe festgefahren wären und daß diese Stabilisierung nur vorübergehend hilft.

CC: Das stimmt wahrscheinlich. Aber ich bin zu der Erkenntnis gekommen, daß es am wichtigsten ist, nicht bloß zu erreichen, daß die Ehe funktioniert, sondern daß mein Leben – das schließt meine Ehe mit ein – für *mich* befriedigend ist. Meine Prioritäten haben sich umgekehrt. Meine Ehe kann nicht meine oberste Priorität sein; das muß ich sein. Und das habe ich jetzt erreicht. So ist es für mich richtig.

Verstehen Sie, es hat sich gezeigt, daß ich mit jemand schlafen kann, ohne daß das bedeutet, daß meine Ehe vorüber ist. Es geht. Sie wissen ja, daß Männer, die ein Verhältnis haben, oft sagen: »Das hat nichts mit meiner Frau zu tun.« Nun, nicht daß Sex mit Stephen nichts mit meinem Mann zu tun hätte, aber es hat nicht ausschließlich mit ihm zu tun. Es ist eine separate Geschichte. Ich habe nicht geplant, eine Affäre zu haben, aber jetzt, da es so gekommen ist, platzt deswegen nicht meine Ehe, und ich habe kein Verlangen, mit Stephen durchzubrennen oder dergleichen. Das wäre Seifenoper. Ich halte mich bloß nicht mehr an die hergebrachten Spielregeln, die Spielregeln, die besagen: »Du bist eine Frau, und das ist jetzt dein Leben: Du hast sittsam zu sein und deinem Mann zu geben, was er braucht, und nichts für dich selbst zu verlangen.« Und wissen Sie was? Es scheint mir, daß mir das *Ignorieren* dieser Regeln

154

heute noch genauso gut bekommt wie früher. Das erinnert mich daran, daß ich immer dann in echte Schwierigkeiten komme, wenn ich mich an die Regeln halte!

DH: Aber als Sie heirateten, dachten Sie schon, daß Ihnen die Regeln passen würden?

CC: Ja. Das stimmt. Aber die Regeln wurden nicht für Frauen geschaffen, die eigene Ansprüche haben; die Regeln wurden für Frauen geschaffen, die Anerkennung wollen! Dann müssen sie brav bleiben, um diese Anerkennung zu behalten. Ich bin ein hervorragendes Beispiel: Wann immer ich mir in meinem Leben das geholt habe, was ich wollte, mußte ich gegen die Regeln verstoßen. Die Folge davon war, daß man mich als unanständig bezeichnet hat. Und Achtung hat mir das natürlich auch nicht eingebracht. Wann immer ich aber brav war, haben die Leute gesagt: »Oh, Connie ist in Ordnung. Laden wir sie ein« – und ich bin unglücklich gewesen. »Anständig« bedeutet für eine Frau, die Erwartungen der anderen zu erfüllen, »unanständig« bedeutet dagegen, die eigenen Erwartungen zu erfüllen – besonders die sexuellen.

DH: Fällt es Ihnen möglicherweise ebenso schwer wie Martin, Sex und Intimität unter einen Hut zu bringen? Ihre sexuelle Entwicklungsgeschichte ist ähnlich wie die eines Mannes verlaufen: Sie sind einem männlichen Modell gefolgt, zumindest für eine Weile. Viel Abwechslung, ohne großen Wert auf die Beziehung zu legen. So gesehen, ist Ihre Affäre mit Stephen eine Manifestation des gleichen Musters der Trennung zwischen Sex und einer engen Beziehung.

CC: Hm, ich habe darüber nachgedacht, daß ich hier Sex und Liebe aus mehr als praktischen Gründen trenne. Aber bedenken Sie, daß das nicht meine Absicht war. Schließlich habe ich schon beides zusammen gehabt, bloß nicht in der Ehe. Ich denke, ich hätte mit Martin Sex und Nähe haben können; ich habe nicht das Gefühl, daß ich es ihm in die Schuhe schiebe, während es in Wirklichkeit an mir liegt. Sie können einwenden, daß ich vielleicht einen Mann gewählt habe, der unfähig ist, beides zu vereinbaren, damit es nicht meine Schuld sein würde..., aber ich kann eigentlich nicht glauben, daß mein Unbewußtes es darauf abgesehen hatte. Ich habe eher den Eindruck, daß in der Ehe etwas mit mir vorge-

155

gangen ist. Ich habe etwas viel zu Großartiges erwartet und habe alles übrige dafür aufgegeben. Martins Erwartungen waren insoweit realistischer, als er nichts aufzugeben brauchte. Aber alles, was ich über mich selbst wußte, habe ich in den Wind geschrieben. Ich fing an, mich in die Rolle der Ehefrau hineinzuknien, in der Überzeugung, wenn ich mich in dieser Rolle bewähren würde, würde ich alles bekommen, es würde die Mühe jederzeit lohnen. Was für Schwierigkeiten ich auch immer mit Intimität haben sollte; sie können sich nicht zeigen, solange ich ausschließlich versuche, wunderbar zu sein – und nicht einmal darauf hinweise, daß mein eigener Mann nicht dasselbe tut.

Stephen fühle ich mich sehr nahe, wir haben eine erstaunliche Nähe und gegenseitiges Verständnis; überwiegend sexuell, das ist ja die Grundlage dieser Beziehung, aber unser Sex ist intimer Sex, mit Spaß und Nähe und Wärme, kein gleichgültiger Sex. Nicht *bloß Sex*. Und das genügt mir. Ich brauche ihn nicht zu besitzen, ihn als nächsten Schritt zu heiraten. Ich bin wieder zu mir selbst gekommen. Das ist es, was ich eigentlich wollte. Und ich bin glücklich damit, so wie es ist. Ich glaube nicht mehr an ewiges Glück, nicht mit einer Person...

DH: Heißt das, daß Sie überhaupt nicht mehr an Glück glauben? Oder bloß nicht an ewiges Glück? Sie glauben nicht an das Märchen vom vollkommenen Glück, oder Sie glauben nicht, daß Sie mit einem Mann glücklich sein können?

CC: Ich glaube an das Glück, und ich glaube an die Möglichkeit von Glück innerhalb einer monogamen Beziehung. Aber ich glaube nicht, daß es Frauen geschenkt wird, bloß weil sie anständig sind. Sie müssen um die Beziehung kämpfen, die sie wollen, um die Umstände, die sie wollen. Niemand sagt: »Hier, bitte.« Bestenfalls heißt es: »Ich gestehe es dir zu.«

Am Freitagabend besuchte ich eine Freundin, sie sagte: »Es tut mir leid, es gibt heute nicht die Scampi, die ich angekündigt hatte. Sie rochen ein bißchen komisch, zumindest mir schien es so, obwohl niemand anderer das fand; ich bildete mir ein, sie könnten verseucht sein.« In den neunziger Jahren scheint mir unsere Einstellung zum Essen von dieser panischen Angst vor Kontamination bestimmt zu sein. Nach dem Motto: Die Russen haben uns nicht untergekriegt, an den Salmonellen werden wir krepieren. Und ich glaube, das bestimmt auch unsere Einstellung zu Affären. »Erwarte nicht, daß dir dein Mann alles schenkt, denn das wird er nicht, drum tust du besser daran, hinzugehen und dir zu holen, was du brauchst, solange du kannst, denn bald bist du tot.«

DH: Sie denken also: »Ich habe nicht viel Zeit.«

CC: Nein, ich denke nicht ans Sterben, nicht bewußt. Aber ich denke, jede Frau sollte vielleicht all die Bänder löschen, die in ihrem Kopf ablaufen und die Altruismus, Altruismus, Altruismus sagen und Ehe, Ehe, Ehe und Männer, Männer, Männer. Sie sollte statt dessen lernen, ich, ich, ich zu denken. Das klingt schlimm. Aber die Wahrheit ist, ein Mann wird nicht für dich sorgen, und das deckt sich auch nicht mit dem, was man uns über Liebe beigebracht hat, oder? Das klingt bitter. Aber das stimmt nicht. Es ist bloß nicht *romantisch*.

DH: Und Sie, fühlen Sie sich noch verpflichtet, romantisch zu sein?

CC: Schon. Ich denke, niemand möchte hören, daß Frauen tatsächlich hingehen und sich holen, was sie brauchen. Daß sie tatsächlich aktiv werden und Wege suchen, um emotional und sexuell für sich selbst zu sorgen. Nur wenn ihr Typ sie so mißhandelt hat, daß sie weglaufen mußte, um ihr eigenes Leben zu retten, verzeiht man ihr, daß sie sich das herausnimmt. Niemand regt sich darüber auf, wie Männer Frauen behandeln; wenn aber Frauen auf diese Behandlung reagieren, in einer diffusen Weise reagieren und nicht sicher sind, warum, aber sich irgendwie schützen wollen, irgendwo ihr Vergnügen herkriegen wollen, dann ist man über sie entsetzt.

DH: Wollen Sie damit sagen, daß Frauen, die fremdgehen, auf schlechte Behandlung reagieren?

CC: Ich sage, daß es die Gesellschaft nur dann akzeptiert, *wenn* sie auf schlechte Behandlung reagieren, wenn sie dazu gezwungen werden. Niemand kann die Vorstellung akzeptieren, daß sich eine Frau aus Spaß an der Freud' einen Geliebten nimmt, so wie sich ein Mann eine Geliebte nimmt.

DH: Sind Sie zu Ihrem eigenen Seitensprung gezwungen worden?

CC: Nein, nicht im traditionellen Sinne. Ich kann nicht behaupten, ich hätte einen so schrecklichen Mann, daß ich mir jemand anderen suchen mußte, oder eine so schreckliche Ehe, daß ich mir einen neuen Mann anstelle des alten suchen mußte. Ich wurde durch etwas in mir dazu getrieben; ein Gefühl, daß ich ohne Nähe sterben müßte.

Ich kann aber den Sex bekommen, den ich brauche, und auch die Nähe. Ich meine damit Gespräche, Spielen. Ist Sex nicht bloß ein Spiel der Erwachsenen, Interaktion? Nur nicht in meiner Ehe! Ich stehe also vor der Wahl, ob ich die Ehe beenden und versuchen soll, die vollkommene Ehe mit monogamem Sex zu suchen. Kann ich dieses erstarrte Ehegefühl loswerden, einfach, indem ich mit jemand anderem schlafe? Oder werde ich es nur durch Scheidung los, wenn ich danach versuche, der nächsten Beziehung dasselbe alte Trugbild überzustülpen? Das versuchen die meisten Leute, aber sie scheitern, denn zweite Ehen sind, statistisch betrachtet, noch schlechter. Meine Alternative war, meine Ehe zu erhalten, und mir gleichzeitig Sex zu verschaffen. Insofern wurde ich tatsächlich zu dieser Entscheidung getrieben, aber durch das Leben, durch mein Leben.

DH: Und wie fühlen Sie sich jetzt?

CC: Ich habe mich noch nie so gut gefühlt, und das heißt etwas, entweder über das Arrangement oder den Sex oder über meine neue Sichtweise, wie ich bekommen kann, was ich will. Ich bin weniger abhängig von Martin, und ich fühle mich glücklich, morgens, wenn ich aufwache. Ich fühle mich wieder sexy. Ich habe das Gefühl, gut auszusehen. Ich habe das Gefühl, endlich die Kontrolle über meine reale Situation übernommen und sie so verändert zu haben, daß sie mir zusagt. Wenn sie nicht ideal ist – und sicherlich ist sie, am Mythos gemessen, nicht ideal –, na und? Ich fühle mich besser. So stimmt es für mich.

9. Das Verhältnis

»...Wenn ich nicht handeln kann ohne meine eigene Billigung – und ich muß handeln, denn ich habe mich verändert, ich bin unfähig, länger tatenlos zu bleiben –, dann muß ich mir eine Moral zulegen, die mich freispricht.«

Margaret Drabble, *The Waterfall*

Eine Ehebrecherin zu werden, ist nicht leicht. Allein schon die erfolgreiche Bewältigung dieser absurden Logistik! Wann kann sie ihn treffen und wo? Wie kann er Kontakt mit ihr aufnehmen oder sie mit ihm? Was soll sie ihrem Mann sagen? Ihren Kindern? Wo kann sie ihnen gegenüber behaupten, sich aufzuhalten? Jede Betroffene muß lernen, perfekt zu planen. Wenn Frauen all das schaffen und auch mit den noch viel komplexeren Emotionen zurechtkommen, beginnen sie, sich kompetent und selbstsicher zu fühlen – gleichzeitig erschreckend außer Kontrolle und seltsamerweise durchaus Herrin der Situation.

Und dann fängt dieses verbotene Experiment an, überraschend lohnend zu werden. Es gibt keine gesellschaftlichen Regeln, die es steuern, kein Schema für seine Entwicklung, keinen Präzedenzfall, der einem das Verhalten vorschreibt, keine definierten *Ziele* für einen Seitensprung. Weil er vorübergehend ist und kein vorhersagbares Resultat hat, ist die Frau frei, etwas Außergewöhnliches zu schaffen, eine sexuelle Beziehung, in der sie keine vorgeschriebene Rolle hat. Weder kann sie in die idealisierte Rolle der Ehefrau schlüpfen, noch der Mann in die des Ehemannes. Da kein sexuelles Drehbuch ihre Handlungen steuert, beginnt sie, etwas Neues zu entdecken, etwas, das sie nicht einmal vor der Ehe erlebt hat, so viele Beziehungen sie auch haben mochte.

Sie ist es, die entscheidet, ob diese Beziehung Wirklichkeit wird, wo, wann, wie oft, und was genau ihr Part darin sein wird. Sie braucht keinen Mann zu erobern, weil sie bereits einen hat; sie braucht nicht die Zukunft zu planen, die bereits mit jemand anderem geplant ist; sie braucht sich weder Sorgen zu machen, ob die

Beziehung enden wird, noch ob all ihre Bedürfnisse erfüllt werden. Sie hat *ihr* Leben, und diese Freundschaft wird von Tag zu Tag gelebt werden. Ihr einziges Ziel ist beiderseitiger Lustgewinn, ohne den sie keinen Existenzgrund hat.

Die Frauen sprachen darüber, wie völlig anders sie dieses Arrangement empfanden. Die achtunddreißigjährige Laura sagt:

Es klingt verrückt, aber ich wußte nicht einmal, wie man eine Beziehung gestaltet, die nicht in erster Linie dazu da ist, dem Mann Vergnügen zu bereiten. Ich meine nicht im Sinne einer Geisha, sondern daß alles im wesentlichen zu seinen Bedingungen läuft. Vor der Ehe habe ich mir immer Sorgen um die nächste Verabredung gemacht, wie sich die Beziehung wohl entwickeln wird, ob wir heiraten würden. Ob ich Beziehungen genießen konnte, hing vor meiner Heirat völlig davon ab, ob sie eine Zukunft hatten.

Die achtundzwanzigjährige Joy beschreibt ihre Liebschaft:

Er begehrte mich als die, die ich war, um meiner selbst willen, nicht instrumentell. Er mußte eine Menge Schwierigkeiten überwinden, um mich zu sehen. Deshalb zweifelte ich nicht an seinen Gefühlen. Ich fühlte mich sehr wichtig.

Die fünfundvierzigjährige Iris bemerkte über das Gefühl von Macht und Selbstvertrauen, das sie empfand, als sie diese Beziehung um sie und ihre beiderseitigen Bedürfnisse herum entstehen sah:

Ich bestimmte das Geschehen. Wir trafen uns, wenn ich weg konnte. Die Orte, an denen wir zusammenkamen, waren günstig für mich. Sexuell hatte ich genausoviel davon wie er. Das hatte ich nie zuvor erlebt. Da es nun einmal so war, daß ich bereits mein eigenes Leben hatte, mußte er, nun ja, mir sexuell etwas geben, sonst wäre es vermutlich aus gewesen; irgendwie stand ich im Mittelpunkt der Beziehung.

Und die siebenundvierzigjährige Ethel:

Ich kann Ihnen nicht schildern, wie bizarr das war. Ich hatte so etwas noch nie erlebt...; einfach dazusein, nichts zu tun, nur dazusein und die Beziehung sich ohne meine Regie entwickeln zu lassen. Es hatte auch schon früher Männer gegeben, die hinter mir her waren. Aber dieser Fall war anders, weil ich es auch wollte und mich *trotzdem* nicht groß darum bemühen mußte.

Diese zwei Frauen, Iris und Ethel, konnten sich an keine frühere Beziehung erinnern, die sich so ausschließlich um sie gedreht hätte. Verständlich, denn wenn die Frau ledig ist und ein Verhältnis mit einem verheirateten Mann hat oder wenn sie als ledige Frau eine Beziehung zu einem ledigen Mann hat, dann läßt sie sich auf die klassische und – klassisch unbefriedigende – Rolle ein. Von der unverheirateten Frau, deren gesellschaftlicher Status immer noch geringer ist als der der verheirateten, wird angenommen, daß sie sich von einer außerehelichen Beziehung mehr erwartet als die verheiratete Frau, ob dies nun zutrifft oder nicht.

Von ihrer Struktur her komme eine solche geheime und verbotene Beziehung eigentlich nur dem verheirateten Mann zugute, meint die Soziologin Laurel Richardson. Dies vor allem aufgrund der größeren Geltung, die ihm Ehe, Geld und Männlichkeit verleihen, so stellt sie in ihrem Essay »Secrecy and Status: The Social Construction of Forbidden Relationships« fest; aber auch, weil die ledige Frau fast immer bereit sei, seinen ehelichen Status zu schützen; indem sie aber ihre Beziehung geheimhält, werde diese nur allzu leicht idealisiert. Macht und Status ihres Liebhabers würden gestärkt, die Position der Frau dagegen weiter geschwächt. Wenn aber der Status eines Beteiligten an einer geheimen sexuellen Liaison Vorrang habe, werde »die Beziehung so gestaltet, daß der Betreffende geschützt sei«, schreibt Richardson. »Die Folge ist, daß der Betreffende größere Macht in der Beziehung hat.« Wie immer habe diese tödliche Kombination von Idealisierung des Partners und Schwächung der eigenen Position für die Frau nur eine Folge: sie verliere.

Die Struktur des Verhältnisses mit einer verheirateten Frau kehrt dieses Machtungleichgewicht um. Da, wie Richardson folgert, »geheime, verbotene sexuelle Beziehungen... in erster Linie den Interessen des mächtigeren Partners zugute kommen«, verfügt die verheiratete Frau zumindest über die gleiche Macht, falls ihr Geliebter verheiratet ist; möglicherweise sogar über mehr Macht als er, falls er es nicht ist.

Obwohl sich Iris und Ethel erinnerten, in der Zeit vor ihrer Heirat teilweise dieselben Gefühle gehabt zu haben, wußten sie auch noch, daß das Ziel – die Heirat – alles überschattete.

Ethel sagte:

Es gibt eine kurze Zeitspanne in einer Liebesbeziehung, in der man vom Mann mit Aufmerksamkeiten überhäuft wird; aber sehr bald danach, sobald er weiß, daß man sich für ihn interessiert, kippt die ganze Geschichte, und, wumms, du fängst an, darüber nachzudenken, wo das Ganze hinführen wird, ob ihr heiraten werdet, wann und wo er dir einen Antrag machen wird und was die Leute davon halten werden. Man fängt an, sein Sexualleben darauf auszurichten: Soll ich ihm mehr oder weniger geben, damit er mich heiratet? Inzwischen beginnt er, sich zurückzuziehen. Hier jedoch steht keine Heirat am Ende, deshalb wird Sex nicht benutzt und ist auch gar nicht benutz*bar*. Die Zeit der Brautwerbung hat man schon hinter sich; man braucht sich für kein Ziel »aufzusparen«, denn es gibt gar kein Ziel.

Und Iris:

Ich hätte dies nicht erleben können, ohne bereits verheiratet zu sein. Ich wäre so ganz anders gewesen; um soviel bedürftiger.

Iris erlebt damit etwas, das neu für sie ist: das Fehlen der emotionalen Angewiesenheit, die die Beziehung von Frauen zu Männern sonst so häufig kennzeichnet.

Und die neunundvierzigjährige Dora erzählt mir:

Sooft ich einen Mann kennenlernte, der mir gefiel, begann bei mir sofort die »Wann werde ich ihn wiedersehen?«-Tour, und anschließend die »Habe ich das Richtige gesagt, das Richtige getan, bin ich die Richtige gewesen?«-Tour. Nie zuvor habe ich mir gesagt, das war ein schöner Abend oder das war toll im Bett, ohne sofort von der Frage besessen zu sein, ob ein weiterer schöner Abend und noch mehr so genußreicher Sex folgen würden. Nie bin ich imstande gewesen, die Beziehung zu genießen, so wie sie im Augenblick war, statt dessen habe ich sie immer geprüft, wie sie sich entwickeln wird, wie sie sein würde, könnte, sollte.

Die sechsundzwanzigjährige Sandy sagt:

Ich brauche nicht zu wählen zwischen ich selbst sein und begehrt werden. Ich wähle ersteres und bekomme letzteres – es ist ein Wunder! Wenn ich mich vor meiner Heirat dafür entschied, ich selbst zu sein, dann schaute mich keiner an! Also ließ ich es natürlich bleiben. Ich war zu hungrig nach Liebe, offen gestanden.

Es ist, als ob man erst heiraten müßte, um den gesellschaftlichen Erwartungen zu genügen, bevor man frei ist, diese ehrliche Geschichte zu erleben.

Die achtundvierzigjährige Anne sagt: Was er bekam, das war ich. Ich mit all meinen Ängsten und Problemen. Ich gab nicht vor, anders zu sein, wie ich es getan hätte, wenn ich darauf aus gewesen wäre, ihn zu erobern. Für all diese Spielchen hatten wir gar keine Zeit. Und trotzdem schreckte ihn das nicht ab.

Die Macht »unauffälliger Männer«

In auffälligem Gegensatz zu den Kriterien, nach denen sie früher Männer gewählt hatten, erkoren sich die Frauen ihre außerehelichen Partner ohne die übliche sorgfältige Beachtung von Alter, beruflicher Position, Familienstand, gesellschaftlichem und finanziellem Status. Während dies Kriterien für die Wahl des Ehemannes waren, betrachteten die Frauen sie als irrelevant, wenn sie sich einen Mann zum Vergnügen aussuchten. Wofür sie sich interessierten, waren die persönlichen Vorzüge eines Mannes, nicht seine »Checklist«-Qualifikationen: seine körperlichen Vorzüge, sein Lächeln, seine Qualitäten als Freund und Liebhaber; ob er sie respektvoll, liebenswürdig und als ebenbürtig behandelte.

Die gewählten Männer waren in der Regel im gleichen Alter wie die Frauen oder, falls ein Altersunterschied bestand, ebensooft jünger wie älter. Untersuchungen zeigen, daß, nachdem die Ehe einer Frau einen höheren sozialen Status verleiht, als sie ihn als Ledige hatte, sie in diesen Beziehungen von Anfang an ihrem Partner eher gleichgestellt ist. Wenn sie einen jüngeren Partner wählt oder einen Mann, der weniger verdient als sie bzw. der unverheiratet ist, wie es viele Frauen tun, findet sie sich in einer Beziehung, in der sie sogar noch mehr Macht hat als ihr Liebhaber.

Frauen, denen es schwerfiel, genau zu benennen, was sie eigentlich angezogen hatte an ihrem Liebhaber, erzählten mir von »unauffälligen« Männern, »wirklich bezaubernden« Männern; von »sanften«, »reizenden«, »liebenswürdigen« und »besonderen«

Männern, durch deren Berührungen sie sich »akzeptiert« und »ermutigt« fühlten und die darauf bedacht waren, wie Paula über Harry sagte, »mir zu geben, was ich brauche, als ob das sein Lebensinhalt wäre, und noch wichtiger, als ob das auch mein Lebensinhalt sein sollte«. Sie fühlten sich ebenso befreit von dem üblichen männlichen Klischee, wie sie sich von dem Bedürfnis frei fühlten, dem weiblichen Klischee zu entsprechen.

Laura sagte, als sie »die Fünfzig überschritt«, hatte sie den Eindruck, in den Augen ihres Mannes irgendwie aus dem sexuell attraktiven Alter herauszusein; sie wußte aber auch, sie würde schließlich der Anforderung nicht mehr gewachsen sein, die mädchenhafte Sexualität vorzutäuschen, die eher seinem Geschmack entsprach. Mit ihrem außerehelichen Partner fühlte sie sich dagegen nicht genötigt, mädchenhaft zu erscheinen, sie durfte fraulicher sein.

Die einundfünfzigjährige Margo äußerte sich ähnlich:
Ich behaupte ja nicht, daß Männer keine Achtzehnjährigen mit straffen Körpern mögen sollten, aber ich habe einen gefunden, der Einundfünfzigjährige mag, Jesus im Himmel sei Dank, und das allein hat meine Hochachtung vor Männern gesteigert. Ganz zu schweigen von der vor mir selbst.

Victoria, sechsundvierzig Jahre alt, schätzt vor allem die emotionale Gleichberechtigung, die sie in ihrer neuen Freundschaft fand:
Das Tollste ist für mich, daß er mich nach genau den gleichen Maßstäben beurteilt wie sich selbst. Er findet nicht, daß er mit sechsundvierzig ein diesem Alter entsprechendes Aussehen haben dürfe, während ich – ebenfalls sechsundvierzig – um zwei Jahrzehnte jünger aussehen sollte. Seine Kriterien sind dieselben für uns beide. Wir sind beide in mittlerem Alter, sehen beide so aus – und finden das beide in Ordnung. Ich habe festgestellt, daß die meisten Männer diese unterschiedlichen Maßstäbe anlegen, daß ich mich richtig befreit fühlte, als dieser Mann es nicht tat.

Das Modell von Männlichkeit, an dem diese Frauen Geschmack fanden, unterschied sich deutlich von dem der unverheirateten Frauen, die ich für meine monatliche Kolumne in *Mademoiselle* interviewte – eine Zeitschrift, deren Leserschaft überwiegend aus Singles besteht. Für die unverheirateten Frauen waren die gängigen sozio-ökonomischen Superlative (groß, brillant, gutaussehend, reich, mächtig) nach wie vor jene Eigenschaften, die sie sich bei den Männern wünschten, welche sie kennenlernen und heiraten wollten. Konventionelle Qualitäten dieser Art wurden hingegen nur selten zur Charakterisierung der unkonventionellen Liebesbeziehungen genannt; hier galt eine andere Art von Check-Liste. Ich hatte allerdings den Eindruck, daß deren Begrifflichkeiten so weit entfernt von der Sprache romantischer Idealisierung waren, daß sie wie pures Understatement klangen.

Janets Sätze klangen abgehackt und etwas befangen: Ich mag ihn. Er gibt mir ein gutes Gefühl. Wir reden. Und wir necken einander. Es macht wirklich Spaß mit ihm. Ach, ich kann es einfach nicht erklären. Es klingt so dumm.

Paula war genauso verlegen, als sie mir zum ersten Mal Harry schilderte: Es klingt so fürchterlich simpel, wenn ich sage, was ich an Harry liebe. Zum Beispiel: »Ach, mein Gott, er ist so wunderbar, er schaut mir direkt in die Augen, wenn er spricht, und er läßt mich meine Sätze zu Ende sprechen, ist er nicht einfach wunderbar?«

Auch June klang befangen, als sie eine angemessene Beschreibung von Jonathan zu geben versuchte: Hier spreche ich von diesem überwältigenden Gefühl, das ich für diesen Mann empfinde, und dabei kann ich nichts weiter über den Typ sagen, als daß er klein und brünett und drollig ist.

Eine nach der anderen sahen sich außerstande, die richtigen Worte für diesen neuen Mann in ihrem Leben zu finden und kamen durcheinander wie die siebenundzwanzigjährige Nadine, die sagte: Sie müssen denken, ich sei nicht ganz zurechnungsfähig mit meinen Geschichten über diese verrückte Zeit, wo ich lüge und herumlaufe, und alles für... *einen netten, freundlichen Typ,* den ich eigentlich nicht weiter großartig beschreiben kann. Aber ich weiß, daß ich mich unglaublich wohl fühle. Und daß alle meine Versuche, ihn zu beschreiben, nicht wirklich deutlich machen können, wie gut er mir tut.

»Nun, vielleicht ist das der Grund, warum es den Schlager gibt: *He is just my Bill... an ordinary guy.*«

Außer, daß er nicht gewöhnlich ist. Es ist bloß, daß die Worte, die mir einfallen, nicht zu genügen scheinen. Es würde Ihnen doch Eindruck machen – oder nicht? – wenn ich sagte: Er ist Chef von IBM, und er spielt Polo mit dem Prinzen von Wales. Na, das ist doch der richtige Typ, würden Sie denken, um sich auf eine Affäre einzulassen. Stimmt's?

Keine Worte für diese Liebe

Erst wenn wir über ihre sexuellen Gefühle in diesen Liebesaffären sprachen – nachdem die Frauen bereits ihre Partner und auch ihre Gefühle für sie geschildert hatten –, stieß ich auf eine plötzlich einsetzende Unfähigkeit, sich zu artikulieren. Das geschah immer zum gleichen Zeitpunkt, lang, nachdem sie mir als Interviewerin vertrauten, nachdem wir schon eine ganze Zeit unbefangen miteinander redeten. Es war nicht, daß sie zögerten, etwas mitzuteilen, wie sich herausstellte, sondern daß sie plötzlich das Gefühl hatten, was sie meinten, sei nicht beschreibbar. »Ich habe das Gefühl, als könnten die mir zur Verfügung stehenden Worte nicht vermitteln, was ich meine«, sagte Tina, eine zweiunddreißigjährige Frau, die bis zu diesem Moment offen, ja mitteilungsfreudig gewesen war. »Mir fehlen plötzlich die Worte.«

Kate, eine äußerst selbstbewußte und artikulationsfähige Frau von achtundvierzig Jahren, schien ähnlich zu empfinden wie Tina:

Ich glaube, ich habe nie mit jemandem über meine sexuellen Erlebnisse oder Gefühle gesprochen. Ich besitze kein Vokabular dafür. In der Analyse, die ich gerade mache, wo ich ständig über meine Phantasien und Gefühle reden soll, ist es wie… ein großes Loch. Auch in der Zwiesprache mit mir habe ich dafür keine Worte. Irgendwie kann ich meine Erfahrung von Sexualität nicht objektivieren. Ich habe keine Begriffe für meine Gefühle.

Was sichtlich eine Rolle spielte, war das Gefühl der Frauen, daß ihre Worte mißdeutet werden könnten. Sie befürchteten, daß niemand wirklich verstehen würde, was ihre Beziehung ausmachte und wieviel sie ihnen bedeutete. Jede Zuhörerin, fürchteten sie, würde ihren Standpunkt ablehnen, sie nötigen, ihre Beziehung in einem negativen Licht zu sehen, würde sich auf die Seite der Tradition stellen. Am meisten machte ihnen die Vorstellung angst, daß ihnen die Zuhörerin etwas von ihrer Erfahrung wegnehmen könnte, irgendeine entscheidende Essenz davon, die sie behalten und nicht antasten lassen wollten. Außerdem bezweifelten sie, daß sie über die nötige Beredsamkeit verfügten, um ihr Vergnügen zu vermitteln. Es war, als ob die Frage, »*Warum schätzen Sie diesen anderen Mann so?*«, die gefährlichste sei. So versuchte ich, wie ich es hier mit Edie, einer fünfunddreißigjährigen Englisch-Professorin tat, herauszudestillieren, was genau an diesem Punkt so gefährlich war.

»Lieben Sie diesen Mann?«

»Hm, ja, in gewisser Weise. Aber ich bin nicht in ihn verliebt.«

»Was mögen Sie an ihm?«

»Er ist... ich weiß nicht... wirklich etwas Besonderes. Aber er würde Ihnen wahrscheinlich nicht so besonders vorkommen.«

»Sie brauchen mir nicht seinen Namen zu sagen und mir auch gar nichts über ihn zu erzählen. Ich möchte bloß wissen, welche *Gefühle* Sie ihm gegenüber haben.«

»Ich fürchte, es wird nicht so klingen, als sei er es wert, als sei er all diese Schwierigkeiten wert.«

»Sie meinen, ich würde nicht verstehen, daß Sie mit ihm zusammensein wollen?«

»Nun ja, oder daß meine Gefühle groß genug sind, um Liebe genannt zu werden.«

»Und Sie meinen, *ich* würde Sie darauf festnageln wollen, daß Sie ihn lieben sollen?«

»Das wäre wenigstens eine Begründung für das, was ich tue.«

»Befürchten Sie, daß ich sagen könnte: ›*Dafür* gefährden Sie Ihr vollkommenes Leben? Für einen großen, schlaksigen Mann mit braunen Augen, der nicht Shakespeare liest? Und Sie halten das vor Ihrem Mann geheim, einem gutaussehenden, blauäugigen Mann, der sehr wohl Shakespeare liest? Sie müssen verrückt sein! Dieses absurde Verhältnis nennen Sie Liebe?‹«

»Ja, genau. Daß er eigentlich nicht gut genug ist, um mir dieses gute Gefühl zu geben.«

»Ja – und daß Ihr Verhältnis Ihnen nicht dieses gute Gefühl geben sollte, wenn es nicht Liebe ist? Denn dann ist es wirklich gewissenlos.«

»Ja. Stimmt.«

»Aber selbst wenn ich das sagte – daß Ihre Gefühle falsch oder unanständig oder absonderlich oder was auch immer seien – was würde geschehen? Was wäre, wenn ich sogar sagte: ›Das taugt nichts! Sie *haben* etwas Wertvolles mitten in Ihrer eigenen Küche. *Los jetzt*, junge Dame! Sie gehen sofort nach Hause zurück!‹ – Was würden Sie dann empfinden?«

»Daß Sie nichts verstanden haben.«

»Und dann würden Sie sich hoffnungslos mißverstanden fühlen?«

»Ja.«

»Aber dann könnten Sie es mir doch erklären, oder? ›Das ist das Gefühl, das mir so wichtig ist‹, oder ›das ist der Grund, warum *Sie* mich vielleicht für verrückt halten, ich aber weiß, daß es nicht so ist‹.«

»Ich weiß nicht, ob ich Sie überzeugen könnte. Ich weiß es selbst nicht genau.«

»Aber Sie wissen es doch! Sie haben diese lange Fahrt gemacht, um es mir zu sagen! Ist es, daß Ihre Liebe ohne irgendeine offizielle Bestätigung nicht wirklich ist?«

»Nein. Eher, daß ich befürchte, sie könnte mir weggenommen werden. Dieses ganze Erlebnis könnte mir weggenommen werden.«

»So daß Ihnen in gewisser Weise ohne mein Verständnis oder meine Billigung Ihrer Geschichte oder Ihrer Person überhaupt nichts bleiben würde?«

»Nichts als eine dumme Wahl und Gefühle, die keinen Sinn ergeben, zusammengenommen ein riesiger Fehler.«

»Ja. Dabei haben Sie doch versucht, mir klarzumachen, wie klug Ihre Wahl war, wie sinnvoll Ihnen Ihre Gefühle erschienen sind. Und doch könnte ich sie einfach auslöschen?«

»Ja.«

Die Bedenken der Frauen, daß ihre Gefühle untergraben, ihre Erfahrungen entwertet und ihre Beziehungen verurteilt werden könnten, hingen untrennbar mit unserer gerade dann erfolgenden Erörterung ihrer sexuellen Gefühle zusammen – Gefühle, die, wie sie bekanntlich vor langer Zeit gelernt hatten, verboten und unaussprechlich waren. Sie betraten erneut dieses halb vergessene, halb vertraute sexuelle Terrain, wo Leidenschaft und Strafe unauflöslich miteinander verwoben sind, wo Frauen wissen, daß sie, um nicht völlig in Mißkredit zu geraten, ihre wahren Gefühle, Beobachtungen, Kenntnisse, Erfahrungen und Verhaltensweisen verschleiern und durch »anständigere« und akzeptablere ersetzen müssen. Diese Frauen wurden angesichts dieser Hürde so zuverlässig zum Schweigen gebracht, als wären sie sechzehn Jahre alt und müßten ihrem Vater die Wonnen beschreiben, die sie soeben auf den Hintersitzen eines Kabrios erlebt hatten.

Was anfangs als Artikulationsschwierigkeit erschien – dieses Zögern, über erotische Gefühle zu sprechen –, erwies sich bald als ein komplexeres Problem. Die Frauen standen mitten im Gespräch mit mir vor demselben zentralen Dilemma, das sie schon in ihrer Jugend und auch in der Ehe erlebt hatten: wie ein Mädchen bzw. eine Frau ehrlich über ihre tiefsten Gefühle sprechen kann, ohne unanständig genannt zu werden, wie sie sagen kann, was sie sich wünscht, ohne daß ihr Begehren »verwerflich« erscheint; wie sie über Sex sprechen kann, ohne mir zu mißfallen und irgendwie bestraft zu werden. Würde ich ihr glauben? Würde ich mich über sie lustig machen? Würde ich das Vergnügen des Erlebnisses aushöhlen, das sie mir zu vermitteln versuchten?

Natürlich gerieten diese Frauen in die Klemme, als sie die Männer zu beschreiben versuchten, mit denen sie schliefen, und den Genuß, den sie dabei empfanden! Diese Beziehungen, diese Männer, diese Gefühle waren ausdrücklich und entschieden tabu. Und so wurde erneut klar, daß Ehebruch gleichsam unaussprechlich ist. Das Unaussprechliche auszusprechen war in der Tat sehr gefährlich.

Erst als ich meine Position als allmächtige Schiedsrichterin spöttisch in Frage stellte – über meine Macht scherzte, ihre Gefühle zu bestätigen oder zu verwerfen –, begannen wir, gemeinsam zu verstehen, über wessen Rolle wir uns da lustig machten, wessen dröhnende Stimme genügend moralische Autorität hatte, um ihre eigene zum Schweigen zu bringen. Sie mußten wissen, daß diese Rolle, diese Stimme in der Tat existieren: Das eine ist die Verkörperung der Gesellschaft, das andere die Stimme des Patriarchats, und beide haben alle Frauen irgendwann sowohl stumm als auch dumm zu machen gesucht. Aber das war nicht meine Rolle oder Stimme. Sie mußten auch begreifen, daß sich andere Frauen in genau dem gleichen Augenblick genauso fühlten wie sie. Erst dann konnten wir fortfahren, über Liebe zu sprechen, denn erst dann konnten sie die Worte »Lust« und »Sex« ohne Hemmungen aussprechen.

Nun redeten sie über etwas Radikales, etwas, das Männer immer gehabt haben: das Recht, sich selbst nicht aus der sexuellen Gleichung auszuschließen – noch radikaler, das Recht, sich in dieser Gleichung an die erste Stelle zu setzen. Sie sprachen über eine emotionale und sexuelle Dynamik, die sie nie zuvor erlebt hatten, und sie gestalteten ihre Rolle darin selbst. Die Männer »unscheinbarer«, »sanfter«, der Sex »nicht so perfektionistisch«, »spielerischer«, »selbstbewußter«, die Freundschaft »gleichberechtigt«, vom Zwang befreit, »gut genug« zu sein, um geliebt zu werden – das waren die Kennzeichen dieser verbotenen, unkonventionellen Verbindungen. »Es fällt uns schwer zu akzeptieren, daß eine Frau meinen oder wollen kann, wovon man uns immer versichert hat, sie könne es unmöglich meinen oder wollen«, bemerkt Carolyn Heilbrun in *Writing a Woman's Life*«. Nirgends fällt uns dies schwerer, als wenn eine Frau Lust meint und will, und wenn sie ausspricht, wer und was sie ihr verschafft.

In einem der drei Essays, die er zwischen 1910 und 1917 schrieb und die unter dem Titel *Beiträge zur Psychologie der Liebe* zusammengefaßt sind, weist Freud auf die Tendenz von Männern hin, Frauen in Madonnen und Huren einzuteilen – Ideale von Reinheit auf der einen Seite, Lustobjekte auf der anderen. Frauen hätten keine solche Neigung, »das Sexualobjekt abzuwerten«, schreibt er, aber er weist auf etwas hin, was er für dessen Konsequenz hält, auf die »notwendige Bedingung des Verbotes im erotischen Leben von Frauen«. Im dritten Essay merkt er an, Mädchen erklärten ganz offen, daß die Liebe ihren Wert verliere, wenn andere davon wüßten, und manche Frauen könnten nur in einer verbotenen Beziehung lieben, die geheimgehalten werden müsse und in der sie das sichere Gefühl hätten, allein von ihrem eigenen Willen angetrieben zu werden.

Möglicherweise sind das, was Frauen an diesen verbotenen, geheimen Beziehungen so gefällt, die völlig anderen Bedingungen, die sie in Verhältnissen dieser Art suchen und finden. Meine Gesprächspartnerinnen stellten fest, daß sie sich in diesen sanften Beziehungen selbstbewußt, gleichberechtigt und befreit vom Zwang, zu gefallen, fühlten – drei Beziehungsaspekte, die für Frauen historisch gesehen in der konventionellen Ehe fehlen. Diese Gefühle sind es, die ihr Vergnügen ausmachen und definieren; sie sind es, die ihre Authentizität wiederherstellen und ihren Willen und ihre Sexualität befreien. Kein Wunder, daß sie es nicht riskieren wollen, diese Beziehungen aufs Spiel zu setzen. Denn man hat sie nicht gelehrt, ihre eigene Lust und Macht für wertvoll zu halten oder überhaupt danach zu streben, und Gleichberechtigung wird ihnen in Beziehungen, wie das Patriarchat sie billigt, nicht geboten.

Die Kinder

Mir war schon bald aufgefallen, daß die Frauen selten ihre Kinder als Hinderungsgründe für ihre Seitensprünge anführten. Nur gelegentlich erwähnten sie sie überhaupt, und wenn ich sie danach fragte, hörte ich als erstes, wie kompliziert die Logistik sei, um sicherzustellen, daß die kleinen Kinder versorgt waren, während die Mutter ihrer Liebschaft nachging. Mütter sehr kleiner Kinder machten sich weitaus mehr Sorgen darüber, wie sich eine mehrstündige Abwesenheit auf sie auswirken würde, als darüber, ob ihr Verhältnis, ihre Zuneigung für den außerehelichen Partner den Kindern irgendwie schaden könnte. Keine der Frauen brachte ihren außerehelichen Partner mit nach Hause; und keine hatte den Wunsch, ihn mit ihren Kindern bekanntzumachen.

Ich hörte immer wieder, daß das Verhältnis eine Privatangelegenheit sei, die die Frauen für sich behalten wollten, und daß die Kinder nichts damit zu tun hätten.

Alle Frauen, die ich fragte, sagten, ihre Hauptsorge sei nicht, ob das Verhältnis als solches ihren Kindern schaden könne – das nahmen sie nicht an –, sondern ob die Konsequenzen der Affäre ihre Verbindung zu ihnen gefährden könnten; mit anderen Worten, sie fürchteten, für das Verhältnis bestraft zu werden, fürchteten die Möglichkeit, ihre Kinder in einem Sorgerechtsstreit zu verlieren.

Mehrere Untersuchungen bestätigen diese Erfahrung, daß die Frauen zögern, das Problem der Kinder anzuschneiden. Annette Lawson stellt zum Beispiel fest:

> Es war kennzeichnend, daß die Befragten selten ihre Kinder als die Faktoren erwähnten, die in ihren Überlegungen und Gefühlen, ob sie sich auf ein Verhältnis einlassen sollten, eine Rolle spielten... Erst wenn ich [das Thema anschnitt], äußerten sie ihre Beklemmungen wegen einer möglichen Trennung...

Vielleicht erscheint es inzwischen, da eine zunehmende Anzahl verheirateter Frauen berufstätig ist..., leichter, solche Verhältnisse zu pflegen (wie dies Männern immer möglich war, ohne daß die Kinder davon betroffen sind).

Andere Untersuchungen deuten darauf hin, daß Soziologen und Therapeuten die Zunahme außerehelicher sexueller Beziehungen besorgt verfolgen, insbesondere die der Frauen. Sie meinen, die Kinder hätten darunter zu leiden, wenn ein Elternteil eine Affäre hat. Andree Brooks berichtet in *The New York Times* (9. März 1989), die Experten seien der Auffassung, »solange ein Verhältnis besteht, spüren die Kinder, daß der Elternteil emotionale Energie außerhalb der Familie aufwendet«. Infolge dieser »subtilen Veränderungen im Verhalten eines ehebrecherischen Elternteils« könnten die Kinder »ängstlich oder furchtsam werden oder eine Ablehnung spüren und das Gefühl haben, etwas Falsches getan zu haben«. Und: »Wenn die Mutter ein Verhältnis hat..., dann ist ein Kind, das davon erfährt, *in Gefahr, sein Vertrauen in die Stabilität von Ehe und Familie zu verlieren.*«

Aus der Untersuchung der Soziologin Lynn Atwater, *The Extramarital Connection: Sex Intimacy and Identity* (1982) geht hingegen hervor, daß eine Veränderung des weiblichen Sexualverhaltens längerfristig gesehen eine positive Auswirkung auf die Erziehungspraktiken haben könnte:

> Unter den tausenderlei Weisen, in denen Frauen sich verändern, können wir es uns nicht leisten, die Konsequenzen des Wandels im sexuellen Bereich zu übersehen, der auf ihre Kinder durchschlagen und deren Leben beeinflussen wird... Das Klischee besagt, daß Eltern asexuelle Wesen sind, zu ›verklemmt‹, wenn es darum geht, über Sex zu reden. Jetzt, da sich die sexuelle Erleb-

nisfähigkeit von Eltern, insbesondere Frauen, verändert, und ihre Bereitschaft zur Offenheit zunimmt, könnte durchaus auch ihr Einfluß auf die sexuelle Entwicklung ihrer Kinder, wenn diese zu Erwachsenen heranreifen, zunehmen. Veränderungen in der Entwicklung und im Ausleben weiblicher Sexualität könnten sich somit auch auf die Rolle der Frauen als die hauptsächlichen Erzieher der Kinder auswirken und damit Veränderungen in der sexuellen Sozialisation künftiger Generationen hervorrufen. Mein Interesse gilt hier den Frauen, und falls meine Befunde in bezug auf die Frauen überraschend sind, dann werden vielleicht auch spätere Befunde in bezug auf die Kinder überraschend sein. Sicherlich ist es notwendig, die Frage, ob und wie sich außereheliche Beziehungen von Frauen auf deren Kinder auswirken, offenzuhalten. Aber wo wir den Verdacht haben, daß die Wirkungen negativ sein könnten, sollten wir noch einmal genau überlegen, *warum* wir das annehmen. Denn die Gedankenverbindung zwischen *Mutter* und »Anständigkeit« ist noch stärker als die zwischen *Ehefrau* und »Anständigkeit«; wir sollten wachsam sein gegenüber unseren Annahmen, wie sich diese hergebrachte Verbindung auf die Kinder auswirkt. Die Macht der »Anständigkeit«, den Lustaspekt in Beziehungen einzuschläfern, könnte für Kinder ebenso nachteilig sein wie für ihre Mütter. Bleibt die Mutter in der Angst vor den Folgen des Verlusts ihrer »Anständigkeit« gefangen, dann könnte sich dies auf die Kinder übertragen, einschließlich ihrer Furcht, sie könnte die Fähigkeit verlieren, eine gute Mutter zu sein – so wie sich Kinder umgekehrt vielleicht auch von der Freude ihrer Mutter, Lust genießen zu können, anstecken lassen.

Ganz gewöhnliche Beziehungen

Selbst nachdem die Frauen anfingen, offen über ihre außerehelichen Beziehungen zu sprechen, ertappten sie sich noch bei Ausdrücken wie »anständig« und »unanständig«. Frauen, die ihre Ehe als »vollkommener« bewerteten als ihre Affären, ihr Leben als »hervorragend« und ihr Zuhause als »wunderbar«, stellten dennoch fest, daß sie dieses Wunderbare nicht so fühlten, wie es nach ihren Worten hätte der Fall sein müssen. Sie merkten, daß sie nicht so empfanden, wie man es von ihnen erwartete. Und sie schilderten ihre außerehelichen Beziehungen, für die sie Worte wie »schön«, »nah«, »erfreulich« und »gleichberechtigt« benutzten, als bloß ... gewöhnlich. Das verwirrte sie. Denn obwohl ihre Liebhaber all diese hübschen Eigenschaften haben mochten – spielerisch und experimentierfreudig und zugewandt und kommunikativ –, die ihnen außerordentliches Vergnügen bereiteten, galten diese Eigenschaften in der Beziehungssprache, die sie gelernt hatten, nicht als »wundervoll«.

Ich erörterte diese »gewöhnlichen Beziehungen«, von denen die Frauen sprachen, mit der New Yorker Ehetherapeutin Laura Singer. Sie hörte von manchen ihrer Patientinnen, die außereheliche Verhältnisse hatten, ähnliche Geschichten. »Es ging nie um den Märchenprinz, der ankam und ihr Herz im Sturm eroberte«, meinte Singer. Vielmehr seien »die Phantasien sehr realistisch«.

Die Frauen versuchten nur dann das idealisierte Modell des »Märchenprinzen« wiederzubeleben, wenn sie aus ihrer Ehe ausbrechen und sich einen neuen Lebenspartner suchen. Eine solche Phantasie »ist eher nach einer Scheidung zu erwarten«, hat Singer festgestellt, »wenn eine Frau offenkundig nach einem neuen Ehemann sucht und es sich zum Ziel setzt, jemand Besseren als ihren früheren Mann zu finden. Dann werden eine Menge Vergleiche zwischen den zwei Männern gezogen.« Die Wahl eines neuen Ehemannes treibe die Frau somit wieder in die alten Strukturen zurück, wo bestimmte Kriterien erfüllt sein müssen, damit sich eine »gute« Ehe ergibt, obwohl diese Kriterien ihren emotionalen oder sexuellen Bedürfnissen erfahrungsgemäß nicht immer am besten entsprechen. Durch die Wahl eines außerehelichen Partners trete sie hingegen aus dieser Struktur heraus und könne eine andere Phantasie entwickeln, nämlich »wie eine Erwachsene behandelt zu werden«.

Sich wie eine Erwachsene fühlen

Laura ist fünfunddreißig und seit zehn Jahren glücklich mit einem städtischen Bediensteten namens Vince verheiratet. Seit fünf Jahren hat sie ein Verhältnis mit ihrem Kollegen in dem Fotogeschäft, in dem sie arbeitet. Der Hauptunterschied, den sie in ihren zwei Beziehungen sieht, ist der, daß ihr Liebhaber Cliff »sie wie eine Erwachsene behandelt«, und damit meint sie, daß er sie als eine Frau mit vielen Stimmungen und widersprüchlichen Wünschen sehe, eine komplexe und, wie sie es formuliert, »schwierige« Person. Ihr Mann, vor dem sie »aus Rücksichtnahme und damit alles glatter läuft«, ihre Stimmungen verbirgt, sieht sie nach ihrem Gefühl nicht in diesem Licht.

Cliff gegenüber ist sie, wie sie sagt, »launischer« als ihrem Mann gegenüber, womit sie meint, daß sie viel offener zu ihm ist: etwa eher bereit, ihm zu sagen, wenn sie nicht mit ihm schlafen möchte, oder wenn sie traurig, wütend oder verstört ist. Dennoch befürchtet sie gegenüber Cliff weniger als gegenüber ihrem Mann, daß er sie deswegen bestraft; daß er ihre Stimmungen als feindselig interpretiert oder sie ihr irgendwie ankreidet. Cliff gegenüber fühlt sie sich weniger »ablehnend«, »fordernd« und »sich verweigernd«; »freier, zu tun und zu sein, wozu ich im Augenblick wirklich gerade Lust habe«. Laura spürt einen Zusammenhang zwischen ihrer Kommunikationsbereitschaft gegenüber Cliff und dem ihr so wichtigen Gefühl, »wie eine Erwachsene behandelt zu werden«.

Sie hat das Gefühl, in einem merkwürdigen Dilemma zu stecken. In gewisser Weise, glaubt sie, bekomme ihr Mann einen »besseren« Teil von ihr als Cliff, weil sie zu Hause um soviel »weniger launenhaft« sei. Sie bemühe sich, den Umgang mit ihr »leichter« zu machen, was »die Ehe weitaus weniger unter Druck setzt«, als wenn sie sich vollständig offenbarte. Und dennoch führt sie ihre Intimität mit Cliff auf genau die Launenhaftigkeit zurück, die sie vor Vince so sorgfältig verborgen hält; sie findet auch, daß Cliff sie »mehr mag als Vince«.

Laura versucht zu verstehen, warum ihr die nicht launische, die selbstlose Ehefrau, die sie ihrem Mann so bemüht präsentiert, das Gefühl der »Infantilisierung« gibt, während es ihr die kompliziertere, authentischere und stimmungsabhängigere Persönlichkeit, die sie Cliff offenbart, gestattet, sich erwachsen und angenommen zu fühlen. Sie mißt ihrer »Launenhaftigkeit« bei all dem eine entscheidende Rolle bei – daß diese ein wichtiger Faktor in beiden Beziehungen ist – und setzt sich mit dem Gedanken auseinander, daß es vielleicht unklug und unnötig ist, Vince – oder sonst jemanden – ihr geschöntes Selbst zu präsentieren. Sicherlich muß die erstaunliche Freiheit, die sie gegenüber Cliff empfindet, etwas mit ihrer Echtheit und Offenheit – ihren wechselnden Stimmungen – zu tun haben. Aber sie ist sich dessen nicht sicher.

»Das würde bei meinem Mann nicht funktionieren«, entgegnet sie, meine Frage vorwegnehmend, rasch.

»Warum nicht?« frage ich.

»Er ist auch launenhaft.«

»Ja und?« sage ich.

»Zwei launenhafte Leute, das gibt eine schwierige Ehe.«

»Aber keine schwierige Affäre?«

»Schwierig, aber nicht unmöglich.«

»Warum der Unterschied, warum könnte nicht auch die Ehe ebenso wie das Verhältnis zwar schwierig, aber nicht unmöglich sein?«

»Man kann zwar eine schwierige Geliebte, aber nicht eine schwierige Ehefrau sein.«

»Aber genau das frage ich Sie ja. Wer behauptet das?«

»Sie wissen, warum. Wir alle wissen, warum. Es ist zu stupid, um es zu sagen.«

»Weil es nicht so viele Konsequenzen hat, wenn man sich nur zeitweilig sieht?«

»Ja, einmal das, aber auch, weil Unvorhersagbarkeit bei einer Ehefrau zwar anfangs attraktiv sein mag, am Beginn der Ehe, aber genau diese Unbeständigkeit für einen Ehemann bald inakzeptabel wird; auf die eine oder andere Weise wird er es unerträglich finden; ihr Zuspätkommen oder ihre schlechte Laune, oder daß sie so schwierig ist. Das ist zu verstörend, zu bedrohlich. Natürlich wird er sie nicht *schlagen*, um sie zur Besinnung zu bringen, aber *zusammen* werden sie nach einem Weg suchen, um sie zu einer besseren Ehefrau zu machen, um sie zu verändern, zu zähmen.«

»Meinen Sie, daß die Ehefrau ihre Bereitschaft signalisiert, sich zähmen zu lassen?«

»Ja. Ich merkte die Verwirrung meines Mannes und eilte ihm zu Hilfe, indem ich meine Persönlichkeit veränderte. Das ist natürlich sehr subtil, dieses Komplizentum. Ich hatte nie das Gefühl, ›verändert zu werden‹, ich spürte bloß, wie inakzeptabel meine Persönlichkeit war, daß sie einfach nicht liebenswürdig genug war. Ich stieß ihn ständig vor den Kopf. Ich... machte mich einfach sanfter... Das geschah alles, um... ein besserer Mensch oder eine bessere Ehefrau zu werden oder – genauer gesagt – eine bessere Mutter für ihn als seine eigene. Aber statt all dies zu erreichen, enttäuschte ich uns beide. Ich versteckte mich. Ich wurde jemand, der ich nicht bin – ein halber Mensch, irgendwie.«

»Aber Cliff gegenüber empfinden Sie nicht diese Notwendigkeit, sich anders darzustellen?«

»Überhaupt nicht, nein. Er haßt es, wenn ich das tue. Er sagt es mir auf den Kopf zu. ›Du bist nicht da, um mir zu gefallen! Du gefällst mir, wie du bist!‹«

»Glauben Sie nicht, daß Sie auch bei ihm mit der Zeit demselben Druck ausgesetzt sind?«

»Nein, bestimmt nicht.«

»Wie kommt das?«

»Weil es nicht meine Nettigkeit ist, was ihn anzieht; und daran wird die Zeit nichts ändern. Er will wirklich das Gegenteil von diesem gezähmten Teil in mir. Wenn wir irgendwann *heiraten* würden, nun, vielleicht würde ich dann diesen Druck verspüren. Ich weiß es nicht.«

»Aha. Denn wenn Sie heiraten würden, dann würde er Sie vielleicht zähmen wollen?«

»Möglicherweise.«

»Oder *Sie* würden es tun. Sie würden vielleicht genau das wieder tun, was Sie gegenüber Vince getan haben. Vielleicht haben Sie auf Signale reagiert, aber die Entscheidung, Ihre Stimmungen unter Kontrolle zu halten, haben doch Sie getroffen, oder?«

»Ja, das ist ein stillschweigendes Abkommen.«

»Sie beschuldigen also nicht Ihren Mann.«

»Keineswegs. Ich beschuldige *die Ehe*.«

»Die angenehme Pflicht« der Ehefrauen

Lauras »Launenhaftigkeit« ist für sie der Prüfstein ihres wahren und »egoistischen« Selbst, aber sie gestattet sich nur außerhalb ihrer Ehe, sie zu zeigen. Nur dort kann sie gefahrlos ihre authentischen Gefühle sammeln und ausleben. Unter der Bezeichnung »Launenhaftigkeit« konnte sie Leidenschaft empfinden – »was«, wie sie sagt, »weder sittsam noch beherrscht ist« –, und sie durfte streiten. Weil sie »launenhaft« ist, konnte sie Nähe oder Distanz zu jemand herstellen, wie sie es wünschte. Ihre Launenhaftigkeit gewährleistet aber vor allem, daß sie nicht in »Nettigkeit« erstarrte, was umgekehrt gewährleistete, daß sie – jedenfalls von Cliff – »wie eine Erwachsene behandelt« wurde.

Andere Frauen äußerten sich genauso wie Laura und merkten, daß sie, sobald sie sich auf eine Affäre einließen, gar keine andere Wahl hatten, als ihre wahren Gefühle zu zeigen. Wie die neunundzwanzigjährige Alix sagt:

Es war schließlich die Laune eines Augenblicks, die mich überhaupt in diese Affäre hineinstolpern ließ, und ich habe mich seither in meinem Verhalten stets von meinen Stimmungen leiten lassen. Jetzt kann es passieren, daß ich mich von einer Minute zur nächsten frage: Werde ich ihn morgen sehen? Wann? Habe ich überhaupt Lust, ihn zu sehen? Dabei gibt es kein Protokoll, sondern ich lasse mich von meinen Gefühlen leiten. Dadurch ist mir deutlicher bewußt geworden, was ich wirklich will und was ich brauche, und beides bildet im Grund den Kern meiner neuen Beziehung.

Auch Alix hatte das Gefühl, ihre eheliche Beziehung habe am meisten unter ihrer »Launenhaftigkeit« gelitten – und andererseits bildete diese die Grundlage ihres außerehelichen Verhältnisses.

Meinem Mann gegenüber habe ich immer dieses Gefühl, in der richtigen Stimmung sein zu müssen, um mit ihm zu schlafen. Beinahe automatisch sind wir zueinander »nett«, bevor wir miteinander ins Bett gehen. Als ob es darauf ankäme – wissen Sie, man duscht sich und versucht, in eine nette Stimmung zu kommen, damit es funktioniert. Das alles ist sehr, sehr subtil. Irgendwie müssen wir in diesem bestimmten Zustand sein – ich weiß nicht, wie ich den anders beschreiben soll als »nett«; scheinbar unbeschwert, als ob wir Gäste hätten. Er lächelt, ich lächle; dann geht alles gut. Wenn es anders ist, jedes andere Vorgehen, jede andere Stimmung – wenn ich zu dem Zeitpunkt abgelenkt oder gereizt oder ärgerlich bin und nicht in der Träumerei von Nettigkeit, dann geht der Sex total schief, als ob ich unsere Abmachung verraten hätte: Sei du nett, und ich werde nett sein, und dann können wir vögeln.

Ich frage Alix: »Was geschieht, wenn Sie nicht in diese nette Stimmung kommen können?«

Ich weiß nicht genau, was geschieht. Wir haben dann einfach nie zusammengefunden, mit Ärger, Traurigkeit oder auch nur Ambivalenz, was immer es war. Vielmehr ist es so, daß wir beide in gewisser Weise schon innerlich bereit sein müssen, wie aufs Stichwort. Okay, Schatz? Sicher, Liebling! Mein Mann ist einfach nicht bereit, mich zu verführen. Wenn ich von etwas in Anspruch genommen bin, dann versucht er nicht, mein Interesse zu wecken, wenn ich nicht in der Stimmung bin, dann versucht er nicht, mich in Stimmung zu bringen. Und das ist so traurig, denn es gefällt mir ungeheuer, wenn sich ein Mann diese Mühe macht. Ich glaube, ich bemühe mich auch nicht sehr, ihn zu verführen. Das ist kein Bestandteil unseres Repertoires; es würde doch nur in die Hose gehen. Deshalb fühle ich mich immer als die Böse, weil es so arrangiert ist, daß ich diejenige bin, die entscheidet, ob wir heute abend miteinander schlafen, weil es mir am schwersten fällt, in diese Stimmung zu kommen. Ich bin die Böse, die mit den Kopfschmerzen.

Aber wie können Sie abstrakt in die Stimmung kommen, um Gottes willen? Indem Sie sich Bilder von nackten Männern anschauen? Masturbieren, bevor Sie ins Bett gehen?

Ich habe immer diese schreckliche Angst, bevor wir miteinander ins Bett gehen, daß es mir nicht gelingen wird, in diese ätzend »nette« Stimmung zu kommen, die das einzige Signal für ihn zu sein scheint, daß ich bereit bin und daß es losgehen kann.

Was, glauben Sie, steckt hinter all dem?

Ach, daß wir Angst haben, ambivalent sind, daß wir uns unserer gegenseitigen Attraktivität nicht sicher sind. Auf der rein sexuellen Ebene ist es klar: Wenn ich schon bereit bin, braucht er keine Arbeit zu leisten – es besteht keine Gefahr, daß er scheitert. Die Phantasie von der Frau, die einfach daliegt und jederzeit bereit ist, es zu schaffen.

Ja. Die Psychoanalytikerin Ethel Person bezeichnet diese Vorstellung als die ›omni-verfügbare Frau‹.

Richtig! Zu jeder Zeit, an jedem Ort, auf jede Art. Aber noch mehr hat es mit dieser Verlogenheit zu tun. Sex ist für uns abgeschnitten von der Welt echter Gefühle; es ist eine Pflicht. Eine angenehme Pflicht. Das ist der Sinn all dieser Nettigkeit. Bist du bereit, deine angenehme Pflicht zu erfüllen, Schatz? Das ist nicht echt. Das ist etwas, was man aus dem Fernsehen oder von seinen Eltern lernt. Irgendein idealisiertes Ritual, das ein Paar vollzieht und das nichts mit wirklichen Menschen zu tun hat, das nicht vom Herzen kommt. Und ich bin zutiefst überzeugt, daß wir da nicht ausbrechen können, wenn wir es nicht schaffen, ins Bett zu steigen und die Wut und Angst auszudrücken, die wir eigentlich empfinden.

Haben Sie es versucht?

Anfangs denke ich immer, daß ich es tun werde. Aber wenn wir tatsächlich zusammenkommen, dann tue ich es doch nicht. Ich werde wieder »nett«. Es ist grauenhaft, einfach grauenhaft.

Alle Frauen waren sich im klaren darüber, daß diese merkwürdigen Bedenken die Skala ihrer Lebensäußerungen in ihrer Ehe einschränkten und ihre Stimmungen so modulierten, daß sie dem Ideal von Bravheit und Nettigkeit entsprachen, selbst wenn ihnen beides nicht besonders gut gelang. Sie hielten dies für ihre Rolle – was Alix als »angenehme Pflicht« bezeichnet. Eine Frau meinte, der einzige Unterschied zwischen diesem Verhalten und dem »Augen-zu-und-durch«-Sex, von dem sie ihre Großmutter hatte reden hören, sei, daß ihre eigene Generation Sex zugegebenermaßen liebe und deshalb niemand so tue, als handle es sich um eine unangenehme Pflicht. Aber es sei dennoch eine Pflicht, wenn auch eine, die Lustgewinn verspreche. Und die Notwendigkeit, dem Ideal zu entsprechen, gebe ihnen immer noch das Gefühl, infantilisiert zu werden, nicht als »erwachsen« behandelt zu werden. Am schlimmsten aber sei das Gefühl, daß man von ihnen erwarte, jemand anderer zu sein als sie selbst.

Es war keine Frage, ob ihre Männer übermäßig fordernd waren

oder nicht; ob sie aus individuellen psychischen Motiven gegen Frauen wetterten oder nicht, ihre Mütter haßten oder verehrten oder das Bedürfnis hatten, ihre Frauen zu beherrschen. Mag sein, daß die Männer es darauf angelegt haben, ihre Ehe zu einer Wiederholung ihrer Herkunftsfamilie zu machen, indem sie ihren Frauen die Rolle besserer Mütter anwiesen, als es ihre eigenen gewesen waren. Entscheidend ist, daß die Frauen bei dieser Selbsttransformation mitmachten, ob sie nun von ihren Männern dazu genötigt wurden oder nicht. An sich selbst vollstreckten sie das schon vor Urzeiten etablierte System.

Ihre Geschicklichkeit im Verbergen ihrer Stimmungen und ihrer Sexualität empfanden sie als etwas Altes und Ausgeleiertes, ebenso unvermeidlich wie unerklärlich: Sie konnten den Impuls dazu, jedenfalls gegenüber ihren Männern, bis in ein frühes Stadium ihrer Ehe zurückverfolgen. Manche sagten, sie hätten sich früher mit ihren Männern sexuell freier ausgelebt, aber das sei lange her. Es bestand eine klare Verbindung zwischen der geheimen Verabredung mit ihren Männern, bessere Ehefrauen zu sein, und dem Gefühl, nicht wie Erwachsene zu handeln bzw. nicht als solche behandelt zu werden.

Laura sagt, sie habe in der Beziehung zu ihrem Liebhaber ihr idealisiertes Selbstbild aufgeben müssen, um erwachsen zu werden. Dies sei der erste Schritt zu der gleichberechtigten Beziehung gewesen, die sie nach ihrem Gefühl mit Cliff hat.

Was ich mit »erwachsen« meine, ist vielleicht, daß die Entscheidungen so oft meine eigenen sind, und das gibt mir das *Gefühl* des Erwachsenseins, verstehen Sie, wenn ich nicht alles davon abhängig mache, was für jemand anderen am besten ist, wenn ich nicht kapituliere oder zuvorkomme oder irgendein fiktives, fragiles Ego schütze, wobei mein Vergnügen irgendwie unter den Tisch fällt oder vielmehr dadurch zustande kommen soll, daß ich ihm Vergnügen bereite.

Wir manipulieren einander auch nicht, wir geben zum Beispiel nicht vor, etwas zum Besten des anderen zu tun, um eigenes Tun zu rechtfertigen. Wir benehmen uns nicht wie Vater und Mutter oder Sohn und Tochter; wir benehmen uns wie Gleichberechtigte, die ein kompliziertes Leben haben, die die Dinge aushandeln und Kompromisse schließen und streiten müssen, um einander zu lieben. Das empfinde ich als angemessen. Manchmal auf schwierige Weise errungen, aber angemessen und wichtig.

Im Gegensatz dazu spricht Laura davon, sich in ihrer achtjährigen Ehe »infantilisiert« zu fühlen, jetzt, mit fünfunddreißig, mehr als mit Ende zwanzig; immer wieder ist mir diese auffallende Korrelation zwischen dem chronologischen Älterwerden und dem gleichzeitigen Verlust des Gefühls, eine »Erwachsene« zu sein, begegnet – eine geschlechtsspezifische Anomalie, die sich einzustellen scheint, wenn sich Frauen nach langjähriger Ehe »alt«, aber nicht »erwachsen« fühlen –, während dieselben Frauen sich in ihren Liebesbeziehungen »erwachsen«, aber nicht »alt« fühlen. Ich schreibe dies wiederum ihren außerehelichen Verhältnissen zu, die das Abweichen von idealisierten Modellen der Weiblichkeit und Männlichkeit geradezu herausfordern, der Rückkehr zu lockeren, zwanglosen, unidealisierten Beziehungen.

»Ich bin darin besser als in der Ehe«, sagt Connie wehmütig zu mir.

»Worin?« frage ich. »Was meinen Sie mit ›darin‹?«

»In einer Liebesbeziehung.«

Wir lachen beide. Ich schiebe die naheliegende Frage nach:

»Ist denn die Ehe keine Liebesbeziehung?«

»Nun ja, ist sie schon, natürlich.«

»Warum empfinden Sie dann nur das eine als eine Liebesbeziehung; warum haben Sie es so formuliert?«

»Weil ich die Ehe irgendwie als Einbahnstraße empfinde. Wahrscheinlich empfinden sie beide Partner als Einbahnstraße. Man hat dieses Gefühl, viel Arbeit hineinzustecken und nicht viel dafür zu kriegen – im Gegensatz zu einer Liebesbeziehung.«

Die Rückkehr zur Beziehung

In dieser neuen »wechselseitigen« Beziehung begannen alte Gefühle wieder heraufzuströmen, Gefühle, die die Frauen aus einer Zeit vor ihrer Heirat kannten. Das Heraustreten aus der Rolle der Ehefrau mit ihren Implikationen von Selbstlosigkeit und der Verpflichtung, die Bedürfnisse anderer zu erfüllen, und das Eintreten in die Rolle einer sexuell erlebnisfähigen und eigennützigen Person erfüllte diese Frauen mit einem Gefühl von Kompetenz und Befriedigung, als ob sie aus einer Trance erwacht wären. Sie riskierten zwar gesellschaftlichen Druck und die Möglichkeit, einem geliebten Ehemann wehzutun, aber sie waren wieder Herrinnen ihrer selbst.

Wie wäre es, wenn wir die »erwachsene« Persönlichkeit, die diese Frauen in ihren außerehelichen Beziehungen zurückgewannen, einen Augenblick lang als »gut« bezeichneten und die »erstarrte« und »infantilisierte« Persönlichkeit, die sie abschüttelten, als »schlecht« – statt umgekehrt? Wie wäre es, wenn wir die »gewöhnlichen«, »gleichberechtigten« außerehelichen Beziehungen, die sie eingingen, »gut« und die »vollkommenen Ehen«, die sie aufgebaut hatten, »schlecht« nennen würden? Was ist, wenn wir einräumen, daß nicht notwendigerweise ihre Ehemänner für diese erstarrten Beziehungen verantwortlich sind, sondern daß die Ehe als solche eine Art von Paradigma ist, in dem die Idealisierung zunächst die Beziehung abkühlt und anschließend die in diesen Ehen steckenden Frauen und Männer? Dann müssen wir das ganze frostige Klima neu bewerten, in das die vorbildliche Ehefrau hineingestoßen wird, müssen die verschiedenen Vorstellungen hinterfragen, die wir »richtig«, gar »ideal« oder »vollkommen« nennen und die die Frauen faktisch erfrieren lassen. Wenn wir dies tun, dann kommen wir vielleicht der Entdeckung näher, was in einer Beziehung wirklich erfreulich ist, zumindest für Frauen – und ich glaube, auch für Männer.

Klar ist, daß diese Frauen, die vor ihren außerehelichen Beziehungen ihren Körper als fragmentiert erlebten, ihre Stimme als erstickt oder irgendein lebenswichtiges Organ oder einen Aspekt ihrer Persönlichkeit als fehlend, sich während ihres Seitensprungs und danach veränderten. Sie ließen diese gedämpften Gefühle los und traten in eine klarere Realität ein, die von Farben und Schwingungen erfüllt war, in der sie sich »lebendig«, »wach«, »stark« und »konzentriert« fühlten. Sie entrannen diesem Schweigen und merkten, daß sie neue eigene Meinungen und laute Stimmen hatten, um sie zu äußern.

Zwei Frauen – beide haben seit inzwischen vielen Jahren ein Verhältnis – sprechen über das andere Bild von sich, mit dem sie jeden Tag aufwachen. Gloria sagt:

Ich habe eine Energie in mir, die sich anders anfühlt als das – was auch immer es war –, was mich früher jeden Tag antrieb. Anfangs war es sexuelle Erregung, aber jetzt, fünf Jahre später – und unsere Beziehung ist immer noch sehr glücklich –, ist es nicht mehr das. Ich weiß nicht, was es ist. Ich bin davon durchdrungen. Es ist, als könnte ich endlich vor lauter Bäumen den Wald sehen, ganz buchstäblich.

Und Margie:

Eines Tages stand ich auf und wurde mir bewußt, daß ich wirklich glücklich war, am Leben zu sein. Es war, als ob ich in einem durchaus angenehmen Traum gelebt hätte, aber er war in Schwarzweiß, und jetzt war ich wach und alles war in Farbe. Ich war irgendwie auch traurig, weil ich mich nie zuvor so gut gefühlt hatte. Hier stand ich mit meinen siebenunddreißig Jahren, hier war diese Geschichte, in der ich drinsteckte und über die ich mit niemandem reden konnte, weil sie so unmöglich war, und die mich doch glücklicher machte als alles, was ich je erlebt hatte. Alles war auf den Kopf gestellt.

Verändertes, besseres Leben

Am meisten beeindruckten mich die Frauen, die zwar unter der überwältigenden Veränderung ihres Lebens seit Beginn ihrer außerehelichen Beziehung litten, die aber trotzdem spürten, daß ihre Beziehungen sie selbst, wenn nicht ihr Leben, zum Besseren hin verändert hatten. »Sie haben mir eben gesagt, daß Ihr Leben aus den Fugen sei«, sagte ich zu June, bei ihr nach Bedauern suchend. Sie steckte damals mitten in einem Zwiespalt, wußte nicht, was sie in bezug auf Jonathan und ihre Ehe tun sollte. »Mein *Leben* ist aus den Fugen«, korrigierte sie mich ruhig, »aber innerlich bin ich zum ersten Mal in meinem Leben ein Fels.«

Diese Klarstellung kam mit überraschender Gewißheit. Ähnlich wie June sprachen die meisten Frauen davon, daß sie an einem bestimmten Punkt ihres Verhältnisses das Gefühl gehabt hatten, etwas habe innerlich »geklickt«, sei »zugeschnappt«, und danach hätten sie sich niemals wieder ganz wie zuvor gefühlt. Sie waren ihrer inneren Person nähergekommen, hatten endlich die Frau erkannt, von der jede von ihnen wußte, daß sie in ihr selbst existierte, der sie aber bis jetzt nicht gestattet hatten, hervorzutreten.

Für Alison, die, wie Sie sich erinnern, ständig gefroren hatte, die vor ihrer Affäre das Gefühl gehabt hatte, viele Jahre lang »auf Eis« gelegen zu sein, war es kein verlorener Körperteil und kein lebenswichtiges Organ, was sie wiederfand, sondern eine vollständigere körperliche Integration, ein Gefühl, ihre Umgebung sei »aufgetaut« und somit weniger feindselig. Alisons scheinbar so vollkommenes Leben wurde unvollkommen, was sie veranlaßte, sich entsetzt zu fragen: »Wo bin ich mein ganzes Erwachsenenleben lang gewesen?«

Was diese Frauen verwandelte, war offenbar nicht, daß sie in ihrer außerehelichen Beziehung etwas Ideales fanden, sondern etwas Unvollkommenes, etwas Gewöhnliches und angenehm Vertrautes. Nachdem sie sich außerhalb dessen, was sie angeblich glücklich machen sollte, umgesehen hatten, schauten sie nach innen und stellten fest, daß das, was sie wirklich glücklich machte, etwas ganz anderes war. Statt darüber zu reden, wie »wunderbar« die neue Beziehung sei, sprachen sie darüber, wie wunderbar sie sich darin fühlten. Statt idealisierte Personen zu schildern, sprachen sie davon, den anderen zu sehen und von ihm gesehen zu werden, mit allen Fehlern und Mängeln; statt Beziehungen zu beschreiben, in denen sie sich niemals traurig oder wütend oder unglücklich fühlten, schilderten sie »gewöhnliche« Beziehungen, in denen Ärger und Konflikte ebenso ihren Platz hatten wie Sinnlichkeit, Spontaneität und Übereinstimmung, die sie und ihre Freunde zusammengeführt hatten. In dieser alltäglichen, fehlerhaften, unidealisierten Beziehung war ihr innerstes, echtes Selbst willkommen; darüber fühlten sie sich nicht nur erleichtert. Sie spürten vielmehr, daß sie das einzige zutage gefördert hatten, was in ihrem Leben wirklich zählte.

Wir begegnen hier Frauen, die immer wieder hervorheben, daß ihre Sexualität, die sie innerhalb der Grenzen konventioneller Wohlanständigkeit als so schwach empfunden hatten, außerhalb derselben zu einer Quelle der Kraft wurde. Ihre Liebe habe ihnen in der Ehe das Gefühl von Entfremdung und Auszehrung gegeben, während sie außerhalb, in Beziehungen, die sie allein um des Vergnügens willen aufnahmen, weder idealisiert noch abgewertet wurden. Ihre Sexualität sei genauso sicher und unaufhaltsam »zum Leben erwacht« wie sie selbst.

Was sie entbehrt hatten, war eine schlichte, unidealisierte, gleichberechtigte Beziehung, in der sie sich völlig zu Hause fühlten, eine Beziehung, in der ihr gewöhnliches, wahres, »unverheiratetes« Selbst gedeihen konnte. Und als sie dieses Selbst in so »gewöhnlichen« Beziehungen wiederfanden – nachdem sie sich bereits gefragt hatten, ob sie es für immer verloren hätten –, entdeckten sie auch ihre längst verstummte Stimme wieder. So vorübergehend das Ereignis auch sein mochte, durch das sie sie wiederfanden, wollten diese Frauen doch nie wieder auf sie verzichten.

10. »Nach dreiundzwanzig Jahren Ehe läßt man sich einfach nicht scheiden!«

Paula dachte etwa zwei Monate lang darüber nach, ob sie mit Harry schlafen sollte. Sie teilte ihm alle ihre Bedenken mit: ob sie einander zu häufig sahen; was mit ihr geschehen würde, falls sie so weitermachten – ein Seitensprung sei ihrem Leben und ihren Erfahrungen so fremd, daß sie nicht sicher sei, ob sie damit umgehen könnte. Sie sei sich nicht sicher, ob sie alles aufs Spiel setzen wolle, indem sie sich auf Sex einlasse. Darin sei sie zudem ganz »außer Übung«, und sie sei sich zudem nicht sicher, ob er sie mögen werde, wenn sie ins Bett gingen; vielleicht wäre es besser, wenn sie es einfach so ließen, wie es war, Mittagessen und Gespräche. Harry beruhigte sie: Was auch immer geschehen würde, es sei in Ordnung. Sie könnten natürlich weiterhin zusammen mittagessen. Aber er denke, daß sie auch miteinander schlafen könnten, wenn sie das wolle, ohne ihre Beziehung zu beschädigen. Er glaube nicht, daß er sie »sexuell nicht mögen würde«. Und falls es sich für sie als zu belastend erwiese, dann könnten sie ihre unschuldigen Mittagessen wieder aufnehmen. Er werde ihr nicht böse sein. Dann sei es eben so. Sie würden damit beide nichts verlieren.

»Die Wahrheit ist, daß ich es satt bekam, darüber nachzudenken«, sagt Paula zu mir. »Ich traf ihn eines Tages und sagte: ›Heute ist der Tag. Wo sollen wir hingehen?‹ Wir gingen ins Lombardy. Diesmal ohne Mittagessen. Ich sagte, das sei zu teuer, Mittagessen und einen Ort für Sex. Er sagte, wir würden nachher im Laurent essen. Er war insgesamt einfach... liebenswürdig. Im Sinne von: das wird Spaß machen, wir werden aneinander Vergnügen haben. Wie bei unseren gemeinsamen Mittagessen. Er wollte sichtlich, aber wichtiger war ihm, was ich empfand, ob ich mich womöglich anders besinnen würde. Er war sehr zugewandt, redete, scherzte, nahm mich auf die Schippe. Er ist sehr witzig, sehr zurückhaltend, und er wußte, daß ich mich wie ein Teenager fühlte. ›Würdest du dich auf dem Hintersitz eines Autos besser fühlen?‹, fragte er, als er meinen

187

BH öffnete. Gott ja, das *war* das letzte Mal, daß ich so etwas getan hatte. Er versprach, mich zu einem Drive-In zu fahren und mir einen Hamburger zu kaufen, wenn ich mich rumkriegen ließe. Was das bewirkte, war, daß ich ihm emotional nahe blieb. Er wollte nicht, daß ich verschreckt außen vor blieb. So ist er eben; das ist es, was ich an ihm liebe. Er leistet all diese emotionale Arbeit, überlegt, was er tun könnte, damit ich mich wohlfühle, ohne daß ich etwas davon merke; dafür bin ich ihm dankbar, gerade weil er keine Dankbarkeit von mir erwartet. Er entspannt mich.

Diese Beziehung kommt mit anderen Worten *mir* zugute. Können Sie sich das vorstellen? Sobald das Eis gebrochen war, war es erstaunlich. Ich hatte das Gefühl, das sei es, wozu ich bestimmt sei – Harry zu lieben. Woher das in mir kam, weiß ich nicht. Aber ich empfand alles als genau richtig. Es ist nicht so, daß mich irgendeine Einzelheit an ihm entzückt hätte, ich meine, Harry ist zwar attraktiv, aber er ist kein Adonis. Vielmehr hat alles, von seiner Haut bis zu seinem Duft, von seinem Interesse an mir bis zu seiner Lockerheit, mein Zusammensein mit ihm zu der richtigsten Entscheidung gemacht, die ich je im Leben getroffen habe. Und dieses Gefühl habe ich immer noch. Was auch immer geschehen wird, ich habe etwas gefunden, so gut, wie ich es nicht für möglich gehalten hatte.

Etwa zehn Minuten lang fühlte ich mich wie ein Teenager – das Schmusen, das Auskleiden –, aber danach hatte ich das Gefühl, zu mir selbst zu kommen, in einer Weise ich selbst zu werden, wie ich es nie zuvor erlebt hatte. Ich wußte, was ich zu tun hatte. Ich fühlte mich sehr frei, sehr mit mir im Einklang. Ich spürte, daß ich etwas gewonnen hatte, das mir niemand wegnehmen konnte, was auch immer passiert.

Es kommt mir nicht wie ein Verhältnis vor, oder wie ich mir ein Verhältnis vorgestellt habe. Bin ich verliebt? Nein. Ich bin versext. Hat er mich verführt? Irgendwie schon, aber auf subtile Weise – am Ende habe ich die Initiative ergriffen. Fühle ich mich schuldig? Nein. Habe ich vor, George zu verlassen? Hatte ich die Kontrolle verloren und ließ einfach irgendeinen Macker mit mir machen, was er wollte? Zerreißt mich das Jonglieren mit meiner Ehe und mit meiner Affäre? Nein, überhaupt nicht. Wurde ich dazu getrieben? Nein. Obwohl ich nicht vernagelt genug bin, um das ganz zu leugnen, denn meine Beziehung zu George ist nicht wirklich nah. Unglücklich kann ich sie trotzdem nicht nennen.«

Eines Tages eröffnete Harry Paula, daß er seine Frau verlassen und eine Wohnung in der 35. Straße gemietet habe. Paula wußte nicht, daß er das als Zeichen für sie tat, daß er ausgezogen war, um darauf zu warten, daß sie dasselbe tue. Erst später wurde ihr klar, daß sie es hätte voraussehen können. Sie erinnert sich an ein Gespräch, in dessen Verlauf Harry geäußert hatte, daß er viel glücklicher wäre, wenn sie ihr Tun nicht geheimzuhalten brauchten.

»Dann zieh' doch aus, dann brauchst du dich nicht zu verstekken«, hatte sie geantwortet.

»Wenn ich das mache, wirst du es dann auch tun?« fragte er.

Das war das Letzte, was sie vorhatte. Sie erwiderte etwas Unverbindliches, etwa: »Mal sehen.« Und dann zog Harry tatsächlich aus. Er hob aber hervor, daß das *sein* Bedürfnis gewesen sei und sie sich deswegen nicht unter Druck gesetzt fühlen sollte. Sie sprachen auch nicht von Scheidung, höchstens implizit: »Wir redeten über Urlaubsreisen, die wir gern zusammen gemacht hätten, von denen wir aber wußten, daß sie nie realisierbar sein würden, z. B. nach Ecuador«, sagt Paula. »Oder wir phantasierten darüber, was wir im Alter tun würden. Mir schien, als sei er so unglücklich zu Hause gewesen, daß er auf jeden Fall ausgezogen wäre. Ich glaubte ihm, als er sagte, daß er das schon vorgehabt habe, bevor er mich kennenlernte.«

Aber sobald er ausgezogen war, hatte sie das Gefühl, daß er eben doch auf sie warte. Harry sei zu sehr Gentleman, um mehr als leisen Druck auf sie auszuüben, sagt sie, und lange Zeit zuckte er nicht mit der Wimper, wenn sie nach Hause ging. »Eines Tages aber zog er mich einfach zu sich hinüber und sagte: ›Genug jetzt. Du bist ein braves jüdisches Mädchen, du brauchst es, verheiratet zu sein, du *bist* verheiratet. Also geh und *sei* verheiratet.‹ Gerade als ich es wirklich genießen konnte, diese zwei Beziehungen gleichzeitig zu haben, stellt er fest, daß es ihm reicht. An dem Tag erbrach ich mich, und das ging zwei Wochen lang täglich so weiter.«

»Er hat nicht einmal mit Ihnen zu sprechen versucht und Sie nach Ihren Plänen gefragt?«

»Ja, doch. Ich fragte ihn, ›Was erwartest du von mir?‹, und er sagte: ›Ich möchte, daß du George verläßt und zu mir ziehst.‹ ›Ich soll George verlassen‹, meinte ich, so wie: ›Ich soll Präsident werden? Ich soll mein Kind erschießen?‹ Gibt es etwas Unerhörteres als den Gedanken, George zu verlassen? Wissen Sie, daß mir dieser Gedanke, bis er das sagte, noch kein einziges Mal durch den Kopf gegangen war? Wissen Sie, was George tun würde? Er würde meinem Leben ein Ende setzen oder Melissa entführen, oder mich vor Gericht für verrückt erklären lassen. Tatsächlich hat er das einmal gesagt. ›Wenn du mich je verläßt, dann würde es mir nicht schwerfallen, dich für verrückt erklären zu lassen. Allein deine Einkaufsrechnungen beweisen, daß du eine ungeeignete Mutter bist.‹ – Und außerdem läßt man sich nach dreiundzwanzig Jahren Ehe nicht scheiden; das tut man einfach nicht. Nicht in meiner Familie. Nicht in Georges Familie. Es ist unsere Familientradition, verheiratet zu bleiben.«

Weder in ihrer russisch-jüdischen noch in Georges deutsch-jüdischer Familie hatte sich je jemand scheiden lassen, und es gab auch niemanden, dem man ein Verhältnis nachsagte. »Kein Onkel, keine Urgroßmutter, kein aus der Art geschlagener Cousin. Alle sind und waren hundertprozentig zuverlässig und nur auf die Familie orientiert. Zu behaupten, daß die Ehe fraglos an erster Stelle stand, wäre noch Understatement gewesen. Egal, was schiefging, wer starb, wer eine Operation hatte – meine Mutter pflegte zu fragen: ›Bist du *verheiratet? Dann danke Gott.‹*

Harry war entsetzt, als ich ihm sagte, ich sei noch nie auf den Gedanken gekommen, von zu Hause wegzugehen. ›Was haben wir dieses ganze Jahr lang eigentlich getan?‹, fragte er. ›Was denkst du, was das ist – ein Abenteuer, ein Spiel?‹ Ich versuchte, etwas zu sagen, aber ich spürte, er würde mich nicht verstehen. Ich liebte ihn, liebte ihn wirklich, aber ich hatte nie daran gedacht, George seinetwegen zu verlassen. Ich glaube, er war schrecklich verletzt. Vielleicht dachte er, ich empfände insgeheim eine große Liebe für George, über die ich ihm bisher nichts gesagt hätte. Aber das mit George war weniger Liebe als innere Verpflichtung, und die schien nicht verhandelbar. Ich hatte ihm nichts zu sagen. Und deshalb ging ich.«

Danach war es für Harry und Paula unmöglich, einander wiederzusehen. Sie hatten die Gewohnheit angenommen, sich jede Woche um dieselbe Zeit in ihrem chinesischen Restaurant zu treffen, ohne dazwischen zu telefonieren. Obwohl Paula am nächsten Dienstag um halb ein Uhr an ihrem Tisch erschien – für den Fall einer noch so geringen Chance, daß er da sein würde –, wußte sie, daß keine Hoffnung bestand. Harry kam nicht. »Ich hätte ihm so gern erklärt, warum ich in meiner Ehe bleiben wollte«, sagt Paula. »Nun ja, ›wollte‹ ist hier ein komisches Wort. Sagen wir, warum ich mich ›dafür entschieden hatte‹, in meiner Ehe zu bleiben.«

Sie fühlte sich niedergeschmettert durch Harrys Entschluß, sie nicht mehr zu sehen. Die Übelkeit ließ nicht nach. In den nächsten zwei oder drei Monaten las sie alles mögliche über außereheliche Beziehungen und brütete über jedem Buch, jeder Zeitschrift auf der Suche nach der Antwort. Sie untersuchte die Arten von Beziehungen, die Ähnlichkeit mit der ihren hatten, um zu sehen, wie das normale Ergebnis war, ob die eine Lösung besser war als die andere. »Ich wollte herausfinden, was mit mir geschehen würde. Was geschah mit Menschen, deren Herz gebrochen war? Was geschah mit ihrer Ehe? Würde am Ende alles ins Lot kommen? Würde ich mich wieder fangen?«

Es gab niemanden, mit dem sie reden konnte, und ihre Übelkeiten wurden nur noch schlimmer.

»Wissen Sie, was ich gelernt habe, während des zweiten Monats ohne Harry, als ich mich immer noch jeden Morgen übergab, als ob ich schwanger wäre? *Man braucht jemanden, der weiß, was man mitmacht.* Egal wen, die eigene Mutter, eine Freundin. Ich war sogar nahe daran, es Melissa zu sagen. Jemand muß in die Affäre eingeweiht sein, der einem den Verlust nachfühlen kann, den man empfindet. Niemand wußte von Harry! Das war eine ganz neue Erfahrung – niemand, mit dem ich reden konnte. Es war, als betrauerte ich den Tod eines Mannes, der nie gelebt hatte, eines fiktiven Freundes. Ich war gezwungen, meine Gefühle für den, der mir soviel bedeutet hatte, unsichtbar zu halten. Es war mir nicht einmal gestattet, zu trauern – er war ja verboten. Nicht einmal das innere Recht auf mein eigenes Unglück hatte ich, weil ich als das brave Mädchen, das ich war, glaubte, ich dürfe diesen Mann nicht lieben! Ich wurde verrückt.

Ich hatte solche Herzschmerzen, buchstäblich *Herzschmerzen*, daß ich überzeugt war, organisch krank zu sein. Als ob ein Fremdkörper darin säße oder eine Art schmerzhafter Verkrampfung, die noch mehr wehtat, wenn ich den Hals bewegte. Ich ging zum besten Herzspezialisten der Stadt. Er sagte, meinem Herzen fehle nichts. Wie komisch – der beste Herzspezialist in der Stadt konnte ein gebrochenes Herz nicht diagnostizieren! Der Gipfel der Ironie! Ich fragte ihn, ob Traurigkeit das Herz krank machen könne, ob es zumindest einen Zusammenhang gebe. Dabei lachte ich immer noch und wartete bloß auf seine entsetzliche Antwort, daß er sagen würde: ›Ihnen muß nur jemand ihre Hysterie herausoperieren!‹ Aber er sagte ganz sanft und klug: ›Natürlich gibt es einen Zusammenhang. Er ist bloß nicht sichtbar. So etwas können wir mit diesen Apparaten nicht erfassen.‹ Ich lachte noch mehr, weil ich ihn so unterschätzt hatte und über meinen schwächlichen Versuch, ihn zu überführen. Ich wartete immer noch auf irgendein medizinisches Kauderwelsch über ›ein beginnendes Irgendwas‹ oder dergleichen. Als ich die Arztpraxis verließ, hatte ich das verzweifelte Bedürfnis, Harry anzurufen. Ruf ihn einfach an! Tu es! Damit diese schrecklichen Herzschmerzen verschwinden. Ruf ihn an. Ich hatte diesen Ohrwurm im Kopf, dieses Beatles-Lied: *Get back! Get back! Get back to were you once belonged!*

Ihre Freundin Carol sah sie die Praxis verlassen, Carol, die sie zweimal im Monat anrief, um sich über die Sonderangebote informieren zu lassen; sie hatte dieselbe Kaufwut wie Paula. Als sie einander über den Weg liefen, erschrak Paula: »Ich hatte Sachen aus dem Kleiderschrank meiner Tochter an: verwaschene schwarze Leggings, einen riesigen alten Pullover mit einem großen Koala-Bären darauf, den Lady Di vor Jahren auf irgendeiner Reise nach Australien populär gemacht hatte, und Arbeitsstiefel. Ich versuchte, ihr vorzumachen, daß ich an diesem Morgen bloß mal aus dem Haus gelaufen sei…, aber so, wie ich aussah, waren Worte überflüssig. Ich starrte auf meine Stiefelspitzen hinunter, murmelte irgend etwas Erbärmliches. ›Ich fahre heute nachmittag aufs Land!‹ Sie sah mich an und begann zu reden, aber ich lief davon.
Später rief Carol Paula an. Sie faßte sich sehr kurz am Telefon.

Was los sei, wisse sie ja nicht, und es täte ihr leid, daß sie nicht geholfen habe, vielmehr nicht habe helfen können, aber sie sei selbst depressiv gewesen und sie kenne die Anzeichen – ob es das sei? Sie wisse im übrigen, daß Paula in Schwierigkeiten sei. Paula möge über Designer fabelhaft Bescheid wissen, aber sie, Carol, kenne sich aus, wenn es darum gehe, professionelle Hilfe zu finden. »Sie kannte fast jeden Therapeuten in der Stadt«, erklärt Paula, »und sie meinte, sie wisse genau den Richtigen für mich. Etwas in der Art. Wirklich nett. Sie bemühte sich richtig um mich.«

Carol riet ihr: »Was auch immer du durchmachst, laß dir von jemandem beistehen.« Das traf genau den wunden Punkt bei Paula, die es so bedrückte, mit ihrem Elend allein zu sein. Paula stimmte zu, sie mußte mit jemandem über Harry reden, über das, was sie durchmachte.

Paula rief diese Frau an, von der Carol sagte, sie sei so gütig und warmherzig wie Apfelküchlein. Paula begann in dem Moment zu weinen, als sie dort ankam: Wo waren die Tempos? Hatten Psychiater nicht immer Taschentücher griffbereit? Paula weinte und weinte. Die Therapeutin brachte ihr Taschentücher. »Ich habe ein Verhältnis!«, brachte Paula unter Schluchzen hervor.

»Ach«, machte die Therapeutin.

»In dieser ganzen ersten Sitzung kamen wir überhaupt nicht zu George. Sie muß gewußt haben, daß ich verheiratet bin, denn warum würde ich sonst ihre ganzen Taschentücher aufbrauchen? Wir redeten nur über Harry.«

Nun beginnt Paula, ihre Gefühle gegenüber Harry zu untersuchen – Gefühle, die sie nie zuvor gehabt hatte. Unzugänglich sind ihr allerdings ihre Empfindungen gegenüber George. In ihrer Familie und in der von George ist, »die Ehe, in welchem Zustand der Degeneration sie auch sein mochte, *das, worauf es ankommt*. Nichts sonst zählt – nicht, wie gesund die Beziehung ist, nicht, wie man sich darin fühlt. Was zählt ist, daß die Ehe intakt bleibt.«

Während ihre Mutter ihre Entscheidung nie in Frage stellen würde, tat ihre Psychologin das sehr wohl. »Sie meinte, daß ich mich wegen der unverdaulichen Dinge übergeben müsse, die ich mich zwang, hinunterzuschlucken.« Das Unverdaulichste war offenbar die mögliche Erkenntnis, daß ihre Beziehung zu George äußerst problematisch sein könnte. Sie anzuschauen, sie zu untersuchen, vielleicht festzustellen, daß sie irreparabel sei, war ihr unerträglich.

Eines Tages schockierte die Psychologin Paula mit dem Satz: »Ich weiß nicht, ob wir weiterhin so tun können, als wollten Sie wirklich aus ganzem Herzen zu dieser Ehe zurückkehren«, sagte sie, »wenn es doch offensichtlich ist, daß es eine zutiefst unbefriedigende, entfremdete Beziehung ist, an der Sie auch nichts zu ändern gedenken. Wenn Sie es also nicht in Betracht ziehen wollen, George zu verlassen oder mit ihm über Ihr Verhältnis zu sprechen bzw. in einen wie auch immer gearteten Dialog mit ihm einzutreten, könnten Sie sich dann vorstellen, Harry wiederzusehen?«

Paula war frappiert. »Wollen Sie damit sagen, ich sollte mein Verhältnis fortsetzen?«

»Ich will damit sagen«, antwortete sie, »daß wir an einem toten Punkt sind. Ich denke, Sie sollten Harry anrufen.«

Paula begann zu weinen, hemmungslos zu schluchzen. Sie weinte, ohne an ein Aufhören zu denken, als würde das Weinen kein Ende nehmen. »Meine Lunge hatte einen Hustenanfall, der diese schrecklichen Schluchzer auslöste, die wie ein Todesröcheln klangen. Ich erbrach über den Ledersessel der lieben Therapeutin und begann, das Erbrochene mit den feuchten Papiertaschentüchern abzuwischen, die ich im Lauf der Stunde in meinem Schoß zusammengeknüllt hatte. Sie sagte immer wieder, es sei in Ordnung, es würde schon in Ordnung kommen, das sei gut, und ich hätte das gebraucht, und ich wischte dabei ständig an dem Ledersessel herum. Dann ging sie hinaus und kam mit einem festeren Lappen zurück, und wir machten sauber.

Sie meinte, ich solle nach Hause gehen und einen heißen Tee trinken. In ein paar Stunden werde sie mich anrufen. Es war elf Uhr vormittag. Ich trank Gin pur. Ich, die sonst nie trinkt. Meine Mutter gab mir immer Gin pur, wenn ich meine Periode hatte, wegen irgendeiner Wirkung der Wacholderbeeren auf die Eierstöcke. Die Therapeutin rief mich tatsächlich an. Ich sagte ihr, ich hätte einen Gin getrunken und würde allmählich blau. Wir machten für den nächsten Tag einen Termin aus.«

Und dann rief Paula Harry an. Sobald sie seine Stimme hörte, fühlte sie sich erlöst, Energie strömte in ihr Herz, und die Stelle, wo ihr Schmerz gesessen hatte, schien sich mit Licht zu füllen. Sie verabredeten sich für den nächsten Tag. Das war vor drei Monaten. Harry erklärte sich zögernd bereit, Paula wiederzusehen. Dieses eine Mal würde er sie nicht wegen George unter Druck setzen. Wie wütend Harry auf Paula auch war – er hatte sie so vermißt, daß er sich sehr auf das Wiedersehen freute. Paula ist weiterhin in Therapie:»Wir reden jetzt endlich über George. Will ich mit Harry durchbrennen, ihn heiraten und George verlassen? Nein. Das will ich nicht.«

»Gibt es auch etwas, wozu Sie ja sagen?«

»Ich habe jemanden gefunden, den ich dringend brauche, der liebevoll, zugewandt und humorvoll ist, und mit dem ich unbedingt zusammensein möchte. Mit Harry habe ich Aspekte von mir entdeckt, die zuvor nicht da waren, obwohl ich das Gefühl hatte, eine wilde, extravagante, wunderbare Seite zu haben, die bloß darauf wartete, von den Toten auferweckt zu werden. Aber bei Harry fühle ich mich noch anders, sinnlich und lustig – nicht idiotisch lustig, sondern witzig. Da ist eben auch mein Kopf eingeschaltet, ich fühle mich klug. Ich habe das Gefühl, daß er meine beste Seite wachkitzelt, und daß er sie liebt, mich liebt.

Ich kaufe übrigens immer noch ein. Vielleicht ist die alte Theorie von der unterdrückten Libido ganz falsch, obwohl ich zugeben muß, daß ich nicht mehr diese Rechnungen zusammenkriege. Und ich bin auch beruflich viel produktiver – tatsächlich denke ich daran, mir irgendwo eine Ganztagsstelle in einem Lektorat zu suchen und mit dieser hoffnungslosen freiberuflichen Tätigkeit aufzuhören.

Nie zuvor habe ich solchen Sex erlebt, solche Gespräche geführt, nicht einmal solche Streitigkeiten gehabt – bei Harry habe ich nie das Gefühl, bloß Programme abzuspulen und irgendeine Rolle zu spielen. Ich erdulde diese Beziehung nicht, ich lebe in ihr. Dieses Gefühl, das Leben selbst in die Hand zu nehmen, sich darin wie ein Fisch im Wasser zu fühlen und das nicht zu spielen, sondern es zu spüren – ich hatte es längst vergessen. Ich sitze nicht mehr in einem Turm. Ich hatte vergessen…, was meine wahre Natur ist, wie man agiert, nicht bloß reagiert. Ich bin normal und offen, so, wie ich früher war. Vielleicht stellen sie meine Verwendung des Begriffs ›normal‹ in Frage.«

»Nein, ich stelle den Begriff ›normal‹ in Frage«.

»Nun, ich fühle mich einfach, wie soll ich sagen..., ganz bei mir.«

»Werden Sie die Beziehung mit Harry fortsetzen?«

»Ja.«

»Ist er bereit, Sie auf dieser Basis zu sehen?«, frage ich.

»Ja.«

»Was ist, wenn er es nicht aushält und darauf besteht, daß Sie George verlassen?«

»Er hat mir versprochen, das nicht zu tun. Jedenfalls jetzt nicht. Inzwischen ziehe ich diese Möglichkeit aber selbst in Erwägung. Ich ziehe alles in Erwägung.«

Hester Prynne wird am Ende von Der scharlachrote Buchstabe *nicht getötet. Sie stirbt später eines natürlichen Todes. Dennoch ist ihr Schicksal, für mich jedenfalls, deprimierender als Annas Tod auf den Schienen oder Tess' Gehenktwerden oder Emmas Arsenvergiftung – obwohl Hester jetzt frei war, das Schandmal von ihrer Brust zu nehmen und es nie wieder zu tragen. Als sie mit Dimmesdale in der Einsamkeit der Wälder allein ist, reißt sich Hester den Buchstaben von der Brust, wirft ihn auf den Boden ins Laub, wo er »glitzernd wie ein verlorener Edelstein« liegenbleibt. Erstaunt über eine unbeschreibliche Erleichterung und ein Gefühl der Gewichtlosigkeit, zieht sie sich die steife puritanische Haube vom Kopf, die seit sieben Jahren ihr glänzendes, dunkles Haar verborgen hatte, und läßt es frei auf ihre Schultern herunterfallen, so wie sie auf den ersten Seiten des Buches beschrieben war. Und was für einen Plan sie für sie beide hat – zusammen von Boston wegzuziehen! Einander wieder zu lieben! Unerschrocken beschreibt Hawthorne seine einst schweigsame Hester, deren leidenschaftliche Rede dem Reverend Dimmesdale die Sprache verschlägt: »Um ihren Mund spielte und aus ihren Augen glänzte ein strahlendes Lächeln, das aus dem tiefsten Grunde ihres Frauentums zu strömen schien. Plötzlich errötet, glühten ihre Wangen, die lange so bleich gewesen waren. Ihr Geschlecht, ihre Jugend, all der Glanz ihrer Schönheit kehrten zurück aus der unwiderruflichen Vergangenheit – wie die Menschen es nennen – und drängte sich mit ihren Mädchenträumen und einem zuvor nicht gekannten Glücksgefühl in den magischen Kreis dieser Stunde.« Die so lange vermißte Eigenschaft war zurückgekehrt.*

Während sie in ihrem kühnen Plan schwelgt, werden wir für diesen Augenblick Zeugen der früher geschilderten fraulichen Hester, solange sie sich mit ihrem Geliebten in »jener wilden, heidnischen Natur des Waldes (befindet), der nie einem menschlichen Gesetz unterworfen... war«. Wir spüren erneut die Kraft, die von Hesters leidenschaftlicher Sexualität und ihrem Glücksgefühl ausgeht.

Aber sie und Dimmesdale gehen nirgendwo hin. Hester hebt den Buchstaben wieder auf und heftet ihn sich an die Brust, um ihn nie wieder abzunehmen. Indem sie den scharlachroten Buchstaben erneut freiwillig annimmt, kehrt Hester auch wieder in die Zelle des eisernen puritanischen Gehäuses zurück, dem sie einst entflohen war, und reklamiert die tödliche Wohlanständigkeit für sich, der sie vor langer Zeit abgeschworen hatte. Sie brauchte nicht länger diese »eisernen Männer« und ihre »herzlosen Frauenzimmer«, um die Strafe für ihren Ehebruch zu vollstrecken; sie vollstreckte sie an sich selbst. Am Ende, versichert uns Hawthorne, »hatte der scharlachrote Buchstabe seine Wirkung getan« und sie zermalmt.

Hester ohne Hoffnung und Leidenschaft, ohne ihre Stimme, ihren Plan und ihre Sexualität konnte sich jetzt den anderen puritanischen Matronen zur Seite stellen. Tatsächlich hatte sie jetzt Aussicht, eines der vorbildlichsten »Frauenzimmer« zu werden, denn jeder wußte, daß sie allein »keine selbstsüchtigen Zwecke verfolgte und in ihrer Lebensweise keinerlei eigene Vorteile oder Vergnügungen suchte«. Die Bewohner der Stadt, die bei ihr eine Selbstlosigkeit und ein Leid spürten, das noch ihr eigenes übertraf, besuchten sie täglich und fragten sie um Rat in ihrem Kummer und ihren Sünden. Hester wurde zur Beraterin der Gemeinde. Unglückliche, insbesondere Frauen »in den ständig wiederkehrenden Versuchungen verletzter, vergeudeter, gekränkter oder irrender und sündiger Leidenschaft – oder mit der traurigen Bürde eines nicht geschätzten und unbegehrten und darum unbefriedigten Herzens belastet –, kamen zu Hesters Hütte und fragten, warum sie so elend seien und was man dagegen tun könne«.

Wenn wir bedenken, daß Hester aufgrund ihres einzigartigen Wissens und ihrer Leidenschaftlichkeit die einzige Frau war, die das Mittel zur Heilung dieser Beschwerden besaß; daß sie dazu bestimmt war, »die neue Wahrheit« zu enthüllen, welche die ganzen Beziehungen zwischen Mann und Frau auf einen festeren Boden »gegenseitigen Glückes« stellen könnte, können wir nur Hawthornes Pessimismus teilen, wenn wir den Ausgang der »gesetzlosen Leidenschaft« zur Kenntnis nehmen, die Hester einst zu einer Frau machte – zur Heldin seiner Erzählung – und sie dann verstümmelte, wie das scharlachrote A, das sie einst stark gemacht hatte, dann aber ihre Kräfte aufzehrte.

3. Teil

11. »Ich glaube nicht mehr an ewiges Glück«

Nach einer Tournee brauchte Amanda immer mindestens zwei Wochen, um sich wieder an zu Hause zu gewöhnen. Diesmal schien es besonders mühevoll, und dabei war sie schon seit zehn Tagen daheim. Selbst ihre Katzen ignorierten sie: »Ach, du bist es, die fabelhafte Schauspielerin«, schienen sie zu sagen, während Amanda ihr Interesse an ihrem Lieblingsfutter zu wecken versuchte. »Wie gütig von dir, nach Hause zu kommen.« Eine davon, ein Katerchen, starrte sie kühl über seinen Thunfisch hinweg an und weigerte sich zu fressen. »*Et tu,* Brambleberry?« meinte Amanda – aber Brambleberry gähnte nur.

Daniels Freude über ihre Rückkehr war zwar spürbar, aber nur für den, dem seine übliche zurückgenommene Art vertraut war. Daniel schwieg. Er war ein bedächtiger und wählerischer Mann, dazu anständig, Eigenschaften, die Amanda ebenso mochte wie seine Zuvorkommenheit, seit sie ihn damals im Alter von neunzehn, also vor zehn Jahren, kennengelernt hatte – ein Gary Cooper. Daß es ihm schwerfiel, seine Gefühle auszudrücken, schien ihr nun einmal typisch männlich. Es belastete sie nicht besonders – Gary Cooper hatte vermutlich dasselbe Problem –, und sie entriß diese denn auch energisch seiner widerstrebenden Seele, bestand darauf, daß er sich ihr anvertraute. »Spuck es aus!«, rief sie, wenn sie merkte, daß sich sein Unterkiefer anspannte und sein Blick von ihr abwandte. »Daniel, du kannst nicht alles für dich behalten. Ich weigere mich, so zu leben. Sag es! Du mußt, Daniel, das ist für dich so wichtig wie für mich!«

Und er versuchte es tatsächlich. Er sprach es aus, was immer es war, und sie redeten darüber, und sein Unterkiefer entspannte sich, sein Blick kehrte zu ihren Augen zurück, und sie wußte, daß dies ihr gemeinsames Schicksal war: Während sie genug Gefühle für drei äußerte und mehr Wahrheiten, als irgend jemand hören wollte, lauschte er und beobachtete und lernte von ihr, wie man einander nahekommt, wie man sein Herz öffnet. Als Gegengabe für ihre Intensität und Ehrlichkeit kamen ihr seine Stabilität und Stärke und enorme Geduld zugute.

Deshalb wußte sie im Grunde nicht, welche Reaktion sie sich von Daniel erhoffen konnte, aber doch wenigstens irgendeine! Sie war einen Monat weggewesen! Und es war ein so krasser Wechsel von der erregenden Atmosphäre des Theaters, der vertrauten Launenhaftigkeit der Schauspieler und ihren jederzeit frei geäußerten Gefühlen – inzwischen war das zu einem Lebenselixier für sie geworden – zu dem hier, ihrem Zuhause, wo Daniel und die Katzen ihre Stimmungen verbargen und ihre Gefühle geschickt verschleierten, in dem Bemühen, wie ihr schien, ihr erneut zu beweisen, daß sie Distanz halten konnten.

Aber es war nicht bloß die Intensität des Theaters und der Beziehungen, die sie dort hatte, worauf ihr Gefühl der Enttäuschung zurückzuführen war; es war die Intensität der Liebesaffäre, die sie in den letzten zwei Wochen dort gehabt hatte.

Ein Geschäftsmann, der sie bei der Premiere als die vierzehnjährige Hedwig in der *Wildente* erlebt hatte, hatte Amanda hofiert – er war jeden Abend nach der Vorstellung in ihre Garderobe gekommen –, bis sie schließlich seine Einladung zum Abendessen angenommen hatte. Er kam weiterhin jeden Abend in ihre Garderobe, bewaffnet mit Champagner und Blumen und einer neuen Adresse für ein spätes Souper, und nach zwei Wochen ging sie mit ihm nach Hause.

Amanda ist die Freundin einer guten Freundin von mir, durch die ich sie kennenlernte. Das trug vermutlich dazu bei, daß wir bald sehr offen miteinander redeten. Als sie an jenem düsteren Morgen im Dezember 1988 in meine Wohnung kam, begriff ich sofort, warum eine Frau ihres Alters – sie war damals 29 – in dem Ibsen-Stück als Vierzehnjährige besetzt werden konnte. Sie hatte das klare, offene Gesicht eines jungen Mädchens, blaßblaue Augen und langes, glattes, weizenblondes Haar – eine anziehende, dabei unschuldig wirkende Schönheit.

Sie habe Daniel soeben von ihrer Affäre mit Charles erzählt, berichtete sie mir. Ich fragte sie, wie sie es ihm gestanden habe, was sie gesagt habe.

Sie erzählte es Daniel genauso, wie es geschehen war, den äußeren Ablauf und auch, was in ihr vorging. »Charles hatte mich bei der Premiere als Hedwig gesehen und war wirklich beeindruckt – beeindruckt von der Figur«, sagte sie. »Hedwig ist die einzig unschuldige Person in dem Stück, und Charles behandelte mich, als ob ich sie wäre, dieses unschuldige und brave Kind. Er war fasziniert von mir aufgrund der Figur, die ich in dem Stück darstellte. Ich war in seinen Augen ein reizender, liebenswürdiger, guter Mensch, weil ich das auf der Bühne war. Sie können sich nicht vorstellen, was das für mich als Schauspielerin bedeutete. Ich hatte ein Netz der Illusion gesponnen, das ihm real erschien. Das bedeutete, daß ich mein Ziel erreicht hatte.«

»Und was ist mit Ihren Gefühlen für ihn?«

»Ich war auf dieser Reise immer einsamer geworden. Mein Verhältnis zu Daniel war nicht sehr gut gewesen, als ich wegfuhr. Daniel war hin- und hergerissen – er ist Architekt, aber er wußte nicht, ob er weiter unterrichten sollte. Er war nicht sicher, was er mit seinem Leben tun wollte, und schwankte, welche Richtung er einschlagen sollte. Aber wer weiß schon immer, wohin es mit seinem Leben gehen soll? Er war jedenfalls schlecht drauf und schien wirklich ziellos. Ich wußte dagegen genau, was ich in meinem Beruf wollte, und so bin ich vielleicht ungeduldig gewesen. Auch hatten Daniel und ich im letzten Jahr viel Streß. Wir sind zweimal umgezogen – habe ich Ihnen das erzählt?

Und ich hatte abgetrieben. Ich war zur ungünstigsten Zeit für uns schwanger geworden, vor allem für Daniel, der nicht wußte, wie es mit ihm weitergehen sollte. Er wollte das Kind wirklich nicht, und ich war ambivalent. Dennoch machte uns dieser Entschluß traurig. Und... wir fühlten uns unbehaglich miteinander. Ich habe unentwegt darüber geredet, er aber nicht; dann zogen wir um, und ich war auf Proben, – wir waren etwas auseinandergedriftet.

Bei Charles wußte ich die ganze Zeit, daß wir nicht zusammenbleiben würden – ich war sicher nicht auf der Suche nach einer dauerhaften Beziehung! –, aber es gab Dinge, die ich sehr an ihm mochte. Er ist ein ehrgeiziger, aktiver Mensch, immer bereit zu lächeln. Seine optimistische Grundhaltung war mir ganz ungewohnt, so anders als die von Daniel – und meine eigene.

»Wieviel von all dem haben Sie Daniel erzählt?«, fragte ich.

»Ich habe ihm alles erzählt. Alles. Den ganzen Hintergrund und alles über Charles. Daß er immer wieder nach der Vorstellung in die Garderobe gekommen war. Daß er mich zum Abendessen und zum Kaffee einlud und daß wir schließlich, nachdem das zwei Wochen so gegangen war, miteinander schliefen. Daß ich Sex von einem Menschen bekam, der mir ein positives Gefühl von mir selbst vermittelte, zu einem Zeitpunkt, wo ich deprimiert war. Jemand, der mich zauberhaft fand und der ungefährlich erschien, denn ich wollte ja Gesellschaft, nicht Liebe. Auch, daß ich froh war, das für ein paar Wochen gehabt zu haben – und daß ich es nicht länger brauchte. Es war vorüber.«

»Und wie reagierte Daniel?«

»Mein ursprünglicher Impuls war, ihn zu einer Reaktion zu drängen. ›Du kannst mich schlagen, du kannst mit mir tun, was du willst!‹ sagte ich zu ihm. Es war irgendwie albern, aber es drängte mich dazu. Das tat er natürlich nicht. Er zog sich zurück.

Nachdem er etwa eine Woche lang nicht mit mir gesprochen hatte, sagte er: ›Es ist nicht fair, daß ich so zu dir bin. Genau das magst du nicht an mir. An dem, was geschehen ist, bin ich genauso mitschuldig wie du.‹ Und lange Zeit spürte ich eine wirklich große Nähe zu ihm. Er versuchte, offener zu sein. Da war ich sehr hoffnungsvoll.«

Warum, fragte ich sie, sei es so wichtig gewesen, ihrem Mann von dieser Affäre zu erzählen, die bereits vorüber war? War es, weil sie sich schuldig fühlte oder weil sie wütend war?

»Nein. Ich glaube nicht«, sagte sie. »Ich kann einfach nicht anders. Ich bin immer ehrlich gewesen. Daniel hat diese Frau geheiratet, und er weiß es. Viele Leute haben mich gewarnt, ihm je etwas zu sagen, und die meisten Leute meinen noch immer, daß ich einen Fehler gemacht habe. Aber ich habe noch nie so gelebt. Manchmal denke ich, es wäre leichter für ihn, wenn er es nicht wüßte, und schwieriger für mich – obwohl die Menschen doch Antennen haben, und entweder schauen sie genau hin, was sie empfinden, oder eben nicht. Das habe ich an der Beziehung meiner Eltern immer am meisten gehaßt – dieses Leugnen. Ich mag es nicht, irgend etwas zu leugnen. Und deshalb lasse ich erst gar nicht zu, daß das geschieht.

Wenn ich spüre, daß Daniel etwas empfindet, dann tue ich nicht so, als existiere dieses Etwas nicht. Niemals. Er dagegen kann Dinge übergehen. Ich weiß nicht, wie Daniel wäre, wenn ich mehr wie er wäre – vielleicht wäre er sehr glücklich! Er kann gut damit leben, sich nicht zu konfrontieren. Ich kann das nicht. Wenn etwas sehr wichtig für mich ist, dann dulde ich keine Lügen. Ich meine, ich bemühe mich um Aufdeckung. Zumindest *meiner* Lügen. Gegenüber den Lügen anderer bin ich toleranter.

Ich wollte, daß er begreift, daß es da ein echtes Problem gibt oder vielmehr Probleme. Und daß es ernst ist und *daß ich daran arbeiten wollte. Wir mußten daran arbeiten.*

Das ist ziemlich kompliziert. Wenn ich sage, ich wollte, daß er weiß, daß da ein Problem ist, will ich ihm damit doch keine *Schuld* für meine Affäre zuschieben. Ich sage nicht, ›ich habe *das* getan, weil du *jenes* getan oder nicht getan hast‹. Ich sage, daß all die Dinge, die letztes Jahr passiert sind, plus die Distanz zwischen uns plus Daniels geringe Gesprächsbereitschaft plus meine Einsamkeit unterwegs, all das ist Bestandteil des Problems. All das muß in Betracht gezogen werden, bedarf der Aufmerksamkeit. Wir hätten auf diese Dinge achten müssen, und wir haben es nicht getan, das war ein Teil des Problems. Wir hätten über unsere Umzüge sowie unsere Trennungen sprechen müssen, auch über das, was ich als Daniels allgemeinen Mangel an Kommunikationsbereitschaft ansehe.«

»Dennoch scheint er auf die Neuigkeit in einer Weise reagiert zu haben, die er später bedauerte. Als ob er einsähe, daß Sie ein Recht auf Ihre Affäre hatten und er kein Recht auf seine Bitterkeit darüber.«

»Ich glaube nicht, daß er mir das Recht auf die Affäre zugestand. Nur das Recht auf Fairness in der Bewertung, warum es dazu kam. Und das Recht auf Anerkennung, daß ich mein Versprechen ihm gegenüber gehalten hatte, ihn nie zu belügen.«

»Haben Sie selbst das Gefühl, daß Sie, wenn Ihre Kommunikation mit Daniel ideal wäre und Sie nicht sechs Wochen weggewesen wären...«

»Daß ich dann *keinen* Seitensprung gemacht hätte? Nein. Das kann ich nicht behaupten. Das meine ich damit, daß ich niemanden beschuldige. Das wäre viel zu einfach. Nach dem Motto: ›Ich bin so unkompliziert und so anständig, daß ich mich immer tadellos benehmen werde, wenn *du* mich nicht zu etwas treibst, wenn *du* nicht etwas tust, was mich unanständig reagieren läßt.‹ Ich hasse diese Haltung. Wer ist denn schon so anständig? Wer benimmt sich so vollkommen? ›Er hat sie zu diesem Seitensprung getrieben. Sie hatte keine andere Wahl!‹

Ich sage nur, daß das mit mir los war, daß ich diese Dinge vermißt habe und daß sie zusammen zu dem emotionalen Zustand beigetragen haben, in dem ich war, und dieser verletzliche Zustand trug zu meinem Verhalten bei. Das ist alles. Wäre Daniels und meine Beziehung glücklich – wer weiß, vielleicht hätte ich mich dennoch genauso verhalten. Ich glaube es zwar nicht, aber ich kann es nicht sicher wissen. Die Umstände waren eben andere. Was ich weiß ist, daß wir an den Problemen zwischen uns arbeiten können; daß sie dazu beigetragen haben könnten oder auch nicht, daß ich eine Affäre hatte; und daß ich daran arbeiten möchte, unsere Ehe zu verbessern.«

»Geht denn aber aus Ihren Worten nicht hervor, daß seine mangelnde Kommunikationsbereitschaft Sie hinreichend störte, um aus der Ehe auszubrechen? Und könnte man daraus nicht schließen, daß ein kommunikationsfreudigerer Daniel die Affäre mit Charles vielleicht verhindert hätte?«

»Ja, unsere Situation trug zu meiner Bereitschaft bei, mir anderswo Sex zu suchen, das ist sicher. Aber ich wurde nicht dazu *getrieben.* Daniel oder die Umzüge oder unsere Probleme waren nicht die *Ursache* meines Seitensprungs. *Ich* habe ihn verursacht! Verstehen Sie? Es geht nicht darum, daß ich gezwungen wurde. Worum es geht ist, wer ich unter bestimmten Umständen bin.

Ich will einfach nicht den Eindruck erwecken, als wäre ich in etwas hineingedrängt oder hineingelockt worden. Ich meine, Charles war zwar hinter mir her, aber *ich war diejenige*, die ihn schließlich verführte, sobald sich die Szene vom Theater in seine Wohnung verlagerte. Ich habe es dann vorangetrieben. Daniel hat mich nicht in die Person verwandelt, die einen anderen Mann drängte, mit mir zu schlafen! Das meine ich damit – *ich* war es, die das dort getan hat. Ein Teil von mir, den ich gar nicht kannte, das gebe ich zu, aber dennoch ich. Sollte ich *Daniel* dafür die Schuld geben? Oder meiner *Ehe*? Das sind zwei Paar Stiefel!«

»Ich verstehe. Aber dennoch habe ich den Eindruck, daß Sie ambivalent in dieser Frage sind, obwohl Sie eindeutig die Verantwortung für Ihren Seitensprung übernehmen. Ich denke, wir machen uns alle keine klare Vorstellung davon, wie stark sich die Monogamie auf die Ehe auswirkt. Ich habe den Eindruck, daß wir immer noch von dem Glauben durchdrungen sind, eine gute Ehe sei automatisch monogam und außerehelicher Sex müsse deshalb bedeuten, daß an der Ehe irgend etwas faul ist. Ich trete das deshalb so breit, weil ich herausfinden will, was der *eigentliche* Grund Ihres Seitensprungs sein könnte.«

»Ja, nun, Gründe dieser Art gibt es viele. Daniel war aggressiv, in einer kaum merklichen Art, und er hat mir eine Furcht vor Dingen eingeflößt, vor den verschiedensten Dingen, ich war ja noch sehr jung. Er begann mich zu beherrschen, und ich fing an, mich inkompetent zu fühlen. Ich könnte Ihnen eine Liste seiner Fehler aufzählen und eine Liste unserer Probleme – aber ich glaube immer noch nicht, daß eine ›bessere‹ Ehe Monogamie garantiert – stimmt das denn noch? Es gibt gute Ehen, in denen beide Partner fremdgehen; und schreckliche Ehen, wo sie ewig zusammenkleben. Eine unvollkommene Ehe *rechtfertigt* die Untreue gefühlsmäßig, als ob niemand je mit jemand anderem als seinem Partner schlafen würde, wenn die Ehen vollkommen wären.«

»Ich denke, das könnte etwas damit zu tun haben, wie man ›vollkommen‹ definiert.«

»Manchmal glaube ich, wenn Daniel weniger vollkommen wäre, weniger der Gary-Cooper-Typ und gut und anständig und all das, dann wäre es besser für mich, für uns. Dann wäre ich weniger die Frau, die ihren Mann aufzuknacken versucht, und er wäre weniger der Mann, der seine Frau unter Kontrolle halten will. Das ist eine so alte Geschichte, und wir alle, Frauen und Männer, fühlen uns so selbstgerecht in all diesen langweiligen Rollen, als ob sie unentrinnbar wären, als ob das gute Rollen wären. Widerlich. Wissen Sie was? Das einzige, was ich aus all dem gelernt habe, ist, daß *ich nicht sicher weiß, wie ich mich verhalten werde*, ob die Ehe nun gut ist oder schlecht.«

»Angenommen, Sie würden daraufkommen, daß Daniel ein Verhältnis hat.«

»Ich hätte sehr unterschiedliche Gefühle. Aber ich würde nicht sterben. Vermutlich wäre ich empört, wenn er das täte – ich kann wie eine Bestie in einem Käfig sein. Aber es wäre keine solche Katastrophe, wenn er es täte. Ich würde alles mögliche empfinden, aber das würde mich nicht umbringen, diese Gefühle. Ist es besser, all seine Gefühle zu ersticken, um das Boot für sich oder für einen anderen Menschen nicht zum Schaukeln zu bringen? Ist das Liebe? Zwei Menschen, die sich geloben, sich emotional und sexuell ihr ganzes Leben lang nicht von der Stelle zu rühren, damit keiner von beiden je ein negatives, angstbesetztes Gefühl zu haben braucht?

Als ich erwachsen wurde, dachte ich, ein Seitensprung sei das Schlimmste, was geschehen könnte. Als ich vor acht Jahren heiratete, habe ich nicht lange über Monogamie nachgedacht. Ich würde monogam sein, das war alles. So war das einfach. Von diesem Standpunkt aus wäre das also niederschmetternd gewesen.

Aber aufgrund meiner eigenen Erfahrung habe ich einen neuen Standpunkt: ich glaube nicht mehr, daß Monogamie etwas so Richtiges ist. Ich habe durch diesen Seitensprung soviel gelernt, bin um so viel toleranter gegenüber mir und anderen geworden; und zwar sowohl durch meine Erfahrung als auch durch Daniel. Meine Einstellung hat sich verändert. Wenn es nun so gekommen wäre, daß Daniel zuerst einen Seitensprung gemacht hätte, hätte ich nicht selbst begreifen können, wie man sich dabei eigentlich fühlt. Ich weiß nicht, ob ich es dann hätte verstehen können, ob ich so tolerant gewesen wäre wie er. Daniel braucht keine persönliche Erfahrung, um tolerant zu sein, ich schon. Ich weiß nicht, ob ich mich dann ebensosehr entwickelt hätte.«

»Lieben Sie Daniel infolge Ihrer Affäre mehr?«

»Ganz bestimmt.«

»Weil er Sie nicht bestraft hat?«

»Weil er mich versteht. Und weil es für mich die größte Strafe wäre, die Wahrheit über mein Verhalten vor ihm verbergen zu müssen, nicht nur, weil das eine Lüge wäre, sondern weil es meine größte Furcht im Leben *garantieren* würde – nicht verstanden zu werden. Mir ist es viel wichtiger, daß mich Daniel versteht, als daß er mein Verhalten *billigt*. Ich bin nicht an einer Billigung interessiert, die auf dem Glauben beruht, der Mensch, den man liebt, sei fehlerlos.«

»Wenn ich Sie richtig verstehe, dann sagen Sie, daß nicht die Ehe ein Problem für Sie darstellt, sondern die Monogamie.«

»Das stimmt. Daniel geht es genauso. Das einzige, was wir bei der Hochzeit zueinander sagten, war: ›Ich werde dich lieben.‹ Wir sagten nicht, wir würden uns für ewig binden, und wir haben nicht... gelogen. Wir waren beide 22 Jahre alt, hatten sehr starke Überzeugungen und wollten heiraten, aber wir haben unsere Ehe für den Lauf des Lebens offengelassen.«

»Wie geht es jetzt sexuell mit Daniel? Ist es gut?«

»Es ist besser.«

»Besser als wann?«

»Als es letztes Jahr war. Daniel geht immer noch nicht so aus sich heraus – weder sexuell noch in anderer Hinsicht –, wie ich es mir wünschen würde.«

»War die sexuelle Ebene der Beziehung zu Daniel je wirklich befriedigend für Sie?«

»Naja, nicht schlecht. Ich möchte bloß, daß es... tiefer geht, ein tieferer Ausdruck unserer Gefühle füreinander ist.«

»Weiß er, daß Sie irgendwann möglicherweise eine weitere Beziehung haben werden?«

»Er weiß, daß das möglich ist, ja.«

»Könnte es sein, daß er zu verletzt ist, um jetzt seine tiefsten Gefühle zu äußern?«

»Ich denke nicht. Er geht eher mehr aus sich heraus als vorher. Ich wünsche mir gar nicht, daß er nur gute Gefühle zeigt. Ich möchte, daß er sich selbst offenbart, was auch immer es ist. Mir wäre aggressiver Sex und weinender Sex recht. Aber Sex ohne Gefühlsäußerung, das ist einfach tödlich.«

»Wenn Daniel Ihnen eine weitere Affäre unmöglich zu machen versuchte, wenn er sagte, entweder sexuelle Ausschließlichkeit oder gar nichts, würden Sie sich dann unfrei fühlen?«

»Möglicherweise; ich bin mir nicht sicher. Ich würde es mir wahrscheinlich eine Weile gefallen lassen, bis irgend etwas die Situation veränderte. Ich würde mich wahrscheinlich dazu bereit erklären, aber wenn eine Veränderung einträte, würde ich auch nichts dagegen tun. Worauf ich mich jetzt konzentriere, ist der Versuch, mehr zu Hause zu sein, mehr mit ihm zusammen. Damit ich keine Affäre zu haben brauche, vielleicht. Wenn ich eine brauche, werde ich es tun. Aber ich beschäftige mich jetzt innerlich nicht damit, sondern ich möchte unsere Beziehung bereichern. Natürlich – wir müssen es beide wollen. Wir müssen beide offener, gesprächsbereiter im Hinblick auf unsere Schwierigkeiten werden.«

Amanda und ich unterbrechen das Interview, um etwas zu essen. Wir schalten das Tonbandgerät aus und machen uns Toast und Kaffee. Dabei reden wir auch über andere Dinge, aber irgendwie können wir uns vom Thema der sexuellen Ausschließlichkeit nicht losreißen. Sie sagt: »Darüber könnte ich noch viel mehr reden, ich habe viel darüber nachgedacht.« Ich schnappe mir Toast und Kaffee und schalte das Gerät wieder ein.

»Man stirbt nicht von Seitensprüngen«, beginnt Amanda. »Man entwickelt sich durch sie. Diese enge Vorstellung, die wir alle haben – ob wir nun Katholiken, Protestanten, Baptisten oder Juden sind –, daß wir von diesen schrecklichen Gefühlen aus der Bahn geworfen werden könnten, daß man daran sterben oder daß Gott einen deswegen tot umfallen lassen könnte – furchtbar! *Wir haben sie alle, diese Gefühle!* Und sie verletzen andere Menschen nicht unwiderruflich. So ist das Leben.«

»Ja«, sage ich, »aber Handlungen haben Folgen, und niemand ist je imstande gewesen, die Heftigkeit der Gefühle zu erklären, die durch den Verrat am Monogamieversprechen ausgelöst werden.«

»Bedeutet das, daß Leute, die Seitensprünge machen, sie verbergen sollten? Vielleicht. Für mich ist das nichts. Ich möchte lieber erkunden, was das eigentlich für Gefühle sind, die so heftig wie simpel sind, wo sie herkommen und wie unsere Einstellung zu ihnen in dieses System von Gut und Böse eingespannt ist. Ein Seitensprung ist nichts Böses. Es ist kein Betrug an Daniel, was ich getan habe; es ist in keiner Weise eine Abwertung seiner Person. Diese Vorstellung, daß man, wenn man etwas tut, was *unrecht* ist – wie *Ehebruch* –, *zwangsläufig seine Ehe oder gar sein Leben ruiniert oder seinen Partner umbringt* – ich kann das nicht hören. Das ist eine Sonntagsschulidee. Sie paßt nicht zu meinem Bewußtsein. Es ist eine Lüge. Sie hat sehr wenig mit meinem Leben und meinen Zielen zu tun. Solche Normen funktionieren nicht. Und die Konsequenzen dieser Normen sind für mich ebenfalls nicht relevant. Ich möchte mich lieber entwickeln als auf Nummer Sicher gehen. Sich zu entwickeln, kann bedeuten, etwas zu tun, was man nicht versteht. Jahre später, wenn wir imstande sind, das seelisch zu verarbeiten, sagen wir: ›*Jetzt* begreife ich, worum es bei all dem ging. Jetzt begreife ich, warum ich das getan habe.‹«

»Und – begreifen Sie es?«

»Ja. Ich suche die intensive Nähe, ich brauche sie. Das ist kein vages Bedürfnis, sondern ein dringendes.«

»Dann wird Daniel wahrscheinlich wieder den kürzeren ziehen, oder?«

»Ich weiß nicht. Da ist soviel an ihm, was ich mag und auch brauche. Er ist so... gütig. Aber das sind Äpfel, und emotionale Nähe, sexuelle Intimität, das sind Orangen.«

»Macht Ihnen das Angst?«

»Nicht wirklich. Liebe und Ehe – ich kann nicht länger akzeptieren, daß ein altes System Macht über mich hat. Diese Ammenmärchen möchte ich hinter mir lassen. Ich bin bereit, verheiratet zu bleiben und mich dem zu stellen, was im Laufe unseres Lebens auf uns beide zukommt, und ich bin auch bereit, nicht verheiratet zu sein, wenn es darauf hinausläuft! Was ich mit Sicherheit nicht will: mit einem überholten Glaubenssystem leben, das für beide Partner verdummend ist.

Man hat uns beigebracht, daß lebenslange sexuelle Ausschließlichkeit völlig natürlich sei. Hat irgend jemand begriffen, daß wir heute über fünfzig, sechzig Jahre Ehe sprechen? Hören Sie, es ist *nicht* natürlich, ein halbes Jahrhundert nur mit einem Menschen zu schlafen – das ist länger als die durchschnittliche Lebenserwartung vor zweihundert Jahren! Und selbst wenn es natürlich *wäre*, warum schaffen es dann so viele Menschen nicht, ein Leben lang treu zu bleiben? Oder ein Jahrzehnt? Warum finden wir uns nicht endlich damit ab? Warum untersuchen wir nicht zumindest andere Möglichkeiten? Warum bin ich *verworfen*, wenn mir das auffällt?

Warum ist unsere selbstverständliche Antwort auf Affären nur immer Scheidung? Wir sagen: ›Nun, du warst mir sexuell nicht treu, lassen wir uns also scheiden.‹ Ist Scheidung wirklich die einzig mögliche Lösung nach einem Seitensprung? Ist die Ehe eine so rigide Beziehung, daß es nur diese Alternative gibt: lebenslange Treue oder Auseinandergehen?«

»Wünschen Sie sich eine ›offene‹ Ehe?« frage ich.

»Nein.«

»Sagten Sie nicht, daß Sie sich ein Arrangement wünschen, das andere Sexualpartner ermöglicht?«

»Ermöglicht, ja, aber nicht vorsieht. Und nicht davon ausgeht, daß die beteiligten Personen irgendwie ohne Gefühle wären – quasi bloß ein *Bedürfnis befriedigten*. Eine offene Ehe leugnet die Tatsache, daß ein Seitensprung eine Beziehung ist; das Modell ›offene Ehe‹ macht ein Bumsabenteuer draus und sonst nichts.

Vielleicht rationalisiere ich bloß, weil ich das Recht darauf für mich will, es ihm aber nicht gönne, aber eigentlich glaube ich das nicht. Was mich daran stört, ist, daß es so theoretisch ist, besser: ein Dogma. Ich weiß nicht. Irgendwie bloß ein weiteres ideales System, das für niemanden ideal ist.

Meine Ehe paßt in kein Schema. Sie ist nicht unbedingt leicht, aber ich finde sie gut. Mir gefällt an meiner Ehe – oder an unserer Beziehung, unabhängig von Ehe –, daß wir einander veranlassen, uns zu entwickeln. Vielleicht klingt das zu sehr nach Zwang, als ob wir einander dazu nötigten? Das tun wir nicht. Einer wächst durch den anderen.«

»Eine letzte Frage für heute: Können Sie sich einen besseren Weg vorstellen? Worum Sie ringen, scheint mir, ist Freiheit von alten Regeln, aber innerhalb der Struktur der Ehe. Würden Sie die Struktur verändern wollen?«

»Sie ist abhängig von den Beteiligten. Ich weiß, daß wir bei unserer Heirat einander versprechen konnten, uns nicht anzulügen, statt diese Gelübde abzulegen, die doch eigentlich *grundsätzlich* Lügen sind, die wir dann würden brechen müssen.«

12. Sag ich's ihm oder sag ich's ihm nicht?

Wir besitzen keinen Schlüssel, der in allen Fällen paßt... Moralische Urteile müssen falsch und hohl bleiben, wenn sie nicht durch ständige Bezugnahme auf die besonderen Umstände, die das individuelle Los kennzeichnen, überprüft und erhellt werden.

George Eliot. *The Mill on the Floss*

Wäre dieses Buch ein Roman, dann hätte ich Amanda zu einer sympathischeren Figur machen können. Aber eine revolutionärere Heldin hätte ich kaum erschaffen können. Woran sie glaubt, das ist beiderseitiges Vergnügen und völlige Ehrlichkeit in Beziehungen, und sie ist bereit, nach ihren Überzeugungen zu leben. Aber um sie sympathisch zu machen, hätte ich eine enorme Aufgabe zu bewältigen: Ich müßte bei Ihnen, der Leserin/dem Leser, Anerkennung für sie wecken; ich müßte erreichen, daß Sie bereit wären, sich in sie hineinzuversetzen, sie anzunehmen. Denn Amandas Zuneigung zu Daniel entspricht nicht der üblichen Definition weiblicher Zuneigung. Wären ihr Daniel und seine Gefühle *wirklich* wichtig, so nehmen wir an, dann hätte sie diesen Seitensprung nie gemacht.

Wäre ihre Ehrlichkeit bezüglich ihres Verhaltens von Reue begleitet gewesen, oder wäre sie, entschlossen, sich zu ändern, zu Daniel zurückgekehrt und hätte ihn um Verzeihung gebeten – hätte es ihr *leidgetan* –, dann wäre es leichter, mit ihr zu sympathisieren. Wäre sie weniger selbstgerecht, dann würde es uns leichterfallen, sie zu mögen. Sicherlich würde ihre Geschichte eher mit anderen, den vertrauten, übereinstimmen, wenn sie bestraft würde – etwa wenn ihr Gesicht verunstaltet würde und sie nicht mehr als Schauspielerin arbeiten könnte bzw. wenn Daniel sie verließe und kein anderer Mann sie je wieder anschaute.

Aber Amanda wurde nicht bestraft, sie hat ihren Seitensprung nicht bedauert, und sie ist nicht bereit, sich zu ändern. Die Kühnheit einer solchen Position mag jenen abstoßend erscheinen, die meinen, eine Frau hätte zwar *einmal* ein Recht auf Zügellosigkeit, auf Leidenschaft – auch auf außereheliche Leidenschaft –, die ihr diesen

»Ausrutscher« nur vergeben können, wenn sie bereut und, noch wichtiger, wenn sie bereit ist, den Preis zu bezahlen und zur Wohlanständigkeit zurückzukehren.

An die Grenzen von Amandas Realität gebunden, kann ich sie hier nicht dazu zwingen. Amanda wollte, daß Daniel die Wahrheit über ihr Verhältnis erfährt, weil »er wissen muß, wer ich bin«. Ob sich hinter dieser Aussage auch noch andere Motive verbergen oder nicht – sie selbst steht jedenfalls nach wie vor zu ihrer Entscheidung. Weder erzählte sie es ihm, auf daß er ihr verzeihe, noch versprach sie ihm, daß es nie wieder geschehen werde. Amanda wußte, was sie riskierte. Eine tieferschürfende Analyse ihres Verhaltens würde vielleicht ans Licht bringen, daß sie zutiefst unzufrieden mit Daniel war, bevor er unzufrieden mit ihr wurde, und daß sie ihre Ehe zu beenden versuchte; oder daß sie mit ihrer Offenbarung ihre Schuldgefühle bzw. ihre Aggressionen auf Daniel ablud, in der Hoffnung, von ihm bestraft zu werden. Oder daß ihr angeblicher Wunsch, von ihm verstanden zu werden, bloß ein Vorwand dafür war, ihm etwas Verletzendes zu sagen, eine Methode, um ihn zu betrügen, eine List, um ihn zu verlassen.

War Amandas Verhalten anerkennenswert oder gemein? War sie wirklich so ehrlich, oder machte sie sich selbst etwas vor? Versuchte sie, eine mutige neue Beziehung zu ihrem Mann herzustellen, oder wollte sie ihn und vielleicht sich selbst ruinieren? Dies alles sind Fragen, die wir endlos erörtern können, ohne auf einen grünen Zweig zu kommen.

Ich habe den Verdacht, bei dieser Erörterung könnte sich etwas herausstellen, was Empörung hervorruft: das, wovon Amanda behauptet, es sei ihr am wichtigsten, ist nicht das, was ihr unserer Ansicht nach am wichtigsten sein sollte. Ihr Beharren auf einer Beziehung, in der sowohl ihre als auch Daniels Bedürfnisse erfüllt werden und in der sie einander nicht belügen dürfen, mag manchen LeserInnen wie »utopischer Unsinn« vorkommen; andere halten sie vielleicht gar für eine selbstgerechte, narzißtische Person, die sich in die eigene Tasche lügt.

Amanda war sexuelle Treue weniger wichtig als meinen anderen Gesprächspartnerinnen – sowohl ihre eigene als auch die ihres Mannes. Das zentrale Moment einer Beziehung war für sie die tiefe Verbundenheit miteinander, die keine Heimlichkeiten kennt. Im Umgang mit ihrer Wahrheit war sie äußerst konsequent: Sie hatte nie sexuelle Treue versprochen, auch nicht zu Beginn ihrer Ehe mit Daniel, aber sie fühlte sich innerlich an ihn gebunden. Was sie sich wünschte, war weder Absolution noch Idealisierung, sondern echte Resonanz und Mitteilungsbereitschaft. Als Gegengabe bot sie Daniel dasselbe. Es gefiel ihr, die Grenzen der Sittsamkeit zu überschreiten, und dafür wünschte sie sich Verständnis. Sie sagte zu Daniel: Ich kann dir nicht versprechen, eine »brave« Frau zu sein, nach den Maßstäben, an denen Ehefrauen üblicherweise gemessen werden, aber ich kann dir versprechen, daß ich dir die Wahrheit über meine Gefühle und mein Verhalten sagen werde. Wir können eine Basis finden und zusammenbleiben, wenn auch du mir das versprechen kannst, wenn auch du dich mit all deinen Gefühlen und Unvollkommenheiten in die Beziehung einbringst.

Neun Jahre nach ihrer Heirat und zwei Jahre nach unserem ersten Treffen erlosch diese Hoffnung, die sie bei ihrer Hochzeit gehabt hatten. Amanda ging erneut auf Tournee, hatte eine weitere Affäre und erzählte Daniel nach ihrer Rückkehr wiederum davon. Zuletzt trennten sich Amanda und Daniel, obwohl kein anderer Mann dabei eine Rolle gespielt hatte. Amanda, sichtlich gescheitert mit ihren eigenen Ansprüchen an ihre Ehe, verließ Daniel, den sie als ebenfalls gescheitert beschrieb. Damit kehre ich zu der Frage zurück, die ich zu Beginn dieses Buches gestellt habe, und frage Sie nochmals, ob Sie eine solche Geschichte tolerieren können, ohne Amanda zu verurteilen, ohne sie abzutun als jemanden, den Sie lieber nicht kennen möchten oder den Sie für unglaubwürdig halten. Können Sie Daniels Verletztheit nachfühlen, ohne seine Frau dafür bestrafen zu wollen, daß sie ihn verletzte? Können Sie Amanda weiterhin akzeptieren, auch wenn sie nicht bereut, die Beziehung zu Daniel bis zum äußersten strapaziert zu haben, indem sie auf der Form des Umgangs miteinander beharrte, die sie sich wünschte? Denken Sie, es wäre besser gewesen, ihm nichts zu gestehen?

Ob Amandas Ehrlichkeit Sie entsetzt oder begeistert, ob Sie sie grausam oder mutig, feindselig oder unrealistisch finden: Sie werden auf jeden Fall einen Eindruck davon erhalten haben, wie instinktiv wir auf die eine Frage reagieren, die auf diesem unwegsamen Gebiet des Ehebruchs alle übrigen in den Hintergrund drängt: *Sollte frau ihrem Partner eine Affäre gestehen?*

Ob man gestehen sollte und wann, wie, wo und warum – darüber wird heute so hitzig debattiert, wie früher darüber diskutiert wurde, ob sich Frauen überhaupt auf außerehelichen Sex einlassen sollten. Die meisten TherapeutInnen, mit denen ich darüber sprach, berichteten von Frauen, die sich durch ihr Geständnis – oder ihr Verschweigen – retteten oder ruinierten, mit anderen Worten, ihre Ehe besserten oder sich die Scheidung einhandelten.

Ist es das *Faktum* von außerehelichem Sex, was der Ehe schadet, oder *dessen Geheimhaltung?* An dieser Frage beißen wir uns in unserer absoluten Orientierung auf die Ehe fest – und das zu einer Zeit, in der die Frauen nach ihrer eigenen Aussage weniger Glück in der Ehe finden als je zuvor und doppelt so häufig die Scheidung einreichen wie die Männer. Wie Susan Faludi in *Die Männer schlagen zurück* (1993) berichtet:

1986 wertete das Battelle Memorial Institute in einer großangelegten Studie amerikanische Erhebungen aus einem Zeitraum von fünfzehn Jahren aus, die zehntausend Frauen umfaßten. Es ergab sich, daß der Ehe im Leben einer Frau durchaus nicht mehr die wichtigste Rolle zukam und daß Frauen in den Dreißigern das Heiraten nicht nur hinausschoben, sondern sogar vermieden. ... Die Virginia-Slims-Umfrage von 1990 fand heraus, daß fast 60 % der ledigen Frauen glaubten, sie seien viel glücklicher als ihre verheirateten Freundinnen und hätten ein »viel leichteres« Leben. ... Bei der Auswertung der National-Survey-Daten von vierzehn Jahren ergab sich, daß sich in den 80er Jahren 11 % *mehr* zwanzig- bis vierzigjährige Single-Frauen als glücklich bezeichneten – und bei den verheirateten Frauen derselben Altersgruppe 6,3 % *weniger*. Falls die Ehe je dazu gedient hat, das Privatleben einer Frau glücklicher zu machen, dann, so das Fazit der Forscher, »hat diese Wirkung in den letzten Jahren deutlich nachgelassen«. Eine 1985 von *Women's Day* mit 60000 Frauen durchgeführte Befragung ergab, daß nur die Hälfte davon ihren Mann ein zweites Mal heiraten würde, wenn sie wieder vor der Entscheidung stünden. [Hervorhebung durch S. F.]

Manche finden, nicht der Seitensprung als solcher sei es, der einer Ehe schade – er könne sie sogar retten oder zumindest vorübergehend stabilisieren –, destruktiv sei das Eingeständnis. Sie meinen, das Geständnis katapultiere den »betrogenen« Partner in archaische Gefühle der Rivalität, des Ausgeschlossenseins und der Verlassenheit. Diese Leute könnten Amanda ihre Affäre zwar nachsehen, aber sie wären empört über ihre Offenheit.

Andere finden, das Geständnis sei nötig, um nach dem Seitensprung den Kontakt wiederherzustellen, die Vertrautheit und das gegenseitige Verständnis zu erneuern. Es sei das einzige Mittel, um künftige Untreue zu verhindern. Wer diese Auffassung vertritt, verurteilt die außereheliche *Heimlichtuerei* als den Faktor, der die Ehe sabotiert, nicht den verbotenen Sexualakt als solchen.

Bei einem Workshop für Familientherapeuten zum Thema »Seitensprünge – was ist ihre Botschaft?« vertrat die Familientherapeutin Emily Brown die Auffassung, die Enthüllung des Seitensprungs müsse den Mittelpunkt der Behandlung bilden, wenn sich Paare in Therapie begeben und ein Partner eine Affäre hat.

Decken Sie den Seitensprung immer auf, es sei denn, es droht physische Gewalt oder juristische Vergeltung – in Fällen, wo eine Gerichtsentscheidung bezüglich des Sorgerechts oder Alimenten durch Ehebruch beeinflußt werden könnte; oder wenn Ihnen nicht gestattet ist, die Ehethematik zu explorieren – falls Sie zum Beispiel der Schulberater des Kindes sind oder nur einen der beiden Partner behandeln, oder falls der Partner, dem die Augen geöffnet werden sollen, in irgendeiner Weise nicht dafür aufnahmefähig ist.

Brown begründete ihren Standpunkt, daß der Therapeut die Behandlung des Paares abbrechen sollte, falls er von einer Affäre weiß, aber der Betreffende sich weigert, sie seinem Partner zu offenbaren. Anderenfalls bestehe nämlich die Gefahr, daß man als Mitwisser des Betreffenden dessen Partner wesentliche Informationen vorenthält und damit wie ein Komplize dessen Geheimnis deckt. Im übrigen sei immerhin nur in 40 Prozent der Fälle mit einer Scheidung zu rechnen, wenn das Geheimnis im Anfangsstadium der Paartherapie aufgedeckt wird; werde es dagegen erst zu einem späteren Zeitpunkt enthüllt, erhöhe sich die Wahrscheinlichkeit einer Scheidung auf 80 Prozent – denn durch die Entdeckung, daß der Therapeut bei der Geheimhaltung mitspielte, »fühlt sich der Partner dann doppelt betrogen«.

Peggy Vaughan, die Verfasserin von *The Monogamy Myth*, fühlte sich in der Tat doppelt betrogen, als sie die zahllosen Affären ihres Mannes entdeckte. Sie schreibt, sie habe sie »durch jahrelanges Reden, Reden, Reden« überlebt. Vaughan war entsetzt über das »Geheimhaltungsgebot«, von dem die Affären ihres Mannes und nach ihrer Überzeugung die außerehelichen Beziehungen der meisten Menschen umgeben waren bzw. sind, ein Gebot, das nach ihrem Eindruck die Botschaft enthält: »*Gestehe niemals. Leugne, wenn man dich zur Rede stellt. Wirst du ertappt, gestehe so wenig wie möglich.*« Ein solches Gebot, schreibt sie, diene dem Betreffenden »als Puffer gegenüber der Welt, der es ihm oder ihr erleichtert, sich auf Seitensprünge einzulassen, ohne sich den Konsequenzen zu stellen bzw. diese auch nur ernsthaft zu erwägen«. Ihre eigene Erfahrung überzeugte Vaughan von der Notwendigkeit absoluter Ehrlichkeit, die, wie sie und ihr Mann einander versprachen, von da an die Grundlage ihrer Ehe bilden sollte.

Viele Fachleute befürworten ein solches Abkommen. Frank Pittmann, Psychiater, Familientherapeut und Verfasser des Buches *Private Lies*, rät ebenfalls dazu, außereheliche Fehltritte einzugestehen:

Die Frage, die mir am häufigsten gestellt wird, lautet: »Sie meinen doch sicher nicht, daß ich meinem Mann alles erzählen sollte? Das würde ihn schockieren, er würde mir nie verzeihen. Das wäre das Ende unserer Ehe.« Oder: »Ich kann ihr das nicht sagen. Sie würde a) sterben, b) mich umbringen, c) mich verlassen. Eine Katastrophe würde über uns hereinbrechen etc.« Immer wieder versuche ich meine Klienten zu überzeugen, daß sie ihrem Ehepartner alles erzählen sollten, auch den großen Brokken, das heimliche Verhältnis.

Im Gegensatz dazu erklärt Fred Humphrey, ein Familientherapeut, der seit dreißig Jahren über das Thema außereheliche Beziehungen forscht:

Ich stimme Pittman nicht zu. Ich habe mit vielen Paaren gearbeitet, die ihre außereheliche Beziehung geheimgehalten hatten und sich dann entschlossen, diese zu beenden und ihre ganze Energie in die Ehe zu stecken. Wird dagegen der Seitensprung aufgedeckt, dann ist das eine Barriere für den Rest des Lebens.

Das Wissen über den Seitensprung des Partners unterscheidet sich von dem über andere gravierende Tatsachen: Von den Klienten, die lange nach Beendigung ihres Verhältnisses in Therapie sind, höre ich immer wieder, daß das Verhältnis später nicht bloß ein- oder zweimal vom Partner hervorgeholt wird, sondern noch Jahre später, etwa als Erklärung für eine Vergeltung. Wenn alte Geschichten nicht einschlafen, wenn sie immer wieder auf diese Weise hochkommen, dann sind sie im Gefühlsleben des Partners nicht erledigt. Die Wunde verheilt zwar, aber die Narbe bleibt für immer.

Während Pittmann die Auswirkungen des Geständnisses im wesentlichen als positiv für die Ehe einschätzt...

Man muß sich im klaren darüber sein, daß Seitensprünge gerade durch die Geheimhaltung gedeihen. Das Konspirieren, die Abenteuerlichkeit und die Tricks lassen in der Affäre ein Bündnis entstehen, während die Lügen und der Betrug das Mißbehagen zu Hause vergrößern. Wir alle fühlen uns denjenigen verbunden, die unsere Geheimnisse teilen, und unbehaglich gegenüber jenen, die wir anlügen. Die Macht einer außerehelichen Beziehung könnte in ihrer Geheimhaltung liegen. Die Schwäche der Ehe könnte ihre Ursache in der Vermeidung von Problemen haben.

Bis heute habe ich nicht erlebt, daß jemand an der Enthüllung einer verheimlichten Untreue gestorben wäre, jemanden umgebracht hätte oder sich auch nur hätte scheiden lassen, wenn die Affäre beendet wurde.

...ist Humphrey überzeugt, die Folgen eines Geständnisses seien nur in der Theorie heilsam. In der Praxis, schreibt er,

sind wir immun gegenüber der Vorstellung geworden, daß eine außereheliche Affäre ruinös sein könnte. Filmstars und Präsidenten haben Affären, aber wir erleben die wirklich tragischen Konsequenzen gar nicht mit, die erschütternden Dinge, die der Therapeut Stunde um Stunde zu hören bekommt.

Man kann die Folgen nicht verstehen, bis es einen selbst betrifft. Weil außerehelicher Sex soviel Scham erzeugt – vielleicht noch mehr als Krebs oder psychische Krankheit oder geistige Behinderung –, sprechen viele Menschen nicht über den Schmerz, den er ihnen bereitet hat. Die Angehörigen der Menschen, die damit zu mir kommen, haben keine Vorstellung davon, was diese durchmachen.

In einem seiner klinischen Fallbeispiele weist Humphrey auch darauf hin, daß Ehemänner, wenn sie herausfinden, daß ihre Frau eine Affäre hat, mit Wut, gefolgt von Schock reagieren, während die erste Reaktion einer Frau der Schock ist, auf den die Wut folgt. »Männer sind von ihrer Sozialisation her nicht darauf vorbereitet, daß ihre Frauen fremdgehen könnten«, sagt er; »sie sind schwerer geschockt und wütender.« Aus Untersuchungen geht denn auch hervor, daß die Ehen stärker in Mitleidenschaft gezogen werden, in denen die Frau ihrem Mann einen Seitensprung gestand, als die, in denen der Mann seiner Frau ein gleiches Geständnis machte. Annette Lawson stellte anhand einer Stichprobe fest, daß »bis zu 40 Prozent der Frauen, verglichen mit nur etwa 30 Prozent der Männer, überzeugt waren, es habe sich *ungünstig* auf ihre Ehe ausgewirkt, den Partner über ihre Affäre zu unterrichten«. Ihre Ehe habe sich »verschlechtert oder sei in die Brüche gegangen«. Vielleicht ist diese geschlechtsspezifische Reaktion der Schlüssel dazu, daß die Geständnisse von Frauen eher als die von Männern zur Scheidung führen – ihrer Ansicht nach ein weiterer Hinweis auf die Doppelmoral, welche zwar die Seitensprünge von Männern, nicht aber die von Frauen toleriere. Das erklärt auch, weshalb ein Therapeut einer Ehefrau, die mit dem Gedanken spielt, sich ihrem Mann zu offenbaren, vielleicht einen anderen Rat gibt, als er es in der gleichen Situation gegenüber einem Ehemann für angebracht hielte.

So dreht sich das Karussell im Kreis: Sag ich's ihm oder sag ich's ihm nicht? Es klingt wie die Frage nach dem Baum, der in einem Wald umstürzt: Wenn niemand da ist, der ihn fallen sieht, ist der Baum dann wirklich umgestürzt? Wird der Ehe Schaden zugefügt, wenn der Partner nie davon erfährt – oder tritt der Schaden ein, ob er es erfährt oder nicht? Wie schädlich ist überhaupt ein Seitensprung? In ihren Antworten auf eine Umfrage, die K. Daniel O'Leary durchführte, setzten 116 TherapeutInnen außereheliche Affären hinsichtlich des Schadens, der einer Beziehung dadurch zugefügt werde, an die neunte Stelle. Vorrangig bewerteten sie Probleme wie Machtkämpfe und mangelnde Kommunikation. Die Fachleute sind insgesamt sehr unterschiedlicher Meinung bezüglich der Bedeutung außerehelicher Beziehungen: Die feministische Psychologin Betty Carter versicherte mir, die Affäre selbst sei »unbedeutend..., bloß die Spitze des Eisbergs...«, während Fred Humphrey die Auffassung vertritt, sie sei »eine der tödlichsten Krisen, die einer Ehe zustoßen können«. In einer seiner Untersuchungen, berichtet er, hatte von den 200 Paaren, die zur Ehetherapie kamen, in allen Fällen zumindest ein Partner ein Verhältnis. Und die Hälfte dieser Paare trennten sich, als die Therapie zu Ende ging, bzw. ließen sich scheiden.

Manche TherpeutInnen lehnen es ab, sich auf die Debatte um den stürzenden Baum einzulassen, und vertreten die Auffassung, eine Frau wisse vermutlich mehr als die Experten über den Wald, in dem sie lebe. Die Psychiaterin Carol Nadelson meint dazu:
Es hängt wirklich von den Umständen ab, ich habe es schon so oder so erlebt. In manchen Beziehungen ist das Verschweigen schädlicher gewesen, weil es zu weiterem Verschweigen geführt hat, manchmal ist auch das Mitteilen sehr destruktiv gewesen. Ich muß das Urteil einer Frau über das, was ihr sinnvoll erscheint, respektieren. Was ich erreichen möchte ist, daß sie den Gedanken zumindest ins Auge faßt und dann eine Entscheidung trifft. Ich habe Frauen erlebt, die zu dem endgültigen Schluß kamen, daß es mehr schaden als nützen würde, und das hat sich als richtig erwiesen: Sie haben nie gebeichtet. Ihre Ehe ist in Ordnung, und nach einer Weile geht die ganze Sache vorbei und sie denken nicht mehr viel darüber nach.
Ich meine, man darf nicht kategorisch dafür oder dagegen sein. Man muß sich an das Individuum halten und sich vergewissern, daß die Betroffene klar sieht, was am besten für sie ist. Das Herantasten an diese Entscheidung – das ist es, worauf es ankommt.
Der rote Faden, der sich durch die Auseinandersetzung zieht, ob man reinen Tisch machen sollte oder nicht, lenkt unsere Aufmerksamkeit wieder auf die Ehe zurück. Es sind jetzt TherapeutInnen,

die darüber diskutieren, was eine Frau tun sollte, und die das Problem betrachten: »Wie kann man dem potentiellen Schaden der Affäre für die Familie entgegenwirken?« und damit die Frage vorwegnehmen: »Welches ist der beste Weg, den *Sie* von hier aus einschlagen können?« Dabei wird immer wieder sowohl auf die höhere Priorität hingewiesen, die der Ehe und dem eigenen Mann einzuräumen sei, wie auch auf die Annahme, was den Frauen guttäte, sei, einen Weg zurück zu Ehe und Familie zu finden, und zwar möglichst rasch.

Das neue moralische Dilemma

Die subtile Verschiebung in der Thematisierung von außerehelichem Sex, die vom Faktum als solchem zu dessen Geständnis führt, scheint mir nichts als der Versuch, mit der zunehmenden Häufigkeit des Faktums zurechtzukommen, ohne es zu billigen. Die Abkehr von der simplen Behauptung, es sei unanständig von Frauen, ein Verhältnis zu *haben*, zugunsten der verschwommeneren Moral, die den Betrug der Frau an ihrem Mann und ihre mangelnde Pflege der Beziehung als unanständig brandmarkt, eröffnet uns ein ganz neues, möglicherweise endloses Feld für Diskussionen: »Wie sollten sich Frauen in Beziehungen verhalten, insbesondere wenn Ehemann und Kinder betroffen sind?« »Analytisch gesprochen hat unsere Kultur ihre Kohärenz verloren«, meint der Psychoanalytiker Martin Bergmann. »Ich behaupte nicht, daß diese Kohärenz etwas Gutes war, aber in einer Kultur, in der jede Frau, die man beim Ehebruch ertappte, gesteinigt wurde, hat es sicher größere Hemmungen davor gegeben.« In einem solchen kohärenten Klima wäre es somit eine müßige Frage, was eine Frau nach ihrer Liebesaffäre tun sollte. Sie würde nicht am Leben bleiben und daher keine Chance mehr haben, irgend etwas zu tun.

Die Verlagerung der Aufmerksamkeit vom Akt des Ehebruchs hin zum Geständnis als dem Ort, wo der potentielle Verstoß gegen die Beziehung liegt, hat einen neuen moralischen Diskurs mit sich gebracht. Von den zwei Alternativen, die eine Frau hat – es zu sagen oder nicht zu sagen –, ist erstere zur »moralischen« Entscheidung geworden. Gegenwärtig legen wir allergrößten Wert auf Offenheit in den Beziehungen. Wir haben »Vertrautheit« insofern neu definiert, als sie nunmehr bedeutet, mit unserem Partner alles zu teilen, was wir tun und fühlen, so daß die »Mitteilung« in den Status der »Wahrhaftigkeit« erhoben wurde, während »Diskretion« inzwischen etwas leicht Anrüchiges hat, was dem »Betrug« nahe kommt. Diese Verschiebung, die den Austausch von Informationen zum wichtigsten Maßstab der Nähe zwischen verheirateten Paaren macht, wichtiger als Sex, nennt Annette Lawson das Verdrängen der »Ehre durch Ehrlichkeit« – und macht die Pille als deren Ursache dingfest.

Als nämlich mit der Pille der Mann nicht mehr Eigentümer des Körpers der Frau war, schreibt sie, hatte er keine Kontrolle mehr über die sexuelle Vorgeschichte seiner Geliebten und deren gegenwärtiges Sexualleben; um ihrer Treue sicher zu sein, sei er deshalb davon abhängig, *was sie ihm darüber erzähle.* Seit Einführung der Pille könne die Monogamie, falls es sie denn geben sollte, nur dadurch garantiert werden, daß ihm die Frau ihr Wort gebe. Wissen und Information hätten die Frau selbst als Tauschgut ersetzt.

Dem Zorn, den ein Mann über die Besitzergreifung des Körpers seiner Frau durch einen anderen Mann verspürt, liegt Lawson zufolge »die Wut über einen Bruch des – mündlichen – Vertrages« zugrunde, den Diebstahl von Information, von geteilten Geheimnissen, geteiltem Wissen. Treue in der Beziehung werde erwartet »aufgrund der Bereitschaft, sich aufeinander zu verlassen, auf Schwächen der Beziehung hingewiesen zu werden, ein hohes Maß an Kommunikation zu erreichen und keine Geheimnisse voreinander zu haben«. Während die Bereitschaft, dem Partner zu vertrauen, immer wesentlich für die Ehe gewesen sei, liegt das Neue nach Lawson »in der größeren *Relevanz* des Gedankens der Offenheit und Ehrlichkeit und in der Betonung des Entstehens von Intimität durch Gespräche, speziell durch Selbstoffenbarung, etwa das Geständnis sexueller Geheimnisse«. (Hervorhebung durch A. L.)

Ehrlichkeit ist die Form, die der exklusive Besitz in den neunziger Jahren angenommen hat; Unehrlichkeit ist aufgrund von AIDS sogar potentiell tödlich. Aufklärung der sexuellen Vergangenheit ist von noch nie dagewesener Bedeutung für die eigene Zukunft. Obwohl das Gespenst von AIDS, wie ich im ersten Kapitel ausführte, für meine Gesprächspartnerinnen sehr weit weg zu sein schien, erwähne ich es hier, weil es den moralischen Aspekt von Geständnissen erheblich verschärft. Denn obwohl die meisten dieser Frauen AIDS nur flüchtig in Betracht zogen, erschien ihnen allen die Frage der sexuellen Geheimhaltung als entscheidend wichtig.

Ich frage Amanda: »Wenn Sie Affären gehabt hätten, *ohne* es Ihrem Mann zu sagen, wäre das unehrenhaft gewesen?«

»Ja.«

»Weil Sie HIV-positiv sein könnten?«

»Nein, daran habe ich nicht gedacht. Das ist zwar richtig, aber mir ging es darum, daß ich damit zu unserem Mißverständnis darüber beigetragen hätte, wer ich bin, was ich brauche und was zwischen uns vorgeht. Es wäre ein Symptom von etwas gewesen, dem wir uns beide nicht stellen und gegen das wir daher beide nichts tun können.«

»Wenn Sie von etwas sprechen, dem Sie sich beide nicht stellen, betrifft das dann besonders die Nähe, die Sie so sehr vermißten?«

»Ja.«

»Sie hätten das Gefühl, mit einer Lüge zu leben?«

»Ja. Genau. Und einer gefährlichen noch dazu.«

Konsequenzen des Schweigens – Risiken des Redens

Das moralische Gewicht von Ehrlichkeit wird von manchen Fachleuten in Frage gestellt, die den Eindruck haben, Ehrlichkeit werde als Allheilmittel gepriesen, statt als ein möglicher Weg zur Lösung komplizierter Eheprobleme, die mit außerehelichem Sex zusammenhängen. »Ehrlichkeit wird so mißbraucht«, meint Carol Nadelson. »Der Begriff der Ehrlichkeit artet in *Rigorismus* aus: man muß *alles* mitteilen. Ist das wirklich mit ›ehrlich‹ gemeint? Oder bedeutet es, daß man etwas mitteilt, wenn man danach gefragt wird? Läßt es Raum, seine Worte abzuwägen? Einen Unterschied zwischen Ehrlichkeit und Grausamkeit zu machen?«

Bei unserem Versuch, die Ehe zu retten, ignorieren wir die Betroffenen – besonders die Frauen – und verstärken die Idealisierung dieser Verbindung, was es eher noch schwieriger macht, sie zu retten. Die Verantwortung für die Ehe bleibt bei näherer Betrachtung überwiegend Aufgabe der Frau. Sie hat die Pflicht, auf die Verletzbarkeit ihres Mannes Rücksicht zu nehmen und die Beziehung zu schützen. Auf ihre Verletzbarkeit, geschweige denn ihr Vergnügen, werden oft nicht viele Gedanken verschwendet. Durch die Idealisierung der Ehe haben die Frauen, wie immer, am meisten zu verlieren.

Als ich bei dem vorher erwähnten Therapeuten-Workshop den Fachleuten zuhörte, die teils für Geständnisse, teils für Geheimhaltung eintraten, vermißte ich die Fakten, die mir so vertraut geworden waren: daß eine Scheidung für Frauen mit Verarmung einhergeht und die Ehe mit Depressionen, während die Ehe den Männern eine höhere Lebenserwartung beschert. Solange ich diesen Experten zuhörte, traten die Stimmen der Frauen in den Hintergrund, die ihre Bedürfnisse und Verletzbarkeiten äußerten. Es war schwierig, den Experten und den Frauen gleichermaßen zu vertrauen, und am Ende habe ich mich, ebenso wie am Anfang, dafür entschieden, es mit den Frauen zu halten.

Die Diskussion pro und contra Geständnis verrät also mehr als bloß zwei entschiedene Standpunkte in der Frage, ob eine Frau schweigen sollte. Unsere Kultur übermittelt Frauen eine doppelte Botschaft. Eine Frau, die ein Verhältnis hat, wird gleichzeitig mit zwei entgegengesetzten Werten konfrontiert: mit dem moralischen Imperativ, dem Partner die Wahrheit zu sagen – »in der Beziehung ehrlich zu sein« –, und mit dem moralischen Imperativ, andere nicht zu verletzen bzw. »die Verantwortung dafür selbst zu tragen«.

Obwohl die gleichen, in dieser Situation einander widersprechenden Werte natürlich auch für fremdgehende Männer gelten, scheinen Frauen in einer anderen Position zu sein. Ihnen wird schneller vorgeworfen, unehrlich, heimlichtuerisch, manipulativ und verlogen zu sein, und sie werden prompter beschuldigt, anderen wehzutun. Annette Lawson fand die Frauen in ihrer Untersuchung besonders sensibel für die Wirkung, die ihr Verhalten auf ihre Ehe und ihre Männer haben könnte – stärker als Männer ihrer Macht bewußt, andere zu verletzen, und besorgter, daß sie diese Macht als

Waffe einsetzen könnten. Der häufigste von den Frauen genannte Grund, warum sie ihre Partner nicht aufklärten, war, »um ihn nicht zu verletzen, …um das Gesicht des Mannes zu wahren«. Fremdgehende Männer, berichtet Lawson, »äußerten dagegen niemals Rücksicht auf die Achtung der Frau; sie empfanden sichtlich nicht in derselben Weise, daß ihre Frauen durch ihre außerehelichen Beziehungen in Mitleidenschaft gezogen wurden…«

Weil Frauen Offenheit und Ehrlichkeit als Maßstab von Nähe und moralischem Anstand begreifen, scheinen sie »ein größeres Bedürfnis nach einem Geständnis zu verspüren« – faktisch ein Maßstab ihrer Liebe. Gleichzeitig werden sie »durch die größeren Risiken eines Geständnisses gebremst«: daß der Mann das Gesicht verlieren und in der Folge gewalttätig werden, sie verlassen oder die Ehe beenden könnte – mit den zusätzlichen Risiken von finanzieller Unsicherheit und Sorgerechtsstreitigkeiten –, Risiken, die nicht im gleichen Maß für den ehebrechenden Mann bestehen, der sich entschließt, seiner Frau zu beichten.

Die Wahrheit ist, daß eine Frau, die sich dazu durchringt, ihrem Mann um der Beziehung willen die Wahrheit zu sagen, oft erleben muß, daß diese Beziehung damit zu Ende ist. Das Geständnis, heute Gebot der Moral, ist auch die Handlungsweise, die sich statistisch gesehen für Frauen als die ruinöseste erweist. Für die Frau, die gesteht, ist Scheidung, nicht Versöhnung das wahrscheinlichste Resultat: Pepper Schwartz und Philip Blumstein, die beiden Autoren von *American Couples*, stellten »eine hohe Korrelation mit Trennung« fest, wenn Frauen ihre Männer über ihre Seitensprünge aufklärten. Dieses Ergebnis wurde von Fred Humphrey und Annette Lawson bestätigt. Das gilt sogar für Paare, die sich in Therapie begeben. Vielleicht als Folge davon konstatierte Humphrey, daß am Ende ihrer gemeinsamen Therapiesitzungen jede siebte Frau ihren Seitensprung nicht offenbart hatte; dagegen verschwieg nur jeder sechzehnte Mann den seinen.

Von den Hunderten von Frauen, mit denen ich im Laufe der Jahre gesprochen habe, entschieden sich sehr wenige zu einem Geständnis – und auch dann gewöhnlich nur, wenn sie ihre Ehen beenden wollten. Die es taten, berichten über Verrücktheiten der Art, wie sie uns inzwischen vertraut sind: Ein Mann verfolgte seine Frau mit einer Schußwaffe durch die Straßen und rief jedem in Hörweite befindlichen Nachbarn zu:»Meine Frau ist eine Hure!« Ein Mann rammte mit seinem Wagen das Auto seiner Frau und verwandelte es, wie sie berichtet,»in einen Schrotthaufen, nachdem er unser Bankkonto abgeräumt und unsere Versicherungspolicen gekündigt hatte«. Ein anderer warf die Kleider seiner Frau aus dem Fenster ihrer Chicagoer Wohnung im zehnten Stock. Manche Ehemänner entführten die gemeinsamen Kinder. Die Geschichten von physischen und psychischen Mißhandlungen der Frauen durch ihre Ehemänner können ziemlich bizarr ausfallen und schließen Mord- und Selbstmorddrohungen ein. Die Scheidung – wenn es zur Scheidung kommt, und das ist oft der Fall – ist noch grauenhafter. Die ehebrecherische Frau ist gebrandmarkt, im Scheidungsprozeß wird sie stigmatisiert. Margaret Atwood brachte es auf den Punkt, als sie Frauen fragte, was sie vom anderen Geschlecht am meisten fürchteten, und die Antwort erhielt: daß ein Mann sie umbringt. Männer antworteten auf die gleiche Frage: daß eine Frau sie auslacht.

Zurück zum eisernen Gehäuse

Die doppelte Botschaft unserer Kultur – sag es ihm, wenn du wahrhaftig sein willst; sag es ihm nicht, wenn du rücksichtsvoll sein (und verheiratet bleiben) willst – stellt eine Frau vor Alternativen, die an die Zwickmühle erinnern, in der sie sich vor ihrem Seitensprung in ihrer Ehe befand: Sei du selbst, wenn du wahrhaftig sein willst (und verliere eine Beziehung), sei selbstlos, wenn du anständig sein (und verheiratet bleiben) willst. Und genauso, wie sie es damals unmöglich fand, gleichzeitig sie selbst und nach diesen Begriffen tugendhaft zu sein, ist sie jetzt erneut und auf komplizierte Art mit der alten Problematik des anständigen bzw. des unanständigen Mädchens konfrontiert: Ist das Geständnis ein lobenswerter Versuch, die Vertrautheit zu erneuern, oder ein grausames Abladen von Schuldgefühlen und eine unnötige Bestrafung? Ist es selbstloser, es ihm zu sagen, oder egoistischer? Ist es rücksichtsvoller oder rücksichtsloser? Was ist besser für ihn und für ihre Ehe? Und deshalb nimmt die frühere Frage,»Was tut eine anständige Frau?«, die schwierige Form an: »Was tut eine *unanständige* Frau, um wieder *anständig* zu werden?«

Merken Sie, wo wir sind? Wir sind wieder im Gehäuse der Betrachtungsweise, wo »richtig« und »falsch« und »sollte« und »sollte nicht« so wild und blind umherflattern wie Fledermäuse in der dunklen Höhle, aus der die Frau geflohen war, als sie diese aussichtslosen Alternativen des Gebens und Nehmens satt hatte und sich sagte: »Ich kann diese Bedingungen nicht mehr akzeptieren.« Hier, wo sie anfing, sich gut zu fühlen, indem sie etwas »Unanständiges« tat, endlich befreit von der tristen Wahlmöglichkeit zwischen der Sorge für ihre Lieben und der Sorge für sich selbst, mit der Erkenntnis vor Augen, andere Maßstäbe entwickeln zu können, die das aktive Streben nach Erfüllung der eigenen Bedürfnisse einschließen, ihre Selbstfindung, hier also, an diesem neuen Ort, begegnet sie wieder diesen alten Fragen: Wie wirst *du* aus dieser verbotenen Handlung etwas Gutes für deine Ehe machen? Was wirst *du* deinem Mann und deiner Familie als Wiedergutmachung dafür bieten, dir einen solchen Lustgewinn verschafft zu haben?

Wer sie wieder in das Gehäuse hineindrängt, das sind jene, die sie vielleicht unreflektiert erneut auffordern, nur daran zu denken, was am besten für ihre Ehe und ihren Mann ist, und umgehend wieder zu der Selbstlosigkeit zurückzukehren, von der sie sich so schnöde losgesagt hatte. So rät ihr der New Yorker Psychiater Malcolm Hill in einem Zeitschriftenartikel über außereheliche Sex von Frauen:

In der Regel sollten Sie es Ihrem Mann nicht sagen, daß Sie ihm untreu gewesen sind. Bedenken Sie, es bedarf nur weniger Minuten, ja Sekunden, um eine Ehe zu zerstören. Und dieses Geständnis könnte genau dies bewirken.

Falls sie aufgrund überwältigender Schuldgefühle in Versuchung sei, zu beichten, rät er ihr, eisern an ihrem Schweigen festzuhalten und statt dessen

…Mittel und Wege zu suchen, um es *ihm* behaglicher zu machen… Massieren Sie Ihren Mann, wenn er von der Arbeit nach Hause kommt, verführen Sie ihn, reagieren Sie begeistert auf seine sexuellen Avancen, kochen Sie ihm seine Lieblingsspeisen.

Machen Sie mit ihm Rucksacktouren, falls das sein Hobby ist, oder gehen Sie mit ihm ins Theater, wenn er das liebt. Versuchen Sie, ihn glücklich zu machen, sein Leben – und Ihr Zusammenleben – zu verbessern. Das wird Ihre Schuldgefühle abbauen und könnte Ihre Ehe so weit erneuern, daß keiner von Ihnen beiden je wieder in Versuchung sein wird, fremdzugehen.

Falls sie es *vor ihrem Seitensprung* nicht geschafft hat, wie Donna Reed zu werden, dann wird es ihr vielleicht jetzt gelingen, wo sie vermutlich geläutert, schuldbewußt und zu dauerhafter Besserung bereit ist. *Ihr* wird Schweigen, die Rückkehr zu den alten Strukturen und eine neuerliche äußerste Anstrengung empfohlen, ihren Mann zu erfreuen. Ihre Schuldgefühle wird es lindern, und es wird sie schließlich freisprechen, *ihm* genügend Zuwendung und Fürsorge entgegenzubringen, um wieder die alte Situation herbeizuführen, »ihn glücklich zu machen und sein Leben – und ihr Zusammenleben – zu verbessern«. Wenn sie es gut genug hinkriegt, hat sie als Bonus diesmal eine hundertprozentige Garantie der eigenen, lebenslangen sexuellen Treue *und* der ihres Mannes zu erwarten. Sie erhält eine zweite Chance im Romantik-Drehbuch. Sie kann ihre Ehe erneut idealisieren, ein weiteres Mal die Verantwortung für jedermanns Wohl außer ihrem eigenen übernehmen und es endlich zu einem Happyend bringen. Aber es wird mit denselben alten Bedingungen behaftet sein, die sie schon einmal abgelehnt hat: der Rückkehr zur Vergangenheit und ihren bindenden Verhaltensmustern, mit anderen Worten: in die Abhängigkeit von ihrem Mann.

Der Wunsch, offen zu sein

Ich habe Frauen erlebt, die ihrem Mann ihre Seitensprünge gestanden, und Frauen, die das nicht taten. Die meisten haben es nicht getan. Mit wenigen Ausnahmen *wünschten* sie sich jedoch, reinen Tisch machen zu können – aber nicht, damit er ihnen verzeiht oder sie bestraft oder sie zu einer idealisierten Ehe zurückkehren. Wenn ich sie fragte: »Haben Sie überlegt, ob Sie Ihrem Mann von Ihrem Verhältnis erzählen sollten?«, dann wogen sie in der Regel die Frage

229

unter Berücksichtigung sowohl ihrer eigenen Bedürfnisse als auch der ihres Mannes genau ab:

Die achtunddreißigjährige Karen sagte, sie habe gewartet, bis sie wußte, was sie wollte:

Ich habe erst entschieden, ob ich es [meinem Mann] sage, als ich wußte, ob ich meine Ehe wieder in mein Leben einbauen will. Zuerst machte ich die [außereheliche] Erfahrung und mußte sie schützen, da war ein Geständnis ausgeschlossen. Aber dann fragte ich mich: »Was nun? Welchen Platz hat meine Ehe in meinem Leben, und welchen Stellenwert hat meine Affäre in meinem Leben?« Sobald ich mir klar darüber geworden war, wie ich es haben wollte, setzte ich mich mit der Frage auseinander, ob ich es ihm sagen sollte.

Die sechsundvierzigjährige Caroline:

Ich beschloß, es ihm nicht zu sagen. Nicht nur aus Rücksicht auf ihn, sondern auch auf mich selbst. Ich war zwar faktisch bereit, mein Verhältnis zu beenden, aber trotzdem erschien mir das nicht als ausreichender Grund, um hinzugehen und meinem Mann davon zu erzählen. Falls das Geheimnis an mir nagte, wie die Leute oft meinen, so war das ein Problem, das ich lösen mußte, nicht mein Mann. Denn es war *ausgeschlossen*, daß uns dieses Geheimnis einander näherbringen würde, ausgeschlossen.

Die siebenundzwanzigjährige Elizabeth:

Ich war der Meinung, ich sollte mich so verhalten, wie es am besten für mich ist. Ich hatte den Schritt getan [die Affäre zu beenden], und ich würde auch weiterhin die Initiative behalten. Ich denke, die Versuchung, sich zu offenbaren, hat etwas damit zu tun, daß man Trost braucht – man gibt diese unglaubliche Geschichte auf, um seine Ehe zu retten –, aber das ist verrückt. Ich habe immer noch nicht vor, es ihm zu sagen, und ich bezweifle, ob ich mich anders besinnen werde.

Aufgrund ihres Respekts für Offenheit als Maßstab einer guten Beziehung und auch aufgrund des Wertes, den sie auf Vertrauen legten, setzten sich die Frauen intensiv mit der Frage auseinander, ob sie ein Geständnis machen sollten. In der Regel wollten sie »wahrhaftig«, »rücksichtsvoll« und »offen« sein. Manche berichteten, wie groß die Versuchung für sie war, sich alles von der Seele zu reden, und welch unterschiedliche Rechtfertigungen sie dafür in ihrer Phantasie fanden:

Es klingt verrückt, aber in gewisser Weise wäre er der erste gewesen, der mich dazu beglückwünscht hätte. Daß ich etwas für mich getan habe, das niemand anderer billigen würde, hätte Joe gefallen. Theoretisch. Dieser Aspekt wäre ihm zumindest sympathisch gewesen, und ich war traurig, daß er, der mich in meinem Autonomiestreben wirklich unterstützt, nicht an meinem, nun ja, »Sieg« teilhaben konnte. Ich fand es allerdings furchtbar, ihn auf seine Kosten errungen zu haben. Ich wollte gern, daß irgend jemand deshalb stolz auf mich ist. Und ich denke tatsächlich, daß Tom es gewesen wäre. Aber ich brachte es einfach nicht über mich. Ich konnte es nicht.

Letzten Endes erschien es mir nicht als etwas so Besonderes. Ich hatte mit Lou geschlafen, bevor ich geheiratet hatte, und ich schlief wieder mit ihm, ohne daß mein Mann es wußte. Ich denke, wenn mein Mann mißtrauisch gewesen wäre und mich rundheraus gefragt hätte, dann hätte ich ihn nicht angelogen. Das würde ich nicht tun, denn das hieße, ihn verrückt zu machen. Ich habe jedoch die Phantasie, daß er verstehen würde, wenn ich es ihm sagte, so wie ich die Phantasie habe, daß ich es verstehen würde, wenn er mit einer alten Freundin ins Bett ginge. Das mag natürlich naiv sein. Ich betrachte das, was ich getan habe, als keinen gravierenden Verstoß – wie einen Abend in der Oper mit einem alten Freund –, aber ich bin nicht absolut sicher, ob er es auch so sieht.

Connie rang ein Jahr um ihre Entscheidung, hin- und hergerissen zwischen widersprüchlichen Impulsen. Einerseits hatte Martin zu ihr gesagt, es »würde ihm nichts ausmachen«, wenn sie ein Verhältnis hätte; damit hatte er ihr »die Erlaubnis dazu gegeben«. Dieser Logik zufolge sagte sie sich: »Was könnte er sagen? Er hätte kein Recht, wütend zu sein, da er mich dazu ermuntert hat.« Aber sie glaubte ihm nicht wirklich. Was sie drängte, es ihm zu sagen, mehr noch als die zweifelhafte Erlaubnis ihres Mannes, war ihr enormes Verlangen, nicht mehr »alles vertuschen zu müssen, was meine wahre Identität betrifft«. Im tiefsten Grunde hatte sie es satt, sich zu verstellen, satt, zu schweigen; sie wünschte sich, es einfach loszuwerden, verdammt noch mal. Solange ich mich zurückerinnern kann, habe ich diesen Druck verspürt, den Mund zu halten. Über alles – meine Gefühle, was ich dachte, was ich glaubte –, und natürlich mußte ich alles geheimhalten, was mit meiner Sexualität zu tun hatte. Als Teenager sagte ich mir einfach, zum Teufel damit, und meine Freundinnen und ich redeten über alles. Wir behielten nichts für uns, weder in bezug auf Sex noch auf andere eigene Wünsche und Gefühle. So exhibitionistisch das alles scheinen mochte, es ermöglichte uns, über all das zu reden, was wir wirklich taten und fühlten. Ich hasse es, das alles wieder geheimzuhalten.

Aber sie erzählte es Martin nicht. »Die Realität siegte über die Moral«, meint sie. June kam nach langem Überlegen zu einem ähnlichen Schluß. Ihr Mann und sie, meinte sie, seien »beide bloß Sterbliche«, und Sterbliche »haben eine begrenzte Toleranz gegenüber Dingen, die man eigentlich nicht hören möchte«. Es sei vielleicht richtig, fand sie, es dem Mann zu sagen, wenn man beschließe, die Affäre aufzugeben. Aber im anderen Fall wird man doch nicht damit herausrücken, weil man sonst mit der Forderung konfrontiert wird, die Sache zu beenden. Welche Frau wird zu ihrem Mann sagen: »Ich habe etwas gefunden, was mich sehr glücklich macht, und ich werde nichts daran ändern, auch wenn es dir nicht gefällt?« Wenn ein Geständnis überhaupt in Frage kommt, dann doch, weil man das Gefühl hat, irgend etwas müsse geschehen, irgendeine Veränderung des Status quo, und dann muß man auch wirklich bereit sein, seine Affäre zu beenden – oder seine Ehe. Man wird keine *Erlaubnis* bekommen, beides zu behalten, soviel ist sicher.

Jenny kam zu dem Schluß, daß ihr Verhältnis, obwohl es fast zwei Jahre gedauert hatte, schließlich doch nicht mehr als ein Ausrutscher, eine Eskapade, ein Aussetzen der Vernunft gewesen sei, etwas, das sie mit »dem Wendepunkt des dreißigsten Geburtstags« in Verbindung brachte. Diesen Zeitpunkt definierte sie für sich als Beginn der Dekade, in der sie »wirklich etwas aus sich würde machen müssen«. Sie hatte eine Affäre mit einem gleichaltrigen Mann gehabt, der bereits etwas aus sich gemacht hatte, und zwar auf ihrem eigenen Gebiet, und den sie auch durch ihre Arbeit kennengelernt

hatte. Sie hatte in diesen Jahren, wie sie sagte, »ein Doppelleben«
geführt, und obwohl ihr die Affäre großes Vergnügen gemacht
hatte, empfand sie schließlich ein überwältigendes Bedürfnis, ihr
Leben wieder zu integrieren, »alles, was sie brauchte«, von einem
Mann zu bekommen, statt von zweien, und deshalb sagte sie ihrem
Mann

einfach alles. Daß ich es getan hätte, daß es falsch sei, unserer Ehe
abträglich. Was mich dazu getrieben habe, wisse ich nicht, aber
ich hätte das Gefühl gehabt, das zu brauchen. Es sei jedoch nicht
die Art und Weise, wie ich leben wollte, und es sei insgesamt
unglaublich egoistisch von mir gewesen.
Danach fragte ihr Mann sie sehr eindringlich aus,
fast obsessiv, wie mir schien. Er wollte wissen, wo wir hingingen,
was wir sexuell miteinander machten und wo – im Bett? Im Bad?
Und in welchen... Stellungen? Er konnte einfach nicht aufhören
mit den Fragen. Und ich beantwortete alle seine Fragen, als hän-
digte ich ihm meine Erlebnisse aus. Er forderte sie, als sei das sein
Recht. Die Sache ist bloß die, er fragte immer weiter, und die
Situation zwischen uns war grauenhaft.

Der Preis des Gestehens

Anfangs brüllte und schrie er einfach. Er stand mitten in der Nacht
auf, ging aus dem Haus und kam zwei Tage lang nicht mehr heim.
Mitten beim Abendessen warf er mit etwas um sich, einer Lampe,
einem Teller, einem Schuh. Er redete wochenlang nicht mehr mit
ihr. Wenn er sich ihr sexuell näherte, »sehr grob«, hatte sie das Gefühl, »ihn nicht abweisen zu dürfen«. Aber sie war außerstande, mit
ihm zum Orgasmus zu kommen, und entwickelte schließlich einen
Horror vor Sex. »Das war keine Liebe; ich fühlte mich wie eine
Gefangene, eine Kriegsgefangene – jemand, den mein Mann haßte,
aber über den er Macht hatte. Offenbar meinte er, ich müsse alles
das ertragen, um ihm gegenüber alles wieder gutzumachen, während er das Recht habe, mich zu hassen und schlecht zu behandeln,
egal, welche Versuche ich unternahm, um die Dinge zu bessern. Ich
dachte, das würde ewig so weitergehen.«

Jennys Bemühung, durch totale Ehrlichkeit emotionale und sexuelle Ausschließlichkeit wiederherzustellen, war in ihren Augen ein erneuter Versuch, ihre Ehe zu etwas zu machen, was sie offenbar auch vorher nicht gewesen war: sie sollte alles für sie sein. Aber was sie entdeckte war, daß sie Ehrlichkeit als ein Mittel benutzte, um eine Neuauflage des Märchens zu erreichen, des Ideals vom »ewigen Glück«, daß sie sich erneut als Kandidatin um die Wahl zur vorbildlichen Ehefrau bewarb. Wie Jenny es formulierte:

Was ich mir einredete war: »Wenn wir es so hinbekommen, dann könnte diese Ehe alles für mich sein. Sie könnte vertraut und nah und vollkommen sein und alles, was ich mir je von ihr erträumt habe.« Durch solche Sätze redete ich mir ein, daß diese Version der Ehe etwas enthielt, was mich wirklich glücklich machen würde – etwas, von dem ich eigentlich bereits wußte, daß es Quatsch war.

Aus der Geschichte dieser Frau geht klar hervor, daß Ehrlichkeit in bezug auf eine Affäre dem idealistischen Versuch dienen kann, das »wahre«, das »totale« Selbst wieder in die Ehe einzubringen – statt die Ehe als Teilbereich des eigenen Selbst zu behandeln.

Deborah war damals neununddreißig, sie fühlte sich wunderbar und gestärkt durch ihre seit einem Jahr bestehende Liebesbeziehung. Erwartungsvoll sagte sie ihrem Mann die Wahrheit, und wie gut sie sich dadurch fühle, mit einer Art von missionarischem Eifer, von dem sie jetzt reumütig zugibt, daß ihr Impuls dazu eigentlich der war, »es ihm unter die Nase zu reiben«. In einem Ausbruch von neuerstarktem Selbstvertrauen und Kraft wollte sie aber auch ihre Euphorie mit ihrem Mann teilen,

als ob er sich darüber freuen sollte. Ich hatte das Gefühl, in einer dauerhaften und wunderbaren Weise wieder zu mir selbst gekommen zu sein, und gewappnet mit dieser Power und Energie überfuhr ich ihn einfach damit, wie jemand, der eben gestärkt aus einem Psycho-Wochenende zurückgekehrt ist. Ich forderte ihn auf, mein neues Selbst willkommen zu heißen, als ob er sich weiß Gott wie darüber freuen würde, als ob er sich *für mich* darüber freuen müßte. Ich machte mir nicht bewußt, wie aggressiv diese Erwartung war, wie naiv und wie... unmöglich. Ich übersah, daß ich, während ich diesen enormen Machtzuwachs erlebte, etwas

Kostbares zerbrochen hatte und daß mein Mann... nun, er hatte Macht *verloren*.

Das nicht in Betracht zu ziehen, daß er allmächtig gewesen war, war ein furchtbarer Fehler. Ich wollte die Machtverhältnisse umstoßen, *hatte* sie schon umgestoßen, und dennoch seine Liebe behalten, wie zuvor. Das war wirklich... ahnungslos von mir.

Deborah meinte, sie sei unsensibel für die Veränderung in der Machtbalance ihrer Beziehung gewesen; von ihrem eigenen Standpunkt aus habe sie es eher so empfunden, daß jetzt ein Ungleichgewicht beseitigt war. Sie übersah dabei aber, daß ihre erotische Stimme ihren Mann niederschmettern würde,

den ich, glaube ich, irgendwie für unverwundbar gehalten hatte, als ob er der zuverlässig Starke und ich die Schwankende wäre. Ich fühlte mich stärker werden und dachte daher, unser Kräfteverhältnis sei jetzt ausgeglichener. Ich kam nicht auf den Gedanken, daß er die neue Dynamik für sich irgendwie als nachteilig empfinden könnte.

Aber noch verheerender als ihren Mangel an Feingefühl fand sie ihre Illusion, daß sie das bisherige Gefüge ihrer Ehe sprengen könnte, ohne daß dies für ihren Mann oder sie selbst oder ihre Ehe Folgen haben würde; dies ist die eigentliche Gefahr, die der Illusion des Reinen-Tisch-Machens innewohnt. Selbstgerecht und erfüllt von ungeahnter Energie und Macht ließ Deborah die Verletzbarkeit der Männer ebenso außer acht wie ihre eigene.

Deborah war an das alles mit einem Gefühl der Rechtschaffenheit herangegangen, in der Annahme, daß Ehrlichkeit ihren Lohn in sich selbst trage. »Aus dem Gefühl der Aufrichtigkeit und Zuversicht heraus wollte ich Joel einweihen; falls meine Ehe überhaupt etwas taugte, würde sie mein neues Selbst verkraften können.« Sie litt schrecklich, sobald ihr bewußt wurde, was diese Annahme nach sich zog.

Auch die Therapeutin, die mich zum Reden drängte, hatte diese Einstellung, daß ich für das Aussprechen der Wahrheit belohnt werden müßte. Joel mußte dankbar sein dafür, daß ich es ihm gesagt hatte, und er sollte sich seiner Mitschuld an meinem Seitensprung bewußt werden. Es war bescheuert! Ich hatte Joel wirklich nie beschuldigt, und plötzlich hörte ich die Therapeutin zu ihm sagen: »Sprechen wir über Ihre Rolle dabei«, fast ohne Joel Gelegenheit zu geben, auf die Neuigkeit zu reagieren. Rückblickend ist mir klar, daß wir beide, die Therapeutin und ich, diese völlig blödsinnige Vorstellung hatten: Okay, ich habe die Wahrheit gesagt, damit habe ich *meine* Aufgabe erledigt: seine Aufgabe war, sie mit Anstand zu verkraften.

Deborah hoffte, ihre Ehe durch ihr Geständnis mit einem Schlag zu all dem zu machen, was sie für sie sein sollte. Sie hatte sie damit aufs neue idealisiert. Diesmal, hoffte sie, würde sie zu dem werden, was sie zuvor nicht gewesen war, und zu noch mehr. Eine Beziehung, die neu ausgehandelt wird – wie das bei jeder Ehe nach einem Seitensprung zu geschehen hat –, muß sich tatsächlich öffnen, um beide Partner vollständiger einzuschließen. Aber es ist eine Sache, das alte Gebäude einzureißen und es dann sorgfältig aus elastischerem Material neu aufzubauen; es ist eine andere, zu versuchen, es aus dem gleichen alten Schutt wiederzuerrichten. Es genügt nicht zu sagen: »Ich bin wieder ich selbst geworden – dennoch möchte ich, daß du mich genauso akzeptierst wie damals, als ich mich bemühte, deiner Phantasie zu entsprechen.«

Ob frau nun versucht, in die Ehe zurückzukriechen oder zurückzustürmen – womit sie garantiert scheitern wird, ist die erneute Idealisierung. Mit einigen Ausnahmen waren sich die Befragten dessen bewußt. Sie hatten etwas zerbrochen, und obwohl man es vielleicht wieder zusammensetzen konnte, würde es niemals wieder so sein, *wie es gewesen war*. Jene, die die Bedingungen ihrer Ehe neu auszuhandeln versuchten, rangen darum, sich nicht mit den kritischen Augen derer zu sehen, die über ihre Tugendhaftigkeit urteilten, sondern ihren Blick auf eine komplexere Gleichung zu richten, die die Bedürfnisse des Mannes *und* die eigenen einschloß. Ihre Entscheidung, klare Verhältnisse zu schaffen, basierte auf ihrer Einschätzung dessen, was ihr Mann ertragen konnte *und* was sie selbst bereit waren hinzunehmen.

Ihre Flucht aus der Anpassung offenbarte sich in ihrer Sprache, die sowohl seine Gefühle berücksichtigte als auch ihre eigenen. Sie sprachen darüber, »was am besten für uns beide wäre«. Die schwierige Aufgabe, zwei Menschen als Ganze in die Gleichung einzubeziehen, bedeutet, einer simpleren Gleichung zu widerstehen, derzufolge die Ehefrau eine Dynamik wiederherstellt, in der sie entweder ihre eigenen Gefühle aufs neue unterdrückt oder ihr Wissen darüber ignoriert, wie sich ihr Seitensprung auf ihren Mann auswirken wird.

Die Tugendhaftigkeit hinter sich lassen

Das Wichtigste an den Entscheidungen dieser Frauen, ob sie nun ein Geständnis ablegten oder nicht, war, wieviel Beachtung sie ihrer realen Situation schenkten und um wieviel geringer ihr Bedürfnis geworden war, in den alten Rahmen zurückzukehren. Die meisten wollten die Erfahrung mit außerehelichem Sex nicht hinter sich lassen; sie fühlten sich dadurch nicht zerrissen, und sie betrachteten sich weder als fehlerlos noch als schuldig. Ihr Entschluß, sich zu offenbaren, schien weder auf Verzeihung oder Billigung abzuzielen noch darauf, Schuldgefühle bzw. Aggressionen bei ihren Männern abzuladen, noch darauf, sich selbst zu bestrafen. Ich will damit nicht behaupten, daß diese Motive gar nicht vorhanden waren, aber es waren nicht die Hauptgründe.

Die Frauen hatten eine Geschichte, ein Abenteuer mit einem noch nicht ausformulierten Ende gesucht, ohne Idealisierung, ohne Selbstbestrafung. »Sicher ist es nicht leicht, das alles unter einen Hut zu kriegen«, sagte June zu mir, »aber mein Leben ist im Fluß, und... so ist es für mich richtig.« Zu ihrer eigenen Überraschung neigten die Frauen weder dazu, die Dinge vereinfachen zu wollen – das Abenteuer auf die alte Weise zu beenden, mit einer Rückkehr in die Ausschließlichkeit der Ehe, wie sie gewesen war –, noch ihre Affäre zu idealisieren und die nächste »vollkommene« Ehe daraus zu machen. Sie wollten diese emotionalen Turbulenzen und verspürten nicht das Bedürfnis, sie auszugleichen, sich davon loszusagen, sie zu glätten oder ihnen ein Ende zu bereiten.

Ich sprach nicht mit Gattinnen mit gebrochener Seele oder gespaltenem Herzen; ich sprach mit entschiedenen Frauen: Was auch immer die Kosten waren, sie wollten nicht länger die Übereinstimmung mit sich selbst verlieren um einer Ehe willen, die sie zur Selbstentfremdung zwang. Sie wollten in ihren Beziehungen zu anderen aktiv und kraftvoll bleiben. Erinnern wir uns daran, daß

Amanda gesagt hatte, sie sei bereit, alles zu tun, um nicht wieder in ihrer Ehe zu einem Eisblock zu erstarren, selbst wenn sie mit Angst und Ambivalenz fertigwerden mußte und selbst wenn sie Daniel dadurch zwang, dasselbe zu tun: »Ist es besser, all seine Gefühle zu ersticken, um weder sich selbst noch einen anderen Menschen aus dem Gleichgewicht zu bringen? Ist das Liebe? Zwei Menschen, die sich versprechen, sich ihr ganzes Leben lang emotional und sexuell nicht von der Stelle zu rühren, damit keiner von beiden je ein negatives, angstvolles Gefühl zu haben braucht?«

In den Worten der ein Jahrzehnt älteren Ellie: »Meine Ehe muß ein Teil von mir sein, nicht umgekehrt. Von jetzt an werde ich mich nicht mehr der Liebe unterordnen – oder vielmehr, der Definition eines anderen von Liebe.«

Wenn dieses Neuaushandeln, dieser Wiedereintritt in die Ehe auf einer neuen Basis bedeutete, daß sie in Schwierigkeiten kämen, dann würden sie diese durchstehen. Ihre Vitalität, das wußten sie, hing von der gleichberechtigten und leidenschaftlichen Beziehung ab, die sie gefunden hatten, indem sie sie selbst waren. Diese Gewißheit machte sie unwillig, in einem Zustand zu verharren, in dem sie auf eigene Lust verzichten mußten.

13. »Die meisten Leute finden, ich hätte bleiben sollen«

Als ich wieder mit Amanda sprach, hatten sie und Daniel sich getrennt. Es war ein Jahr nach unserer letzten Begegnung. Wir verabredeten ein Gespräch in meiner Wohnung.

DH: Vor einem Jahr sagten Sie, Sie wollten für eine Weile mehr zu Hause bleiben, und Daniel arbeite daran, mehr aus sich herauszugehen. Was ist geschehen?

A: Ich bin tatsächlich lange zu Hause geblieben, acht Monate. Ich hatte sehr gemischte Gefühle dabei. Einerseits fühlte ich mich geborgen und sicher und stabil, und ich hatte jemanden, der neben mir schlief; und andererseits war ich todunglücklich. Ein Teil meiner Seele lag einfach brach. Es ist nicht Daniels Schuld – es ist niemandes Schuld. Aber ich war sehr traurig.

Ich bin ein Mensch, der die Arbeit braucht; ich bin eine Schauspielerin; ich bin eine Künstlerin – nein, ich werde eines Tages eine Künstlerin sein; jetzt bin ich eine Schauspielerin. Ich wurde immer depressiver. Und dann fuhr ich weg und bekam diese Rolle – ich war die Nina in Tschechows *Möwe*.

Nina ist eine Frau, die von zu Hause weggeht – sie ist Schauspielerin. Sie verläßt ihre Angehörigen – die sie an die Leine legen wollen –, um zu tun, was *sie* tun will. Wenn man der Typ Schauspielerin ist wie ich, spielt man diese Rolle nicht, ohne daß sie eine tiefe Wirkung auf einen ausübt – wie ein Vampir habe ich das in mich hineingesogen. Eine Frau, die zu der Erkenntnis kommt, daß diese Träume über die Schauspielerei, die sie als hellwache junge Frau hatte – über Glanz und Ruhm –, nicht das Wesentliche am Spielen sind. Worum es in Wirklichkeit geht ist, durchhalten zu lernen.

DH: Sie meinen »durchhalten« im Sinne von die Kraft haben, seinen Träumen zu folgen?

A: Ja. Diese Frau, Nina, hatte diese Kraft – und sie hat sie mir geschenkt. Sie war ein Teil von mir, und gleichzeitig hat sie mir geholfen, das in mir zu sehen.

DH: Hatten Sie damals schon die Entscheidung getroffen, Daniel zu verlassen?

A: Nein, das hatte ich noch nicht. Ich hatte die Entscheidung getroffen, meinen Beruf auszuüben und nicht zu Hause zu bleiben, egal, welche Schwierigkeiten das für meine Ehe nach sich zog. Und ich arbeitete mit diesem Regisseur, der wußte, was ich durchmachte, der mich verstand. Daraus hat sich etwas entwickelt. Und ich bin sehr froh darüber, obwohl mich manche Leute deswegen sehr kritisiert haben. Aber letzten Endes denke ich, daß es sie nichts angeht. Es ist mein Weg. Ich bin allein mit mir darüber zu Rate gegangen und bin zu meinen eigenen Schlüssen gekommen.

DH: Haben Sie es Daniel gesagt?

A: Ja. Natürlich. Man hat mich davor gewarnt, es Daniel zu sagen, aber ich mußte es ihm sagen. Ich glaube daran – es ist eine Prämisse meines Lebens: Ehrlichkeit tut nicht so weh wie Unehrlichkeit. Ich *hätte mich aus der Beziehung ausgeschlossen*, wenn ich gelogen hätte. Ich hätte es nicht mehr ehrlich mit ihm gemeint. Ich weiß, daß es wehtut, aber ich denke, daß man bereit sein sollte, einander wehzutun, denn man wünscht sich ja Wachstum in der Beziehung und beim anderen, obwohl Ehrlichkeit tatsächlich mißbraucht werden kann. Aber ich fühlte mich Daniel verbunden, tief und wahrhaftig.

DH: Wie reagierte Daniel auf Ihre Eröffnung?

A: Nun, all die anderen Männer, von denen ich je gehört habe, gehen an die Decke, versuchen, ihre Frauen umzubringen oder den Nebenbuhler umzubringen, aber Daniels Wut verzog sich weiter nach innen. Er wollte nicht darüber sprechen; wollte mich nicht sprechen lassen; wurde nicht einmal wütend auf mich. Er war immer verschlossen gewesen, aber jetzt war er wie ein Stein. Er war besiegt, nehme ich an, und machte sich unerreichbar. Vielleicht war er immer unerreichbar gewesen, aber jetzt war er es mit Sicherheit. Und das war schließlich der Grund für mich, wegzugehen. Es war »mein« Grund, obwohl ich denke, die Wahrheit ist, daß sich Daniel, lange bevor ich wegging, emotional verabschiedet hatte. Aber ich tat das Unverzeihliche: Ich war es, die dann wirklich wegging, und ich nehme die Schuld dafür auf mich. Ich wußte da schon, daß etwas in mir war, etwas, das ich nicht loslassen konnte, das fortfahren würde, Daniel zu quälen, wie auch seine Unerreichbarkeit, seine Versteinerung mich weiter quälen würden. Ich weiß nicht, was zuerst kam oder wer im Grunde wen verließ. Und ich fragte mich, was ich mir dabei eigentlich gedacht hatte, als ich damals einfach hinging und ehrlich über alles redete. Ich konnte das nicht noch einmal machen. Ich bin dreißig Jahre alt, und wenn in mir etwas ist, das Daniel töten könnte, dann muß ich ihn verlassen.

DH: Was haben Sie dann in sich gefunden?

A: Ich habe das Leben in mir gefunden, das ich vermißt hatte.

DH: Meinen Sie sexuell?

A: Nein... oder doch. Ich meine, ich hatte schon zuvor Vergnügen an Sex gehabt. Nein, dies war etwas, das aus mir herausbrach, eine Klarsichtigkeit, fast eine Transformation der Welt. Es war für mich nicht länger richtig, zu Daniel zu sagen, unsere Beziehung sei das, was für mich wirklich zählt, denn dies in mir zu schützen, dieses Erwachen, das war es, was jetzt wichtig für mich war. Meine Prioritäten waren nicht mehr dieselben wie zuvor. Und ich merkte, daß ich Daniel nicht immer wieder besiegt sehen wollte; so wollte ich nicht leben, das wäre auch sadistisch: ihm immer wieder von meinen sexuellen Abenteuern zu berichten. Darum war es zuvor nicht gegangen, zuvor war es um uns gegangen. Darum, was unsere Beziehung war und sein könnte.

DH: Jetzt ging es um Sie allein.

A: Jetzt ging es um mich. Vielleicht liege ich in bezug auf all dies falsch, das kann sein, aber ich habe trotzdem diesen Weg gewählt, und ich werde die Konsequenzen tragen. Das weiß ich. Wenn ich in zehn Jahren zurückschaue und zu dem Schluß komme, daß es falsch war, wegzugehen, falsch, diese Ehe zu beenden, dann werde ich mir eingestehen können, daß ich einen Fehler gemacht habe, und ich werde imstande sein, dies zu ertragen.

DH: Sie sind diesbezüglich sehr zuversichtlich.

A: Jetzt bin ich es. Letztes Jahr um diese Zeit war ich es nicht.

DH: Was hat Daniel gesagt, als Sie ihm erklärten, Sie könnten ihn nicht mehr besiegt sehen und wollten weggehen?

A: Seine Reaktion war, keine Reaktion zu zeigen. Er war nicht imstande, darüber zu reden. Aber das ist seine Art, mit seinem Schmerz umzugehen – sich zurückzuziehen. Seine Reaktion war

Traurigkeit – er weinte nicht, er brüllte und schrie nicht, aber es war, als könnte ich die Last auf seinem Körper spüren.

Ich habe ihm von meiner Affäre berichtet. Ich sah seine Reaktion. Und ich sagte, ich würde weggehen. Er war anfangs offensichtlich unsicher, wie er reagieren sollte. Ich wußte es auch nicht, obwohl ich es war, die die Entscheidung traf. Ich kam nach Hause zurück, nach Connecticut, und ich blieb zwei Wochen bei ihm. Ich verlor das Bewußtsein meiner selbst während dieser Zeit, mehr noch als sonst. Es war hart. Wir sprachen über Trennung und besprachen alles. Wir besprachen, welche Dinge wem gehörten. Das ist der Punkt, an dem ich nicht klar dachte: ich schenkte ihm alles. Alles!

DH: War Ihnen bewußt, daß Sie soviel Schuld empfanden?

A: Irgendwie schon. Ich werde ihn um ein paar Dinge bitten. Ich tat es unbewußt, beschuldigte mich, weil es buchstäblich unmöglich ist, das nicht zu tun. Besser gelang es mir, Daniel nicht zu beschuldigen.

DH: Sie schildern ihn als schuldlos.

A: Nein, das ist er nicht, weil er so... passiv ist. Ich konnte diese Abgeschlossenheit nicht länger ertragen, das Gefühl, allein das Leben in der Beziehung zu sein und es ihm buchstäblich einflößen zu müssen. Aber es ist schwierig, ihn dafür zu kritisieren, daß er so ist, weil er auch so freundlich ist.

DH: Glauben Sie, daß er Ihnen die Schuld gibt?

A: Er behauptet, nein. Aber wie könnte es anders sein? Ich habe ihn verlassen. Ich hatte zwei Affären und sagte es ihm. Das klingt nicht so gut, das kann ihm nicht gefallen haben. Er hat starke Aggressionen, die sich verschieden äußern, aber er wird nicht bösartig – er ist einfach kein bösartiger Mann. Das Schlimmste, was er tat, war, unsere Katzen hinauszuwerfen, zu sagen, daß er unsere Katzen nicht mehr beherbergen würde. Er sagte: »Das sind deine Katzen, nicht meine Katzen.« Aber ich hatte ja keine Wohnung. Deshalb brachte ich sie zu einer Freundin.

DH: Meinen Sie, er hat das Gefühl, daß Sie sich wegen der Seitensprünge schuldig fühlen sollten?

A: Ja und nein. Er und ich versuchten etwas, woran wir zutiefst glaubten; es war schwierig, aber er war ebenso bereit dazu wie ich. Wir wollten versuchen, zueinander ehrlich zu sein. Er, das muß man bedenken, wäre geblieben – weil ich mich an unseren Pakt gehalten hatte. Aber natürlich war er an irgendeinem Ende wütend darüber. Und schließlich waren wir beide sehr traurig über das alles, ich ebenso wie er.

DH: Diese unmerklichen Aggressionen, die er hat, die müssen doch auch schon während Ihrer Ehe dagewesen sein, meinen Sie nicht? Könnte es nicht sein, daß sie mitverantwortlich sind für den Mangel an Gefühlsäußerungen, auch in der Sexualität, den Sie so schwer zu ertragen fanden?

A: Natürlich. Daniel hat große Aggressionen – und sie bleiben alle in ihm drin. Ich glaube, ich habe viel von seiner Feindseligkeit *für* ihn empfunden. Aber nach neun Jahren hatte ich einen Punkt erreicht, wo ich mir sagte: »Ich habe es satt, darüber zu reden. Ich habe es satt, ihm zu erklären, was mit ihm und mit mir los ist. Ich habe es satt, zu versuchen, daß es sexuell klappt. Ich möchte auf einen Mann zugehen, und *ich möchte, daß dieser Mann weiß, was er zu tun hat, damit ich mich gut fühle.* Und ich möchte, daß das der Ausgangspunkt der Beziehung ist. Dann werden wir sehen, wo uns das hinführt.«

Sie sehen, das ist eine ganz andere Richtung. Und ich weiß, daß das sehr unfreundlich von mir ist.

DH: Unfreundlich, weil Sie das Gefühl haben, die Ehe im Stich gelassen zu haben, oder weil Sie finden, daß Sie eine Menge verlangen?

A: Nun, beides, aber hauptsächlich, weil ich die Ehe verlassen habe. Denn worauf es mir in unserer Beziehung ankam, das war doch immer auch der Wunsch, dem anderen bei seiner Entwicklung zu helfen. Das habe ich jedenfalls immer zu Daniel gesagt – und dann habe ich aufgegeben.

DH: Hat er verstanden, warum Sie weggingen?

A: Ja. Ich sagte ihm, ich ginge aus zwei Gründen. Sie laufen beide auf dasselbe hinaus, das sehe ich jetzt. Erstens, daß wir uns nie intensiv austauschen konnten, so wie ich das wollte. Unsere Seelen schienen sich nie zu begegnen, weder sexuell noch auf irgendeinem anderen Gebiet. Und zweitens, daß, sobald ich angefangen hatte, dieses Gefühl anderswo zu empfinden, und es mir nicht gelang, es nach Hause mitzubringen, das Zuhause weniger wichtig für mich wurde als dies. Das zu schlucken ist wirklich ein gewaltiger Brocken.

DH: Haben Sie das Gefühl, Daniel betrogen zu haben, indem Sie merkten, wie gut Sie sich fühlen konnten – mit einem anderen Mann?

A: Ja. Ich hätte es ihm nicht verschweigen können: ich hätte überhaupt keine Beziehung zu Daniel gehabt, wenn ich ihm eine so wesentliche Tatsache verschwiegen hätte. Und ich fühle mich auch wegen der Affäre nicht schlecht, die im übrigen vorüber ist. Ich möchte einfach, daß Sex tiefer geht. Ich möchte weiter gehen. Weiter, als Daniel gehen kann, zumindest mit mir. Immer mußte ich versuchen, Leben in unsere Beziehung zu bringen – gutes Leben, schlechtes Leben, was auch immer, aber Energie und Ehrlichkeit –, und dann am Ende trennte ich mich von ihm. Das ist es, was mich so traurig macht. Und auch ihn, glaube ich.

DH: Sie sagen, er sei durch die zweite Affäre besiegt gewesen. Aber Sie waren auch besiegt, nicht wahr?

A: Ja. Und alle, meine Freunde und Verwandten, wünschten, ich hätte gesagt: »Okay, offensichtlich kann ich von dir nicht bekommen, was ich brauche, sosehr du dich auch bemühst und ich mich bemühe, aber um deines Wunsches willen, daß ich bleibe, *um unserer Ehe willen*, werde ich mein Leben dir widmen.« Das ist der Grund, warum ich mich jetzt so furchtbar fühle. Daß ich Daniel verletzte, indem ich ihm die Wahrheit sagte und dann nach dieser Wahrheit handelte. Ich weiß, daß es rücksichtsvoller gewesen wäre, zu lügen – und um jeden Preis in der Ehe zu bleiben.

DH: Was Sie für destruktiver halten, als wegzugehen.

A: Ja. Ich war nicht zufrieden, und er würde mich nicht zufriedenstellen können. Deshalb meine ich, daß ich gescheitert bin. Immer wieder hatte ich das Gefühl, daß ich ihn umbringe. Weil ich *weiß*, daß er mich zufriedenstellen wollte und das nicht konnte. Und als ich jemanden fand, der es konnte ... – es war einfach etwas ganz anderes.

DH: Was geschah, sobald Sie merkten, wie es sein konnte?

A: Ich fühlte mich, als sei ich neu geboren worden. Als lebte ich zum ersten Mal. Daß ich *keine* Versagerin bin. Daß ich *nicht* falsch ticke. Es ist erstaunlich, wie man sich an das Nichtempfinden von

Lust anpaßt. Man fühlt sich als totale Niete. Und dann plötzlich war alles in Ordnung. Wie es sein sollte. Mein Körper war lebendig, mein Geist war wach, ich fühlte mich gut und richtig und wie eine Frau und wie ich. Ich hatte vorher nicht gewußt, woher dieses Gefühl des Ungenügens kam. Jetzt hatte ich plötzlich Lust, Dinge zu tun, vor denen ich mich vorher gefürchtet hatte.

DH: Was zum Beispiel?

A: In der Stadt Auto zu fahren! Daniel ist immer gefahren. Ich hatte schreckliche Angst davor. Und Dinge allein zu tun. Allein auszugehen, ins Kino, in Ausstellungen. Wenn ich zu Hause war, mit Daniel beisammen, flog ich eigentlich nie aus, um irgend etwas allein zu tun, was Spaß macht. Seither habe ich unentwegt Dinge getan, die ich seit Jahren tun wollte und nie getan hatte. Ich fange an, viele meiner eigenen Ängste zu besiegen. Ich habe jetzt das Gefühl, als eröffne sich mir viel mehr. Ich halte so viele Dinge für möglich.

Ich muß einige Zeit damit zubringen, mich selbst zu lieben – ja, ich weiß, wie dumm das klingt. Aber es ist nicht leicht zu verwirklichen. Das ist nämlich eine weitere Falle in einer Ehe: Es kann einem passieren, daß man zuletzt alles verschenkt. Man gibt den Kindern, dem Mann, aber was einem schließlich schwerfällt, weil die Ehe es irgendwie ausgelöscht hat, ist, daß man sich selbst etwas gibt. Man vergißt, wie es geht. Oder man lernt es erst gar nicht. Ich denke, »für sich selbst sorgen«, das ist es. Mir gefällt diese Formulierung sehr.

Ich frage mich immer wieder: Was ist Liebe? Und ich kann es nicht definieren. Eine Definition, die ich habe, lautet, bedingungslos zu geben. Aber trotzdem ist es keine schöne Sache, zu geben, ohne etwas dafür zurückzubekommen, weil einen das langsam auslöscht.

Ich weiß, daß wir über infantile, primitive Gefühle sprechen, wenn wir über Seitensprünge sprechen und davon, mit seinem Partner darüber zu reden; aber ich behaupte, daß ich über diese Gefühle hinauswachsen kann. Ich weiß, daß ich es kann. Ich weiß, daß ich mit der Wahrheit umgehen kann, wenn ich in einer Beziehung bin, in der ich zutiefst geliebt werde. Die Menschen können sich einfach nicht immer so verhalten, wie ihre Partner es gern hätten.

14. Der Preis

Männer folgen gewöhnlich einem ziemlich vorhersagbaren Weg von Leistung und Erfolg. Frauen aber verwandeln sich nach ihrem Erwachen, und dieses Erwachen ist nur im Rückblick identifizierbar.

Carolyn Heilbrun, *Writing a Woman's Life*

Ich kann Ihnen nicht sagen, was mit den Beziehungen dieser Frauen geschehen wird: Ich habe junge Frauen und solche in mittlerem und höherem Alter erlebt und mit ihnen gesprochen, die eine oder mehrere außereheliche Beziehungen hatten; deren Beziehungen zwei Monate oder zwei Jahrzehnte dauerten.

Ein seit fünfzehn Jahren bestehendes Verhältnis könnte zu Ende gehen, während Sie dieses Buch lesen, und die Betroffene könnte zu einer monogamen Ehe zurückgekehrt sein. Manche der Männer, die ledig waren, als ich dies schrieb, werden verheiratet sein, wenn Sie das lesen, entweder mit der Partnerin ihrer Affäre (obwohl das statistisch gesehen unwahrscheinlich ist) oder mit jemand anderem. Dieses neu entstandene Paar kann sich für sexuelle Ausschließlichkeit entscheiden oder auch nicht. Sehr wenige Frauen haben sich ihren Männern offenbart und es bereut; noch weniger sind froh, daß sie es taten. Einige Frauen mußten feststellen, daß ihre Männer ihnen niemals verzeihen konnten; manche erlebten, daß ihre Männer dies konnten und es auch taten. Manche Frauen liebten ihre Männer während der ganzen Zeit, andere nicht. Ein Teil der Frauen verliebte sich in den außerehelichen Partner. Für manche entwickelte sich die eheliche Beziehung während des Seitensprungs, für andere erst nach Beendigung der Affäre; für wieder andere verwandelte sie sich ungeachtet des Ausgangs der Affäre in Haß. Die Ehen einiger Frauen wurden anscheinend durch ihren Seitensprung nicht beschädigt, manche litten vorübergehend, andere wurden endgültig ruiniert; wieder andere gingen überaus gestärkt daraus hervor. Außerehelicher Sex kann die besten Ehen zerstören und die schlechtesten verbessern.

Manche Experten sind der Auffassung, daß es verschiedene Muster von außerehelichem Sex mit jeweils vorhersagbaren Gründen und Resultaten gibt, und sie bieten einem eindeutige Regeln für den Umgang mit den Spätfolgen an. Diese Regeln führen einen neuen psychologischen Bezugsrahmen anstelle des bisherigen institutionellen, juristischen oder theologischen ein. Aber ich frage mich, ob diese modernen Regeln mehr Rücksicht auf die Wünsche und Bedürfnisse der einzelnen Ehefrau nehmen als die alten, ob sie sie nicht immer noch zu dem hinführen, was sie wollen »sollte« bzw. wovon andere wollen, daß sie es wollen soll. Diese Regeln, ob neu oder alt, können immer noch die Zuständigkeit einer Frau für ihre eigenen Gefühle und Bedürfnisse hintertreiben; sie schreiben ihr immer noch vor, wie sie sich benehmen soll, was sie zu tun hat, um Liebe zu bekommen und »besser« zu werden. Sie bringen sie immer noch zum Schweigen. Psychologische Gesetze sind immer noch Gesetze; sie drängen die Betroffene immer noch zurück in Richtung auf eine Konvention, von der sie sich so nachdrücklich lossagte, als sie dieses »gesetzlose Gebiet«, in Hawthornes Worten, außerhalb der Gemarkung der Ehe betrat.

Sie wieder in die Ehe zurückzuführen oder sie da herauszuholen, war nicht mein Ziel, und ich würde Frauen vor allen Leuten warnen, die dieses Ziel verfolgen. Im Umgang mit dem Nachspiel einer Affäre müssen sie sich vielmehr auf ihre eigene innere Stimme verlassen. Ich glaube, daß die leidenschaftliche Frau, die die Grenzen der Tugendhaftigkeit, wenn auch für noch so kurze Zeit, überschreitet, heute immer noch diffamiert wird. Das darf sie nie vergessen. Sie allein aber kennt ihre Gefühle und Beziehungen, und wenn sie ihre Zuständigkeit dafür jetzt aufgibt, nachdem sie sie zuvor in Anspruch genommen hat, wird es nur ein geringer Trost für sie sein, »das Richtige« getan zu haben. Man denke nur an die arme Hester Prynne, die das Richtige tat, zum besten Frauenzimmer in ganz Boston wurde, das Vertrauen und die Liebe der gesamten Gemeinde errang – um den Preis ihrer eigenen Sexualität. Was Sie als »Outlaw« jedoch bedenken sollten, wenn Sie über das Schicksal Ihrer Ehe nachsinnen: Den Statistiken zufolge ist eine außereheliche Beziehung einer der häufigsten Gründe, weshalb sich Paare in Therapie begeben; mehr als die Hälfte derjenigen, die das tun, trennen sich am Ende der Therapie aus ebendiesem Grund bzw. lassen sich scheiden. Das Budget geschiedener Frauen aller sozialen Klassen ist eklatant geringer als vorher. Vergessen Sie die institutionalisierte Macht nicht; die eifersüchtigen Männer; den finanziellen Aspekt. Vergessen Sie nicht, daß Frauen Sie mit denselben kalten Blicken betrachten werden wie Männer. Vergessen Sie nicht, wie man sich fühlt, wenn man spricht, ohne gehört zu werden; wenn man erscheint, ohne gesehen zu werden. Vergessen Sie nicht die Gesellschaft, in der wir leben – daß man Sie als Ehebrecherin, als besudelt ansieht. Immer noch werden Frauen für ihre Affären hart bestraft.

Vergessen Sie nicht, daß sogar Ihre Kinder Sie verletzen könnten, wenn sie von Ihrem Verhältnis erfahren; sie leben in derselben Gesellschaft wie Sie, so daß ihre Sympathien sehr wahrscheinlich die gleichen sein werden wie die ihrer Umgebung. Wenn Sie gegen die institutionalisierte Macht verlieren, dann werden sie sich vielleicht auf deren Seite stellen und nicht auf die Ihre – zumindest eine Zeitlang. Vor allem: Idealisieren Sie Ihre Affären nicht! Es war schließlich die Idealisierung von Beziehungen und der Ehe, die all dies erst in Gang gesetzt hat.

Alles anders sehen

Was ich Ihnen jedoch über diese Frauen sagen kann, so ungewiß die Schicksale ihrer Beziehungen auch sein mögen, so sehr den Umständen preisgegeben: Sie alle hatten das Gefühl, durch ihre Erfahrung für immer verändert zu sein, und sie bereuten es nicht, diese Erfahrung gemacht zu haben.

Jede sprach davon, die Dinge jetzt aus einer anderen Perspektive zu sehen, die neue Aussicht mit der ungewohnten Klarheit und der Überraschung eines Kurzsichtigen zu betrachten, der zum ersten Mal eine Brille aufsetzt. Es gibt ein optisches Instrument, das Stereoskop, das eine dreidimensionale Wirkung erzielt, indem man zwei Photos derselben Szene, von etwas unterschiedlichen Blickpunkten aus aufgenommen, durch zwei Okulare betrachtet. Die Frauen sprachen davon, ihr eigenes Leben jetzt aus diesen zwei unterschiedlichen Blickwinkeln zu sehen, vom Standpunkt der verheirateten Frau in ihrer Position konventioneller Bravheit aus und von dem des Outlaw, der irgendein grenzenloses, uneingefriedetes, gesetzloses Gebiet durchstreift. Sie waren jetzt imstande, ihre Sichtweise so zu verändern, daß sie einen weiteren Überblick erhielten, wobei sowohl ihr verheiratetes »braves« Selbst als auch ihr »ehebrecherisches, schlimmes« Selbst klar hervortraten. Das so entstandene Bild war klarer und vollständiger; es hatte mehr Tiefenschärfe als jeder der beiden Schnappschüsse für sich genommen.

Wenn sie sich selbst sowohl von innerhalb als auch von außerhalb der Institution Ehe betrachteten, hatten sie das Gefühl, ihr Leben und ihre Beziehungen ehrlicher einschätzen zu können; dank dieser neuen Perspektive konnten sie unterschiedliche Kriterien für die Bewertung von sich selbst und der Welt heranziehen.

Ihre Selbsteinschätzungen, die einst aus minuziösen Schilderungen ihrer Mängel bestanden, änderten sich. Auch ihre Sprache änderte sich, und sie hatten sich befreit von Selbstverurteilungen, sei es, daß sie »keine genügend gute« Ehefrau oder »eine zu egoistische« Person seien; sei es, daß ihre Schenkel »zu dick« und ihre Stimme »zu laut« seien. Was sie sahen und worüber sie redeten, kreiste nicht länger um »zu sehr« dies, »nicht genügend« das. Sie traten aus dem Schweigen heraus und erhielten wieder Zugang zu dem »verlorenen« Vokabular ihrer eigenen Gefühle.

Das war ein Vokabular ohne »sollte«, erfüllt von farbigen Worten der Lust und Lebensfreude. Jetzt, da Donna Reed nicht mehr ihr Vorbild war – denn durch ihren Seitensprung hatten sie ihren Anspruch auf Vollkommenheit bereits verloren –, begannen sie, die Tiefenströmungen ihres Lebens wahrzunehmen, und versuchten nicht länger, in den täuschend ruhigen Gewässern darüber zu schwimmen. Jetzt, da es Bewegung und Leben und den Klang ihrer eigenen Stimme gab, kam auch ihr physisches Selbst wieder zu sich.

In einen Körper zurückkehrend, den sie als ihren eigenen empfanden und der sich wieder intakt fühlte, begannen sie, freimütig ihre eigenen Gefühle zu registrieren. Sie fühlten sich zwar manchmal traurig, aber sie waren auch glücklich; sie hatten einen hohen Preis bezahlt, aber es hatte sich gelohnt; sie hatten ein Idealbild verloren und empfanden Bedauern über ihren Verlust von Unschuld, aber über beides waren sie auch heilfroh. Ihr Leben war nicht vollkommen, aber sie benutzten »Vollkommenheit« nicht mehr als Maßstab. Dieses Gefühl der Verwirrung – daß »man von der Ehe erwartet, daß sie einen glücklich macht, und ich sicher bin, glücklich zu sein, und deshalb bin ich auch glücklich, wahrscheinlich, ich meine, ja, ich bin es« – löste sich ebenso auf wie der Zwang, unter dem sie früher gestanden hatten, immer mehr Gutes zu tun, um sich immer weniger schlecht zu fühlen, wobei sie aber beides nicht schafften. Entledigt des Leitbilds der Stummheit und Angepaßtheit durch den gravierendsten Normenverstoß, den sie früher als »egoistisch« und »unanständig« bezeichnet hätten, fühlten sie sich jetzt »erlöst«. »Ich fühle mich befreit von dieser belastenden Reinheit«, sagte Paula – und wie beim Verlust der Jungfräulichkeit gab es von da kein Zurück.

»Ich habe mein Gehirn zurückbekommen«

»Ich habe mein Gehirn zurückbekommen« sagte die zweiundvierzigjährige Clara zu mir.

»Sie haben Ihr *Gehirn* zurückbekommen?« wiederholte ich. »Durch eine sexuelle Erfahrung haben Sie Ihr Gehirn zurückgekriegt? Wo war Ihr Gehirn hingekommen?«

»Ich weiß es nicht«, antwortete sie. »Ich habe es irgendwo unterwegs verloren, nehme ich an. Ich weiß bloß, daß ich wieder klar denken kann.«

»Wie kommt das?«

»Ich meine, wenn ich jetzt einen Tag durchlebe, habe ich das Gefühl, meine Fähigkeiten zu nutzen. Ich merke, daß ich bei meinen Handlungen eine echte Mitsprache habe und nicht auf Autopilot geschaltet bin.«

»Wie lang hatten Sie sich auf Autopilot geschaltet gefühlt?«

»Jahrelang.«

»Denken Sie einmal zurück. Waren Sie auch an der Universität schon auf Autopilot?«

»Ja.«

»Haben Sie während Ihrer Studentenzeit geheiratet?«

»Ja.«

»Assoziieren Sie diesen Zustand mit dem Studium oder mit der Heirat?«

»Nun, in gewisser Weise mit beidem. Beides waren Entscheidungen, die als solche zwar gut waren, die ich aber nicht wirklich selbst getroffen habe. Ich bereue sie nicht – ich bin glücklich über meine Ehe und meinen Beruf –, aber damals bin ich in beides quasi hineingestolpert. Und obwohl ich froh bin, daß ich keine selbstzerstörerischen Entscheidungen getroffen habe, weiß ich im Grunde nicht, nach welchen Kriterien ich vorgegangen bin. So bizarr das klingt, ich habe das Gefühl, ein anderer Mensch habe sich eingeschaltet und gesagt: ›Hör zu, Clara, das ist ein guter Beruf für dich, und das ist ein guter Mann.‹ Und ich gehorchte. Dabei hatte ich verdammtes Glück, daß ich nicht einen Mörder geheiratet oder beschlossen habe, eine professionelle Lambada-Tänzerin zu werden.«

»Weil Sie bei Ihrer Wahl in gewisser Weise nicht bewußt vorgegangen sind?«

»Ja, richtig. Ich weiß, daß das merkwürdig klingt. Ich bin kein Ibsen-Geschöpf, das in einem Puppenhaus festsitzt. Aber nein, das stimmt auch nicht; in gewisser Weise war ich wirklich so. Meine Freundinnen und ich staunten bloß, was aus uns geworden war. Inzwischen bin ich mir dessen bewußt. Irgendeine Schaltung ist in meinem Gehirn zustande gekommen. Es klingt verrückt. Ich habe mich immer gefragt: ›Mag *er* mich?‹; kein einziges Mal: ›Mag *ich* ihn?‹

Seit mein Gehirn richtig tickt, fühle ich mich endlich wieder erwachsen, bin ich einer von den lebendigen, atmenden, denkenden, vögelnden Menschen in einer intensiven Beziehung, in der ich mich wohl fühle. Sie können sich nicht vorstellen, welch völlig anderes Selbstgefühl diese Veränderung in Gang gesetzt hat. Mit zweiundvierzig hatte ich mich wie eine Heldin aus einem der Romane von Anita Brookner zu fühlen, eine wirklich tugendhafte Person, halbtot, mit einem verrostenden Gehirn, die spitzzüngig und exzentrisch wird, weil sie klüger ist als viele andere Frauen, aber gleichzeitig unbeholfen in der Kunst, zu bekommen, was sie will.«

»Und Sie haben das Gefühl, in dieser Hinsicht jetzt klüger zu sein?«

»Ich denke, ich bin nun imstande, zu kriegen, was ich will.«

»Was zum Beispiel?«

»Das betrifft alles. Jede Entscheidung, die ich fälle, bezieht jetzt auch mich ein. Ich schließe mich nicht mehr aus, wie ich das früher getan habe. So habe ich zum Beispiel Familienausflüge organisiert, die absolut nicht das waren, was ich tun wollte. Ich bin allergisch gegen die Sonne, ich kann den Strand nicht ausstehen, und ich werde seekrank. Trotzdem bin ich bei den Angelausflügen meines Mannes mitgefahren und habe Medikamente gegen Seekrankheit genommen, bloß um sie durchzustehen, ganz zu schweigen von den Unmengen an Sonnenschutzmitteln. Und niemand in der Familie zuckte mit der Wimper, außer daß sie ein bißchen sauer waren, weil ich den Ausflug nicht so genoß.«

»Und heute würden Sie solche Ausflüge nicht mehr machen?«

»Um nichts in der Welt. Letztes Jahr wollten mein Mann und mein Sohn einen Angelurlaub machen, und das haben sie auch getan. Aber ich bin nach London gefahren. Dieses Jahr fahren wir nach Deutschland.«

»Und alles aufgrund Ihrer außerehelichen Beziehung?«

»Das war der Grund, weshalb ich eine Entscheidung traf, die nur für mich war. Es war schon irgendwie unerhört, unglaublich, und es hat bewirkt, daß ich das Rad nie wieder zurückdrehen werde; es wäre mir inzwischen unmöglich, eine Entscheidung zu treffen, die mich nicht berücksichtigen würde. Ich habe eben mein Gehirn zurückbekommen. Ich habe mich selbst wiedergefunden.«

Für Clara war es ihr »verlorengegangenes Gehirn«, das sie wiederfand. Für andere Frauen war es ihr Herz, ihr Humor, ihre Stimme oder ihr Gedächtnis – die Rückgewinnung irgendeines integralen Bestandteils ihrer selbst, der wesentlich für ihre Funktionsfähigkeit war – mit der Folge, daß sie sich wieder »ganz« und »lebendig geworden« fühlten.

Rückkehr in die Beziehung

Alison, die ewig gefröstelt hatte, stellte jetzt ihre eigene Sichtweise von der Vollkommenheit ihrer Ehe in Frage. Sie eröffnete einen Dialog mit ihrem Mann, der nicht voraussetzte, ihn oder ihr Zusammenleben als ideal anzusehen, und beendete dadurch, wie sie stolz erklärt, ein zwanzigjähriges Schweigen. »Und so«, fügt sie hinzu, »begannen wir zu streiten.«

»Worüber?« frage ich.

»Über alles, im Moment. Ich glaube, ich habe die Streitigkeiten vom Zaun gebrochen. Um zu sehen, ob diese Sache Wirklichkeit war, diese neue Sache, die wir hatten, die darin bestand, nicht einfach den Mund zu halten, wenn wir uns ärgerten. Er scheute immer davor zurück, auf mir herumzuhacken. Aber sobald ich anfing, auf ihm herumzuhacken, flog das Ganze in die Luft. Wir haben jetzt ein riesiges Zerwürfnis, aber ich fühle mich seltsamerweise wesentlich besser. Und wissen Sie, ich glaube, ihm geht's genauso. Wirklich.«

Leslie, siebenundvierzig und seit zweiundzwanzig Jahren verheiratet, beendete vor zwei Jahren ihre vier Jahre dauernde außereheliche Beziehung zu Paul, weil sie das Gefühl hatte, daß diese »leer« geworden sei und daß sie »nicht zwei Beziehungen lebendig und gesund erhalten« könne. Sie hatte gehofft, beides behalten zu können, aber nach ihrem dritten Jahr mit Paul schaffte sie es nicht mehr. Sie gestand ihrem Mann Thomas ihre Affäre und sagt, daß die Beziehung, die sie gegenwärtig aufbauten, »mehr der Ehe gleicht, wie ich sie mir immer gewünscht habe«, als je zuvor vor ihrem Seitensprung. Auch sie streitet mit Thomas »über fast alles«, aber die Qualität der Auseinandersetzungen scheint sich gewandelt zu haben, von »einer Art sinnlosem Hickhack über nichts« zu »Auseinandersetzungen über essentielle Themen wie zum Beispiel, wer wirklich die Familie beherrscht und warum; wer die Hausarbeit macht und warum, wie wir sexuell zueinander stehen und warum«.

Leslie und Thomas handeln die Bedingungen ihrer Ehe neu aus, etwas, wovon Leslie meint, sie hätte es vor ihrer Affäre mit Paul nicht tun können, hätte nicht einmal daran gedacht. Sie gibt manches, auf das sie bisher großen Wert gelegt hat, auf, ohne sich dessen besonders bewußt zu sein.

Es gefiel mir, die Frau seiner Träume zu sein. Wirklich. Ich wollte die Frau seiner Phantasien sein und paßte mich jahrelang dem an, was ich für seine Phantasien hielt. Es war mir ungeheuerlich, mich damit auseinanderzusetzen, nachdem ich die Frau seiner Alpträume geworden war. Anfangs versuchte ich, mich wieder gut mit ihm zu stellen, indem ich mich umzumodeln versuchte, als ob ich eine Art Knetmasse wäre, so sehr wollte ich wieder akzeptiert werden. Das trieb mich zunächst in die Defensive: »Ich bin immer noch die Frau, die du geheiratet hast, wirklich! Es war bloß ein Ausrutscher!«

Und dann kapierte ich. Ich war diese Frau nicht mehr, falls ich es je gewesen war. Aber wo ich nicht hinzufinden schien, war, wer ich jetzt wirklich war. Das war eine Krise für uns. Wer bin ich, wenn nicht die tugendhafte Frau, die ich gewöhnt bin zu sein? Kann ich etwas daran ändern, wie man mich sieht? Kann ich akzeptieren, so gesehen zu werden? Kann ich geliebt werden? Es ist sehr kompliziert.

Leslie bat um Vergebung, weil sie etwas Kostbares zerbrochen hatte, das sie aber offengestanden nicht wieder kitten wollte. Sie fühlt sich verunsichert, weil sie die Rolle der Unschuldigen, der harmlosen Person aufgegeben hat, die niemals etwas für sich tat, was den Wünschen und Bedürfnissen ihrer Familie hätte zuwiderlaufen können. Sie will ihr altes Selbst nicht wiederbeleben, sie will nicht wieder tun, sagt sie, »was ohnmächtige Menschen zu tun versuchen – nämlich ihren Mann zum verzeihenden Elternteil zu machen« und sich irgendwie bei ihm einzuschmeicheln.

Anfangs unternahm ich hilflose Versuche, seinen Ärger zu besänftigen, indem ich ihm versicherte, ich sei wirklich noch dieselbe Person wie früher. Aber das stimmte nicht. Ich habe etwas zerbrochen, und ich werde nie wieder der Mensch sein, der ich war, bevor ich es zerbrochen habe. Dafür bin ich verantwortlich. Ich werde meinen Mann auch nie bitten, mich wieder zu diesem Menschen zu machen. Und das wird mir schwerer fallen als ihm. Er könnte es vielleicht schaffen, eine unanständige Frau zu lieben. Aber ich könnte zu tief in dieser Rolle der anständigen Frau drinstecken, weil sie so sicher ist und weil sie Belohnungen verspricht.

Leslie glaubt, daß ihr die Rolle der unanständigen Frau besser gefalle als die alte Rolle, aber nur, weil sie bei Thomas »etwas Wunderbares zum Vorschein gebracht zu haben scheint«. Seine Einstellung zu ihr hat sich verändert, und obwohl er sie manchmal wegen ihres Seitensprungs quält und ihr oft vorhält, das Vertrauen zwischen ihnen gebrochen zu haben, scheint er jetzt viel mehr auf sie zu hören.

Er hat angefangen, mich in einer Weise ernst zu nehmen, wie er es nie zuvor getan hat. Wir reden viel mehr über Dinge, die nicht mit dem Funktionieren der Familie zusammenhängen; er hört mir jetzt zu, während ich vorher eigentlich nie diesen Eindruck hatte. Ich weiß nicht, ob er sich bloß deshalb wohler mit mir fühlt, weil wir bis zum Gehtnichtmehr geredet haben, oder ob wir irgendeine Mauer zwischen uns durchbrochen haben, die immer dagewesen ist. Vielleicht liegt es auch daran, daß ich länger nachdenke, bevor ich Fragen beantworte, statt meine vorhersagbaren Antworten loszulassen. Vielleicht ist das einfach interessanter für ihn.

Amanda, die jetzt allein lebt und über den »Scherbenhaufen« spricht, den sie durch ihre Affäre aus ihrem Leben gemacht habe, überlegt, warum sie nicht deprimiert darüber ist:

Ich bin allein. Ich sehe keinen der beiden Männer. Ich habe kein Geld. Und dabei fühle ich mich – *erlöst*. Ich weiß, daß ich Bedauern empfinden sollte, aber in Wirklichkeit fühle ich mich wie neugeboren.

Und Paula:

Ich habe das Schlimmste in der Welt getan, das Schlimmste, was eine Frau tun kann. Und wissen Sie was, es war das Beste, was ich je getan habe. Es hat mir die Augen so sehr geöffnet... es hat mein Herz geöffnet.

Die Frauen fingen an, jetzt alles »in Farbe« zu sehen und sich »lebendiger« zu fühlen. Die reuigsten Worte, die ich bei allen meinen Interviews zu hören bekam, waren die folgenden Äußerungen von Lynne, sechsunddreißig, und Loren, neunundvierzig, deren außereheliche Beziehungen geendet hatten, die beide in ihrer Ehe geblieben waren und die beide keine weiteren Affären angefangen hatten.

Lynne:

Ich habe die Dinge mit meinem Mann geklärt, und ich glaube ehrlich, wir haben jetzt eine Beziehung, die besser ist als früher. Aber, Herrgott, was für ein langer Weg das war. Ich wünschte, es wäre einfacher, weniger schmerzhaft für uns beide gewesen. Wir ringen immer noch darum – er ist immer noch wütend, ich bin immer noch wütend, und es ist, ehrlich gesagt, noch kein Ende abzusehen. Aber ich glaube nicht, daß wir uns trennen werden. Vielleicht sind wir zu böse aufeinander, um uns zu trennen. Vielleicht werden wir uns trennen, wenn wir aufgehört haben, uns zu streiten. Ich weiß es wirklich nicht. Es ist sehr schwierig.

Loren:

Ich wünschte, ich hätte einen Mann gewählt, der mir mehr bedeutet. Ich wäre so gern mit jemandem zusammen, der die Veränderungen zu schätzen weiß, die ich an mir selbst erlebte, einem Mann, der mich liebt und den ich liebe. Ich mochte mich wirklich in dieser Beziehung; ich fand mich witzig, sehr ich selbst. Sogar meinen Körper, den ich versucht habe, schlanker zu machen – offensichtlich ohne großen Erfolg –, begann ich zu mögen. Er ist rundlich und weich, sagte ich mir, was ist dagegen einzuwenden? Ich hätte es so schön gefunden, wenn der Mann, bei dem ich diese neuen Gefühle empfand, jemand Dauerhafter gewesen wäre, verstehen Sie, zu dem ich hätte sagen können: »Hach! Kannst du es glauben, wie sehr ich mich verändert habe?«

Für manche war die eigene Veränderung geradezu erschreckend. Die neunundzwanzigjährige Phoebe, die seit fünf Jahren eine stürmische Affäre mit einem Mann hat, spürt ihr verändertes Selbstgefühl – »mein neues Selbst«, wie sie es nennt – in jedem Bereich ihres Lebens:

Manchmal wünsche ich mir, ich könnte wieder in mein altes Selbst zurückschlüpfen. Das war... einfacher. Jetzt bin ich nicht mehr so vertrauensselig, sondern aggressiver, fordere jeden heraus. Ich komme mir bisweilen aufdringlich vor, als müßte ich allenthalben verkünden: Ich existiere, ich habe eine Stimme und muß mir Gehör verschaffen! Vielleicht ist es ein bißchen lästig für andere Leute. Ich schreie herum, und niemand weiß, was er damit anfangen soll. Aber insgesamt fühle ich mich gut, selbst wenn ich mir bisweilen dominant vorkomme, wie damals, als ich in der achten Klasse war. Und dabei habe ich das Gefühl, mein Gott, wo bin ich eigentlich mein bisheriges Leben lang gewesen?

Die Veränderung, die zu bewahren den Frauen am wichtigsten war, war dieser Blick sowohl auf die Situation innerhalb der Institution Ehe (und sie zu durchschauen) wie auf die Situation außerhalb derselben (und sie erlebt zu haben); im Bild zu sein, aber auch in ihrer eigenen Haut, in ihrem eigenen Leben zu sein. Manche Frauen äußerten eine Furcht, dieses neue, klarsichtige, offenherzige Selbst zu verlieren: Sie waren sich ihrer Fähigkeit, es festhalten zu können, nicht sicher genug. Deshalb sprachen sie über diese Gefahr wieder in höchst physiologischen Begriffen: Sie fürchteten, es könnte ihnen ein wesentlicher Schutzmechanismus fehlen, der sie davor bewahren würde, dieses Selbst wieder zu verlieren. Jede der folgenden Frauen spricht über die Notwendigkeit, etwas zu »beschützen«.

Leslie sagt:
Ich habe wirklich das Gefühl, ein Recht auf dieses Glück zu haben. Ich empfinde das Bedürfnis, dieses gute Etwas zu beschützen, das jetzt in mir ist. Irgendwie werde ich das behalten.

Die sechsundfünfzigjährige Dina:
Ich achte jetzt mehr darauf, was mir zu schützen wichtig ist; ich lasse nicht zu, daß es wieder untergeht. Ich habe immer so eine Art zu sagen:»Ich werde dieses Jahr etwas tun, was bloß für mich ist. Ich werde Ski fahren gehen, auch wenn das sonst niemand will. Ich werde es allein tun.« Aber wenn es die Familie dann nicht praktisch für mich organisiert, dann tue ich es nicht. Ich habe das Gefühl, ich warte nicht nur auf Zustimmung zu meinen Plänen, sondern auch noch auf das Flugticket. Die Folge ist natürlich, daß ich seit zehn Jahren nicht mehr Ski gefahren bin. Jetzt merke ich es aber wenigstens, wenn ich diese komplizierte Selbstsabotage betreibe. In Zukunft werde ich sagen:»Ich gehe in der ersten Januarwoche zum Skifahren; hat irgend jemand etwas dagegen?« Und dann werde ich die Reise buchen, bevor Einwände auftauchen.

Die fünfundvierzigjährige Annette:
Meine psychischen Grenzen zu wahren erscheint mir ähnlich, wie mein Immunsystem zu schützen. Tatsächlich bekomme ich neuerdings Herpes auf der Lippe, wenn ich mich überrollt fühle, und habe prompt depressive Anwandlungen. Es kommt mir vor, als würde so etwas wie der imaginäre Zaun um mich niedergetrampelt und ich hätte nicht die Energie, ihn wieder aufzurichten. Ich muß also wirklich lernen, mich selbst zu schützen.

Manche Frauen empfanden nicht länger das Bedürfnis, sich zu schützen; sie wußten, daß die Veränderung in ihnen unwiderruflich war.

Paula:
All diese Gebote, von denen mein Tag erfüllt war – ich sollte zu Hause sein, um zu kochen, aber gleichzeitig sollte ich länger im Büro bleiben; aber ich sollte auch mein Kind mehr sehen, und ich habe noch keine Anrufe gemacht, und ich sollte... nun, ich fühle mich von ihnen nicht mehr angeschrien. Sie tauchen noch auf, aber nicht oft. Und nicht mehr so laut.

Sexualität ohne Stummheit

Sexuelle Empfindungen ließen diese Frauen nicht mehr verstummen. »Ich habe angefangen, meine Sexualität zu lieben«, erzählt mir eine fünfundsechzigjährige Frau namens Roberta, »wirklich keinen Augenblick zu früh.«

»Ich empfinde es als so köstlich, wie mein Körper mit Farben und Gefühlen erfüllt ist«, sagt die vierundfünfzigjährige Belinda, wenn sie »am Rand des Abgrunds« ist, in den sie beim Orgasmus stürzt. »Und dann, während ich am Rand dieses Abgrunds schwanke und taumle, verändern sich die Farben. Ich weiß, wann ich zu fallen beginne, die Kontrolle völlig verliere, wenn sich die orangen, feurigen Töne in Grün und Blau verwandeln wie der Nachthimmel im Dezember.

Wenn der Orgasmus einsetzt und ich alles loslasse, wenn das Bewußtsein, die Kontrolle aussetzen, dann folgen auf die Farben Laute. Ich komme mir vor wie in einem Sound-Studio; es ist dunkel, man kann aber jeden Ton hören. Während ich mich in diesen nicht mehr bewußten Ort verströme, übernimmt mein Körper die Führung, und meine *Stimme bricht aus mir heraus*. Sie ist nicht kontrolliert, sie ist wie eine Flut.«

»Wenn man weiß, wie, kann man auf diesem Gefühl reiten«, sagt Belinda, »auf diesem blauen Gefühl, und man kann die Welle erwischen.«

Farben kennzeichnen sexuelle Empfindungen auch für die sechsundvierzigjährige Ellie; manchmal trägt sie der Orgasmus »in ein warmes Meer von blauem, seidigem Öl, ein Blau wie das der Karibik; ein anderes Mal sehe ich Raketen mit orange und gelb sprühenden Funken. Ich habe das Gefühl, emporzuschießen. Da sind rote Raketen am Himmel wie beim großen Finale eines Feuerwerks, ein wunderbares und lang anhaltendes Schauspiel. Ich habe gelernt – nein, mein Geliebter hat es mir beigebracht –, wie ich diesen Höhenflug verlängern kann; was nötig ist, um dieses Gefühl zu steuern – ich habe gelernt, auf diesem Gefühl zu reiten.«

»Ich gelange in diese absolute physische Sphäre, die so tief ist«, sagt die dreißigjährige Rina, »daß ich dort meinen Verstand verliere, ihn loslasse und mein ganzer Körper von Gefühlen widerhallt. Das hat etwas Verzweifeltes, Pulsierendes. Ich empfinde diese tiefe Wollust, das Blut strömt mir durch die Adern, mir scheinen sich die Nackenhaare zu sträuben, es ist so berauschend, und ich empfinde einfach Wollust...«

In unserer Kultur wird die Sexualität einer Frau mit der Menopause für beendet erklärt oder, wie manche Frauen meinten, gar schon mit vierzig. Ich war deshalb überrascht, wie viele der Frauen in den Fünfzigern, Sechzigern, sogar Siebzigern, die ich interviewte, seit langem außereheliche Beziehungen hatten. Ich hatte erwartet, daß die meisten der Frauen, von denen ich zu diesem Thema etwas hören könnte, in den Zwanzigern wären und daß ihre Affären bald nach ihrer Heirat begonnen hätten. Dies war das »neue« gesellschaftliche Phänomen, von dem ich gehört hatte, bevor ich dieses Buch begann.

Die Erwartung erwies sich als falsch. Am Ende interviewte ich fast ebenso viele ältere wie junge Frauen, und ihre Berichte bestätigten, daß diese Geschichte alterslose Seiten hat: Erfahrungen einer Frau, nicht einer jungen Frau. Ältere Frauen empfanden vielleicht eine noch ungetrübtere Freude, weil dieses Ereignis so unerwartet kam – die außereheliche Beziehung und die Freude – und so radikal war; manche hatten schließlich noch keinen Sex vor oder außerhalb der Ehe erlebt; die jüngeren Frauen hatten alle vorehelichen Sex gehabt. Die Älteren hatten sich dagegen schon viele Jahre lang auf die Bedingungen eingelassen oder sie sogar akzeptiert, eine gute Ehefrau zu sein. Die Jüngeren hofften immer noch, neue Bedingungen aushandeln zu können; die Älteren hegten zwar große Hoffnungen bezüglich der Wege, auf denen Frauen das System überlisten können, sie waren aber überzeugt, dies heimlich tun zu müssen, und diesbezüglich optimistisch; jüngere Frauen bezweifelten oft die Macht des Systems, negative Veränderungen bei ihnen auszulösen, oder wenn sie das glaubten, hatten sie mehr Hoffnung, das System selbst verändern zu können. Schließlich war die Flucht der älteren Frauen aus konventioneller Wohlanständigkeit ein waghalsigerer und beispielloserer Schritt; jüngere Frauen, die noch weniger an das Leben innerhalb der Institution gewöhnt waren und sich leichter mit der Rolle des sexuellen Outlaw abfanden, ließen sich von deren Macht nicht mehr so sehr einschüchtern. Ob aber älter oder jünger, sie berichteten alle von ähnlichen Gefühlen über ihr Ausbrechen – und erzählten von erstaunlich ähnlichen Veränderungen bei sich selbst.

»Ich bin nicht mehr die, die ich war«

»In welcher Weise finden Sie sich denn verändert?« frage ich die vierzigjährige Eleanor, die einen dreizehnjährigen Sohn und eine neunjährige Tochter hat. Ich sitze in ihrer Wohnung in Staten Island, in die sie mich nach mehreren früheren Gesprächen eingeladen hat. Heute haben wir stundenlang über ihren früheren Mann, Bill, und über Joe, den dreiunddreißigjährigen Elektriker gesprochen, mit dem sie vier Jahre ein Verhältnis hatte und den sie nun seit einem Jahr nicht mehr gesehen hat.

Eleanor beantwortet meine Fragen ohne Zögern. Sie erzählt, wie ihr Leben verlaufen ist, seit sie Joe kennenlernte. Ihre Ehe und ihre Affäre sind beide beendet; sie lebt mit ihren Kindern in einer kleinen Wohnung; Photos von Bill und ihren Kindern umgeben sie auf ihrer Couch im Wohnzimmer.

Ich bin nicht mehr die, die ich war. Ich kann es nicht anders formulieren. Ich denke anders. Ich kaufe anderes Essen, sehe mir andere Fernsehsendungen an und lese andere Bücher. Ich rede anders mit meiner Mutter. Ich erlaube niemandem mehr, mit meinen Kindern über Brav- oder Bösesein zu sprechen; ich habe eine Babysitterin entlassen, die meiner Tochter ständig vorhielt, daß sie »böse« sei, ich interessiere mich nicht mehr so sehr für die Bewertungen, die die Lehrer über Leistungen und Verhalten der Kinder abgeben. Ich frage meine Kinder nach dem, was ich über ihre Leistungen wissen muß, nicht irgendeine Autorität, die mich zu nachträglicher Kritik auffordert. Ich schenke ihren Gefühlen mehr Beachtung, auch meinen eigenen. Ich habe ein geringeres Bedürfnis, meine Meinungen über Dinge im voraus auf Richtig und Falsch festzulegen. Wahrscheinlich könnte man sagen, ich beurteile richtig und falsch jetzt anders. Ich denke selbst über die Dinge nach, und ich finde mich irgendwie menschenfreundlicher und weniger von anderen bestimmt.

»Fällt Ihnen spontan etwas Konkretes ein, was Sie jetzt anders tun als zuvor?«, frage ich sie.

Ich kann die Zeugnisse meiner Kinder in die Hand nehmen und sie buchstäblich anders lesen. Ich kann einen Brief von einer Lehrerin bekommen, in dem diese über Jessica schreibt, »sie ist das intelligenteste Mädchen in der Klasse, aber sie hat keinen großen Antrieb, zu lernen«, und denken: das stimmt. Hat sie nicht. Sie möchte spielen. Sie ist neun und sehr aufgeweckt, aber ihr Interesse konzentriert sich noch nicht auf die Schularbeit. Ich kann mir das sagen und dahinterstehen: Wer sagt denn, daß eine Neunjährige nicht mehr spielen darf? Und was ist schon dabei, wenn sie länger braucht als andere Mädchen? Und – das ist etwas ganz Neues für mich – was ist dabei, wenn sie tatsächlich ein bißchen zurückbleibt? Verstehen Sie, was ich meine? Es ist eine andere Lebensweise. Mich überfällt nicht mehr so schnell die Angst. Und meine Kinder vertrauen mir. Ich gerate nicht aus der Fassung, weil meine Kinder irgendwelchen Normen nicht entsprechen. Die Spielregeln haben sich grundlegend geändert.

»Verhalten Sie sich auch der Umwelt gegenüber anders?«

Ich habe die Lehrerin angerufen und ihr für ihre Aufmerksamkeit gedankt, habe ihr gesagt, daß mir auffällt, wie intensiv Jessica mit anderen Kindern spielt, und daß wir darüber sprechen sollten, wenn es in einem Jahr noch ein Problem ist – kein gerade erst beginnendes »Problem«, weil sie bestimmten Altersnormen nicht entspricht. Ich kann das tun, ohne mich defensiv oder feindselig oder selbstgerecht zu fühlen. Nach dem Motto, ich sehe da eigentlich kein Problem, aber ich bin gern bereit, darüber zu reden, falls es anhalten sollte und es mir dann als Problem erscheint.

»Sie hätten vor Ihrer Affäre nicht so mit der Lehrerin gesprochen?«

Ich hätte gar nicht angerufen; ich hätte kein Bedürfnis nach einem solchen Anruf empfunden – die Lehrerin hatte immer recht. Wenn ich sie angerufen hätte, dann hätte ich es gewiß nicht gewagt, der Lehrerin eine eigene Meinung entgegenzuhalten, ich hätte noch nicht einmal daran gedacht, mir eine zu bilden. Verstehen Sie, was ich meine? Das sind verschiedene Ebenen. Ich hätte alles mögliche befürchtet: Ich würde umgebracht werden oder mein Kind hinausgeworfen oder meine Familie von der Schulleitung angegriffen oder sonst etwas Schreckliches. Ach nein, ich hätte noch nicht einmal den Impuls gehabt, das zu tun. Ich hätte automatisch, reflexartig, der Lehrerin geglaubt, und geglaubt, daß mein Kind eine Versagerin ist, daß sie in Schwierigkeiten ist, daß ihr Leben ruiniert ist, daß ich ruiniert bin. Verstehen Sie, mit allem Drum und Dran. Akzeptiert zu sein, das war mir ungeheuer wichtig.

»Ein Therapeut würde vielleicht sagen, Jessicas mangelnde Konzentration auf ihre Schularbeit hänge damit zusammen, daß sie, und sei es unbewußt, Kenntnis von Ihrem Verhältnis hat. Macht Ihnen das Sorgen? Daß sie weiß, daß es ein Geheimnis gibt, und daß sie deswegen beunruhigt sein könnte?«

Natürlich. Aber das ist die Denkweise, von der ich mich entfernt habe; diese Selbstbezichtigungen für was auch immer, die Vorstellung, daß ich mich nicht »rühren« darf, oder mein Kind wird sterben. Jessica hat sich sehr wenig verändert; man hat ihr immer »mangelndes Interesse an ihrer Schularbeit« vorgeworfen, deshalb kann ich es kaum auf mein Verhältnis zurückführen. Und ich finde sie blühend, nicht leidend. Ich merke, daß sie sich viel offener äußert, sowohl mir als auch ihren Freundinnen gegenüber. Sie ist von diesem ganzen Mist befreit, genau wie ich – und weil ich es bin. Ein Psychiater würde vielleicht sagen, daß ich zur Verleugnung neige oder daß ich eigentlich zutiefst unglücklich sei, ohne es zu wissen. Aber ich habe erlebt, daß mich ein Psych-

iater für glücklich erklärt hat, als ich nahe am Selbstmord war –
einfach weil ich hatte, was mich *hätte glücklich machen sollen*,
und daß daher etwas mit mir nicht stimmen konnte, weil ich mich
nicht glücklich fühlte. Früher war ich depressiv, ich bin es aber
nicht mehr. Was ich merke ist, daß meine Trennung von Jessies
Vater weit davon entfernt ist, ihr nachhaltig zu schaden. Obgleich es sein kann, daß sie etwas vermutete, und obgleich meine
Trennung von ihrem Vater sicher nicht das Beste für sie war oder
das, was sie sich wünscht: Insgesamt gesehen glaube ich, daß ich
jetzt eine viel bessere Mutter bin. Ich glaube nicht, daß die Veränderung von Jessicas Situation eine ebenso große nachteilige Wirkung auf sie hat wie meine Veränderung eine positive Auswirkung. Die Kinder ziehen einen weitaus größeren Nutzen aus dieser Situation. Denn trotz des möglichen Schadens, den die Folgen
der Affäre für sie gehabt haben könnten, bekommen sie eine
Mutter, die imstande ist, auf ihrer Seite zu stehen und präsent zu
sein.
»Emotional auf ihrer Seite, meinen Sie?«
Ja. Denn ich begreife es jetzt, begreife diese ganze Sache zwischen
Müttern und Kindern, die mir vorher nicht klar war. Schauen
Sie: Bevor ich die Affäre hatte, habe ich mich aufgrund meiner
eigenen Unsicherheit und Depression von meinen Kindern oft
innerlich entfernt – und dem Urteil der Lehrerin über Menschen,
die ich besser kannte als sie, zugestimmt. Ich habe mich auf die
Seite der Autoritäten gestellt. Das ist vielleicht nur eine Kleinigkeit, aber ich betrachte es inzwischen als ein großes Unrecht,
einen Verrat an den Menschen, die mir wichtig sind, und als einen
Verrat an meinen eigenen wahren Gefühlen. Es ist, als ob irgend
etwas in mir ins Lot gekommen wäre, ich jetzt erst sehen und
meine eigenen Gefühle empfinden könnte. Als ob ich vorher
konfektionierte Gefühle gehabt hätte – »so empfindet eine Mutter, so empfindet eine Ehefrau«. Die Affäre hat bewirkt, daß ich
die Gefühle des Outsiders kennenlernte und dabei die Autorität
und Anteilnahme des Insiders behielt.

Ein neuer Blick für Richtig und Falsch

»Richtig« und »Falsch« zählten plötzlich weniger für die Frauen, sobald »Freude« mehr zu zählen begann. Zwei Frauen, Jessie und Corrie, beide in den Zwanzigern, beide seit drei Jahren verheiratet und seit einem Jahr in einer außerehelichen Beziehung, berichteten:

Es ist mir nie in den Sinn gekommen, das in Frage zu stellen, was ich von einer Beziehung hatte, solang ich die Beziehung *hatte.* Daß sie existierte, war das Entscheidende; ich machte einen Riesenbogen um die Frage, ob ich mich da nun gut fühlte oder nicht, so wie man als kleines Mädchen seinen Vater zu erfreuen versucht, ohne solche Fragen zu stellen. Kein Vergnügen? Warum mache ich es dann? Brauche ich einen Mann, der mir Kummer macht? Ich brauche einen Mann, der mir Freude macht.

Sie begannen Wert auf ihre eigenen Reaktionen, ihre eigene Reaktionsfähigkeit zu legen. Sie wünschten sich Partner, die, wie Jessie es formulierte, »dem andern Freude, Vergnügen bereiten wollen«.

Wissen Sie, ich höre diese leise Stimme nicht mehr, die sagt: »Mehr Ernst, bitte. Beziehungen sind kein Scherz. Sie sind harte Arbeit. Mach dich an die Arbeit.« Das ist vorbei!

Die Verwandlung

Wie kann man ermessen, was sich bei einem Menschen verändert hat, der von sich selbst sagt, er fühle sich anders? Die meisten dieser Frauen lernte ich erst kennen, als die Veränderung, die sie an sich feststellten, schon vollzogen war. Ich mußte darauf vertrauen, daß die Dimensionen ihrer Erfahrungen wie auch ihrer inneren Veränderungen der Grund waren, warum sie so viele Stunden mit mir verbrachten. »Verwandlung« nennt William James den Prozeß der Veränderung durch religiöse Erfahrung in *Varieties of Religious Experience*, ein inneres Geschehen, das ebenso schwer beschreibbar wie wissenschaftlich analysierbar zu sein scheint:

Weder ein außerstehender Beobachter noch das Subjekt, das diesen Prozeß durchmacht, kann erklären, wie es kommt, daß spezifische Erlebnisse das eigene Energiezentrum so entscheidend verändern bzw. warum sie das oft nur in einem, dem richtigen Augenblick tun; ähnlich wie wir öfter einen Gedanken haben oder mehrmals eine Handlung vollziehen, aber an einem bestimmten Tag durchzuckt uns zum ersten Mal die wahre Bedeutung des Gedankens oder die Handlung hat sich plötzlich in eine moralische Unmöglichkeit verwandelt. Das einzige, was wir wissen, ist, daß es tote Gefühle, tote Ideen und kalte Überzeugungen gibt und daß es heiße und lebendige gibt; und wenn ein Gefühl oder Gedanke in uns heiß und lebendig werden, dann muß sich alles darum herum neu zusammensetzen.

Ich glaube, die Frauen, mit denen ich sprach, waren zu mir gekommen, um mir von ihrer Verwandlung zu erzählen, von der Neustrukturierung ihrer Gedanken und Gefühle und vom Wiederfinden einer seit langem vermißten Lebendigkeit. All dies förderte ihr sexuelles Selbst zutage, integrierte es neu in ihre Person – und immer war eine außereheliche Beziehung der Katalysator. Darin fanden sie, wenn auch nur vorübergehend, etwas zutiefst und vielleicht unwiderruflich Befriedigendes: das Erlebnis einer Beziehung, die keinen anderen Daseinsgrund hatte, als Lust und Freude zu bereiten.

Die Worte, die die Frauen benutzten, um die Erfahrung einer solchen Beziehung und den damit verbundenen Lustgewinn auszudrücken – »wiedergeboren«, »erlöst«, »wiedergewonnen«, »gerettet« –, deuten darauf hin, daß das, was sie fanden, schon früher existiert hatte. Was sie enthüllt hatten, war das Mitschwingen im Geben und Nehmen von Liebe, bevor sie sich verpflichtet gefühlt hatten, junge Männer in Prinzen zu verwandeln, bevor sie selbst sich in stumme Dornröschen verwandelten, die in einem erotischen Vakuum dahintrieben. Sie erlebten eine Umkehrung der Transformation, die sie durchgemacht hatten, als sie ihr wahres Selbst verhüllten, in dem Bemühen, zuerst das vorbildliche Mädchen und später die vorbildliche Ehefrau zu werden – und diese erneute Selbstfindung empfanden sie als vertraut und gut. Für jede einzelne dieser Frauen war *dies* die Rückgewinnung: einer Beziehung, bevor sie idealisiert wurde, bevor Sex idealisiert wurde, bevor *sie* idealisiert wurde, und einer Zeit, in der Beziehungen so gewöhnlich und erfreulich und schwierig, so sinnlich und spielerisch und stimmungsabhängig waren wie sie selbst.

Dieses Gefühl, sie sollten in ihrer Ehe glücklich sein – aber *warum waren sie es dann nicht?* –, sie sollten dankbar sein, das alles zu haben – aber *woher kam dann dieses Gefühl von Entbehrung?* –, daß sie ihren Mann und ihre Kinder liebten – aber *warum fühlten sie sich dann so schlecht?* –, all dies verschwand. Es verschwand das Gefühl, das sich in Sätzen äußerte wie »Ich dachte, ich hätte diesen lebendigen Menschen geheiratet, mit dem es so spannend war, zusammenzusein«, oder »Ich dachte, mein Mann hätte eine lebendige Person geheiratet, mit der es Spaß macht, zusammenzusein, aber dann ging etwas schief«. Und so geschah es, daß, wie James sagte, »Ziele, die peripher waren, in diesem bestimmten Moment zentral werden«. Freude und Lust werden zentral, und das ist ein so überwältigendes Gefühl, weil es eben nicht neu ist; sie kannten es von früher, und jetzt war es wieder da. Und all diese »toten Gefühle, toten Ideen und kalten Überzeugungen«, wie James sie nennt, verwandeln sich plötzlich »in heiße und lebendige«. Da vollzieht sich so etwas wie eine Heilung, wie eine Wiedergeburt der Frau.

Die Gruppe von Outlaws, die ich interviewte, diese Frauen, die die Sicherheit konventioneller Wohlanständigkeit verließen, taten dies, weil gerade die Tugendhaftigkeit sie einer grundlegenden Verbundenheit beraubte, die sie vermißten. Indem sie die Tugendhaftigkeit aufgaben, gewannen sie nicht nur ihre Fähigkeit zu Lust und Freude wieder, sondern auch eine erstaunliche Vitalität und Klarheit. Obwohl ich von ihrer Kraft und Widerstandsfähigkeit beeindruckt war, weiß ich nicht, wie dauerhaft sie sich beides erobert haben, ob sie ihre Lebendigkeit werden erhalten können, ja nicht einmal, ob ihre Geschichten auch auf andere Frauen übertragbar sind. Das führt mich weiter zur Thematisierung der Sexualität von Frauen: Gibt es einen anderen Weg, sie wiederzugewinnen? Experten vertreten die Auffassung, daß materielle Unabhängigkeit, ein guter Job, Therapie, enge Familienbande oder starke Frauenfreundschaften geeignet seien, ein schwindendes Selbst und eine verlorene

Beziehung zurückzugewinnen. Aber diese Experten sprechen in der Regel nicht von Sexualität.

Einige weitere Fragen bedürfen der eingehenderen Betrachtung: Muß eine Frau ihre Sexualität unbedingt in einer Beziehung wiedergewinnen, die sexueller Art ist? Muß diese Beziehung illegitim sein? Und kann die zurückgewonnene Sexualität erneut in eine legitime und monogame Beziehung eingebracht werden? Die von mir interviewten Frauen würden die ersten beiden Fragen bejahen, manche sicher auch die dritte Frage, zumindest, als ich sie das letzte Mal sah bzw. interviewte.

Und was ist mit Frauen, die Liebesaffären mit anderen Frauen haben? Was ist mit farbigen Frauen? Mit Frauen anderer gesellschaftlicher Schichten? Für all diese Frauen sind, wie ich vermute, die weißen, männlichen Strukturen erstickend. Für manche aber, die automatisch aus diesem kulturellen Zusammenhang – und damit aus dem ganzen versteinernden Idealisierungsprozeß – herausfallen, haben diese Strukturen völlig andere Dimensionen, und eine Affäre hat völlig andere Konsequenzen.

Ein Neubeginn, kein Ende

Die erneute Lektüre von *Der scharlachrote Buchstabe* war eine ebenso überraschende Erfahrung für mich wie meine Gespräche mit den »scharlachroten Frauen«, die in diesem Buch zu Wort kommen. Ich hatte erwartet, die alte Moralgeschichte zu lesen, die ich aus der Schulzeit kannte, den tröstlichen Triumph bußfertiger Tugendhaftigkeit über die Sünde. Was ich aber fand, war eine vernichtende Kritik an der puritanischen Moral, eine leidenschaftliche Klage über den Verlust der Sexualität und über die Folgen dieses Verlusts für die Frauen, für ihre Töchter und für die Gesellschaft insgesamt. In Dimmesdale fand ich einen Typus Mensch, voll Entschlossenheit, nach außen hin den Anschein der Unschuld zu wahren, voll des Glaubens an den göttlichen Geist, an Reinheit, an selbstlose Liebe und an ein reines Gewissen, während Hester, die das Stigma ihrer Lasterhaftigkeit auf ihrer Brust trägt, für diese Heuchelei bezahlen muß.

Ich war doppelt überrascht. Da ich erwartet hatte, Frauen zu interviewen, die wegen ihres Entschlusses zu außerehelichem Sex zutiefst gespalten, ja fassungslos sein würden, hatte dieses Buch anfangs den Arbeitstitel *Wandering Wives* (etwa: Frauen auf Abwegen). Ich rechnete damit, daß viele Frauen ihre Seitensprünge bedauern würden, Frauen, die wie Hester die bittere Lektion »zügelloser Leidenschaft« erst gelernt hatten, als es für eine Umkehr zu spät war, Frauen, die sich danach sehnen würden, in die Sicherheit und Anerkennung zurückkehren zu können, die innerhalb der bestehenden Ordnung der Tugend vorbehalten ist.

Da ich meine Annahme nicht bestätigt fand, dachte ich daran, eine spätere Fassung des Buches *The Death of Forever* (etwa: Abgesang auf das ewige Glück) zu nennen. Ich vermutete, daß ich wohl deshalb keine dieser *traurigen* Geschichten zu hören bekam, weil die Monogamie einfach tot war. Aus welchen Gründen auch immer, waren offenbar nur wenige derjenigen, die einander sexuelle Ausschließlichkeit versprochen hatten, imstande, ihr Versprechen zu halten. Was mir auffiel, war ein Phänomen, das der Soziologe Bernard Farber als »permanente Verfügbarkeit« bezeichnet, womit er meint, daß immer mehr verheiratete Männer und Frauen dauernd auf der Suche nach ihren nächsten Ehepartnern seien; ihr ganzes Leben lang seien sie prinzipiell für eine weitere Ehe offen. Ich merkte auch, daß junge Frauen, die aus Scheidungsfamilien stammten und oft selbst geschieden waren, zwar das Wort »ewig« benutzten, es aber mit einer anderen Bedeutung als der im Wörterbuch angegebenen – »zeitlich unendlich, immerwährend« – versahen. Da sie weder eine dauerhafte Beziehung erlebt haben noch voreheliche Enthaltsamkeit oder langfristige sexuelle Ausschließlichkeit kannten, verstanden sie die ursprüngliche Bedeutung von »ewig« vielleicht überhaupt nicht. Ich wollte herausbringen, worin ihre neue Bedeutung von »ewig« bestehen könnte.

Ich selbst brauchte lange, um den intellektuellen Schritt aus der bestehenden Ordnung heraus zu machen; um zu merken, daß diese Frauen nicht deshalb gesprächsbereit waren, weil sie über den Zwiespalt des Herzens oder neue Bedeutungen von ewig reden wollten, sondern über die Auferstehung ihrer Sexualität und die umwälzenden physischen, psychischen und emotionalen Konsequenzen dieser Auferstehung.

Man wird mich fragen, ob ich für außereheliche Beziehungen eintrete oder ob ich der Meinung bin, Frauen sollten sich von vornherein auf keine sexuell exklusive Beziehung einlassen. Ich kann beides nicht bejahen. Ebensowenig würden die von mir Befragten selbst diesen Standpunkt vertreten, denn viele von ihnen schätzten die emotionale und physische Bindung an einen Mann und glaubten an sexuelle Treue in der Ehe. Die außereheliche Affäre einer Frau hat zudem oft, wie erwähnt, überwältigende emotionale Folgen, und durch das Eingeständnis einer Affäre können verheerende finanzielle Konsequenzen hinzukommen, von denen sie sich vielleicht nie wieder erholen wird. Im übrigen »verirren« sich viele Frauen von Anfang an nicht in Anpassung, sondern stellen fest, daß sie sich in ihrer Ehe frei und vollständig entfalten und eine Beziehung der aufrichtigen Verbundenheit und des Lustgewinns leben können.

Ich möchte nochmals klarstellen, daß es nicht die *Ehe* als solche ist, die eine Frau all der Eigenschaften beraubt, die ich als ihre Sexualität bezeichne; im Gegenteil, diese Beziehung bietet ihr enorme Möglichkeiten, sie zu entdecken und zu entfalten. Bei der Eheschließung ist sie jedoch mit der potentiellen Diebin konfrontiert, der vorbildlichen Ehefrau. *Sie* – weder Ehemänner noch Männer per se – gefährdet das emotionale, psychische und sexuelle Wohlbefinden unserer Braut; sie ist die fatalste aller Sexualtäterinnen. Dieses Produkt der »eisernen Gehäuses [männlicher] Denkweise«, wie Hawthorne es nannte, ist natürlich ein Überrest des Patriarchats. Aber es sind nicht mehr die Männer, die sich auf sie berufen. Das haben sie gar nicht nötig, denn die Frauen selbst entscheiden sich, oft unbewußt, dafür, ihr nachzueifern, selbst wenn sie sie hassen, wobei allerdings das traditionelle Ehearrangement nach wie vor davon abhängt, ob die Frau sich darauf einlassen wird.

Ich behaupte, daß sexuell exklusive eheliche Beziehungen für alle meine Gesprächspartnerinnen erst dann genießbar wurden, als sie sich dieser vorbildlichen Ehefrau entledigt und die rigide institutionelle Struktur zerschmettert hatten, in der dieses Idealbild gedeihen und ihr sexuelles Selbst einkerkern konnte. Die konventionelle Tugendhaftigkeit, auf die sich Frauen bei ihrer Eheschließung einließen und durch die sie immer noch Status und Anerkennung zugesprochen bekamen, war genau das, was sie – und auch ihre Männer – strangulierte. Erst mußten sie diesen Rahmen zerbrechen. Dann stellten sie fest, daß der turbulente Prozeß der Befreiung aus der Anpassung sie, vielleicht aber auch ihre Männer und ihre Ehe von dem befreite, was Connie »dieses erstarrte, verheiratete Gefühl« nannte, daß es sie aus dem »Turm« erlöste, in dem sich Paula, wie sie sagt, so lange eingekerkert gefühlt hatte.

Ob eine außereheliche Beziehung einer Ehe nutzen kann, hängt von der Ehe und dem Paar ab. Es gibt Untersuchungen, aus denen hervorgeht, daß Seitensprünge eine Ehe nicht zerstören müssen; manche Studien deuten darauf hin, daß sich Ehen durch Seitensprünge gebessert haben oder gar gerettet wurden.

Manche der von mir Befragten, die ihre Affäre beendet haben und in ihre Ehe zurückgekehrt sind, berichten, daß sich die Beziehung zu ihrem Mann gebessert habe; die Männer hätten teilweise selbst gespürt, daß sich die lebendige, warmherzige, sinnliche Frau, die sie geheiratet hatten, im Lauf der Jahre in jemand anderen verwandelt hatte; ihre eigene Lebenslust habe ebenso gelitten. Nachdem sie ihre Ehe aufs Spiel gesetzt hatten, um ihre Vitalität wiederzufinden, gelang es vielen Frauen, diese zurückgewonnene Lebendigkeit nach Hause mitzubringen. Selbst durch Freude und Lust verändert, veränderten sie auch ihre Ehe und erfüllten ihre Beziehungen mit mehr Vergnügen. Viele der Frauen, die sich entschlossen, in ihre frühere, sexuell ausschließliche Beziehung zurückzukehren, fühlen sich prächtig in ihr, wie June und Clara und Dina und Annette und Leslie und viele mehr. Andere Frauen, wie Amanda und Paula, haben ihr Leben auf eine neue Grundlage gestellt.

Die Ehe bot ihnen zwar eine Beziehung, aber innerhalb eines Rahmens, der in vieler Hinsicht nicht das war, was sie sich wünschten. Ihr Leidensdruck entstand, wie ich behaupte, nicht, weil ihre Ehe »schlecht« war oder nicht an den Traum heranreichte, sondern weil sie faktisch dem Traum entsprach. Aber dieser Traum war niemals wirklich »ihr« Traum. Diese Frauen hatten sich im Grunde niemals diese Geschichte vom ewigen Glück gewünscht, in der die Tür des kleinen Häuschens unwiderruflich ins Schloß fällt, sobald das Paar sich drinnen häuslich eingerichtet hat. Die Geschichte, die *diese* Frauen erzählen, hat keinen Schluß; die Heldin ist nicht irgendwo eingesperrt, wo sie keine Abenteuer mehr erleben kann. Für diese Frauen bedeutete eine Affäre faktisch das Öffnen der Tür; ihre Geschichten haben eben erst begonnen.

Frauen müssen lernen, sich nicht durch die sozialen Strukturen, in denen sie leben, einsperren zu lassen, auch wenn sie sie nicht so endgültig zerbrechen. Es muß ihnen gelingen, so weit aus ihnen herauszutreten, daß sie von außen betrachten können, was drinnen vorgeht. Nur so können sie ihr expressives, kreatives, sinnliches Selbst vor dem Untergang bewahren. Wenigen Frauen gelingt dies von vornherein; ihr Eros wird niemals zum Schweigen gebracht. Die meisten Frauen aber werden sich auch weiterhin gegen erstickende Tugendhaftigkeit, das Kennzeichen des eisernen Ehekäfigs, zur Wehr setzen müssen. Die Ehen aber, die sie dann anstreben bzw. neu aushandeln, sind auf der Suche nach dem beiderseitigen Glück von Männern und Frauen; sie sind keinem Ideal verpflichtet, sondern ebenso erfüllt von Konflikt wie von Harmonie: komplexe, unvollkommene, schwierige Beziehungen.

15. »Wo bin ich
mein ganzes Leben lang gewesen?«

An einem Donnerstag nachmittag, einem der Tage, an denen sie Jonathan traf, geschah etwas, das June klarmachte, daß sich in ihrer außerehelichen Beziehung etwas verändert hatte. Sie lagen in Jonathans Wohnung im Bett.

»Der Tag war besonders gut gewesen«, erzählte mir June. »Ich erinnere mich, daß wir versucht hatten, miteinander zu schlafen, aber ich war nicht feucht genug, und deshalb vergaßen wir es einfach eine Weile, wir schmusten bloß. Aber mit einem Mal war er sehr erregt und attackierte mich mit der ganzen Wildheit, die zu ihm gehört, jetzt aber in einer Weise wie nie zuvor. Er verlor alle Hemmungen. Gewöhnlich war er sehr beherrscht; intensiv, aber immer hellwach für alle Veränderungen in mir, ja sogar potentielle Veränderungen. Ich meine, Gott bewahre, daß ich irgendwo in meinem Körper die leiseste Empfindung haben sollte, die ihm entging!

Aber diesmal war er nicht besonders daran interessiert, was ich empfand. Es war im Grunde erleichternd, nicht so genau beobachtet zu werden; eigentlich wurde ich überhaupt nicht beobachtet. Ich war wie das Drahtseil eines Akrobaten oder der Ball eines Athleten, einfach irgendwie vorhanden für seine Lust. Das richtige Wort – und ich schwöre, daß ich nie zuvor an dieses Wort gedacht, geschweige denn, es gebraucht habe – ist ›geschändet‹.

Aber ich mochte es, genoß, wie er sich selbst verlor, so heftig und gewaltsam kam. Nach all seinem behutsamen Aufpäppeln, all seinem Beobachten und Abwarten und Wünschen, daß ich den unüberbietbaren Orgasmus haben sollte, der mich für immer an ihn binden würde – diesmal benutzte er mich, war ich ein Körper für ihn, mit dem er tun konnte, was er wollte; er sah mich nicht, kümmerte sich nicht um mich.«

Was June empfand war, daß nicht sie es war, die benutzt wurde, sondern Jonathan. Sie benutzte Jonathan, aber das wußte sie damals noch nicht.

»Es war das erste Mal, daß ich das Gefühl hatte, er habe die Zügel völlig losgelassen und mir genügend vertraut, um sich mir völlig hinzugeben. An diesem Abend spürte ich, daß er besinnungslos in mich verliebt war. Aber er war niedergeschmettert. Anfangs dachte ich, es sei ihm peinlich, weil ich mir vielleicht benutzt vorkommen könnte, weil er unsensibel gewesen war. Aber das war es nicht. Er wußte, was geschehen war, und er wußte, daß ich es wußte.«

»Nämlich, daß Sie einen Punkt erreicht hatten, von wo es kein Zurück mehr gab? Er liebte Sie zu sehr, und damit war die Abmachung gebrochen?«

»Ja. Wir hatten uns beide geweigert, über Liebe zu sprechen, es war uns so wichtig zu spüren, daß unsere Beziehung symmetrisch war und nicht einer den anderen mehr liebte oder brauchte. Es war uns wichtig, einander zu beweisen, daß wir unsere Affäre im Griff hatten. Jonathan war den Rest dieses Abends sonderbar, wie erschüttert. Ich hoffte, daß es eine Art von wundersamem Schweigen sei – er hatte einfach sexuell losgelassen – und daß er glücklich war. Aber dann, während des Abendessens, das er uns ans Bett gebracht hatte, begann er zu weinen.

Ich hatte das Gefühl: Jetzt kommt's; er wird etwas sagen, was ich nicht hören will. Ich geriet in Panik. Und dann begann ich auch zu weinen. ›Nun ja, wir werden einfach so weitermachen‹, sagte ich plötzlich lahm, als habe er gefragt, was wir tun sollten. Meine Worte klangen so unecht, so unecht tapfer.«

»Weil Sie es waren, die nicht weitermachen wollte.«

»Ja. Richtig. Ich konnte nicht mehr. Aber er war derjenige, der es aussprach. ›Du weißt, daß wir nicht so weitermachen können‹, sagte er ärgerlich. ›Ich kann das nicht bis zum Ende meines Lebens fortführen, diesen Jeden-Donnerstag-Quatsch!‹

Ich hatte geahnt, daß es genauso enden würde, daß unsere Affäre sich nicht einfach totlaufen würde. Wir würden einander nicht satt bekommen. Sie würde explodieren. Und ich wußte, daß sie soeben explodiert war.

Ich dachte dauernd daran, daß ich irgendwie im Vorteil sei, weil ich verheiratet war. Ich fand das unfair ihm gegenüber, weil ich mir diese Art Beziehung leisten konnte. Ich konnte weggehen, ohne viel zu verlieren«, sagte June. »Aber für Jonathan wurde das Risiko immer größer, und meine überlegene Position in dieser Beziehung begann mich bloß anzuwidern.«

Jonathan hatte immer gewußt, daß sie Russell nicht verlassen würde, daß sie Chloe ihrem Vater nicht wegnehmen konnte. Sie hatte ihm das von vornherein gesagt. »Das kam nicht in Frage. Selbst wenn ich Russell gehaßt hätte, Chloe liebte ihn von ganzem Herzen. Und offen gestanden haßte ich ihn nicht nur nicht, ich liebte ihn. Auch jetzt, seit es Jonathan gab. Wegzugehen, das war niemals eine Möglichkeit.«

Sie sagte zu Jonathan, daß sie sich jetzt schuldig fühle, schuldig nicht nur wegen ihrer Gefühle ihm gegenüber, sondern auch wegen Russell. »Jonathan hatte mir immer vorhergesagt, daß mir in der Minute, in der unsere Beziehung zu Ende war und ich Russell wieder als Gefährten, Ehemann, Liebhaber und Vater benötigte, einfallen würde, daß er nicht vollkommen sei.«

»Haben Sie denn Russell für vollkommen gehalten?« frage ich.

»Nein, natürlich nicht, aber Jonathan hatte recht damit; er wußte, daß er meine Ehe insofern stabilisierte, als er mich davor bewahrte, die Frau zu sein, die zuviel braucht, so wie er Russell davor bewahrte, der unerreichbare Mann zu sein. Solange Jonathan da war – und das wußte er –, liefen die Dinge glatt für mich. Nicht richtig war Jonathans Vermutung, daß ich Russell nicht mehr geliebt hatte und dann Jonathan kennenlernte, verstehen Sie, daß meine Affäre aus einem brennenden Bedürfnis heraus entstanden sei, mehr Liebe oder sonst etwas zu bekommen. Ich kann nicht sagen, was genau in meinem Unbewußten damals vor sich gegangen war, aber ich weiß, ich benötigte keinen zweiten Mann. Überhaupt ist das ein fragwürdiges Argument, denn wer könnte nicht etwas mehr Liebe gebrauchen? Wer ist so befriedigt, daß schon der bloße Gedanke an einen wundervollen Orgasmus völlig ausgeschlossen ist? Es ist wie die Frage nach dem Huhn und dem Ei – war ich auf Jonathan abgefahren, oder war ich innerlich bereit, auf jemand abzufahren, und dann war Jonathan erschienen? Ich denke, das erste stimmt; und ich glaube nicht, daß meine Bereitschaft, mit Jonathan eine Beziehung einzugehen, allzuviel mit Russell zu tun hatte.«

Im Lauf der Zeit hatte Russell eine immer größere Rolle gespielt. Aber plötzlich kippte die Balance in beiden Beziehungen, beide schienen sich zu entleeren, was bei June eine starke Besorgnis hervorrief, Jonathans Gefühle zu verletzen. Sie sagte ihm nicht mehr, wie sie es zuvor getan hatte, warum sie früher als üblich weggehen mußte, falls es mit Russell zu tun hatte. Er haßte die Realität ihrer Situation, zumindest nahm sie das an. Und so vermied sie ihrerseits alles, was ihn daran erinnerte.

»Das Schlimmste ist, wenn eine Beziehung überempfindlich wird«, sagte June. »Ich erwartete ständig, daß er mich eines Tages wütend anfahren und sagen würde: ›Warum gehst du nicht einfach zu deinem Mann und deinem Kind nach Hause und vergißt das hier?‹«

Dazu kam, daß sie das Gefühl hatte, genau dies sollte sie tun. Aber sie konnte nicht. Und um zu verhindern, daß er sie dazu drängte, fing sie an, ihm die Wahrheit vorzuenthalten. Sie sagte dann lieber, sie müsse noch in die Bibliothek. Sie sprach nicht mehr viel von ihrer kleinen Tochter, erwähnte selten etwas von ihrem Familienleben. Allmählich schlich sich ein komisches Gefühl ein, wie sie sagte. »Er fragte mich nach Chloe, nach meinem ›anderen Leben‹, aber ich vermied die Antworten. Es wurde mein Problem, nicht seines: Ich belog sie jetzt beide, Russell und Jonathan. Ich legte alles, was ich zu beiden sagte, auf die Goldwaage. Ich hatte Geheimnisse vor beiden Männern, war nicht mehr sicher, welchen von beiden ich wirklich sehen wollte, und machte keinen von beiden glücklich. Ich kam einfach völlig durcheinander.«

Zuerst habe sie alles gehabt, meinte sie, und schließlich nichts. »Ich hatte mit zwei Männern eine halbe intime Beziehung. Es war wie zwei schlechte Ehen. Schließlich machte mir beides nicht mehr das geringste Vergnügen. Ich wurde einfach zu einer Superehefrau oder vielmehr zu einer Verrückten, die herumraste und zwei Männer, sogar zwei Haushalte versorgte. In welchem Haushalt war Klopapier vorhanden? Wo fehlte noch das Waschpulver? Ich kaufte Milch und Honiggläser für zu Hause, dann fiel mir ein, daß Jonathan beides ausgegangen war. Ich war einfach völlig fertig.

Ich begann, Sex zu hassen. Auch mit Jonathan. Ich fühlte mich, als ob ich mit zwei Männern verheiratet sei, beiden diente, für beide

Dienstleistungen erbrachte. ›Habe ich dir nicht eben einen geblasen? Begreifst du nicht, daß ich jetzt nach Hause gehen und Russell einen blasen muß?‹ Ich wurde wild, aggressiv. Ja, dachte ich, das ist meine Strafe. ›Weil du mit zwei Männern schläfst, bist du jetzt dazu verdammt, für alle Ewigkeit zwei Ehemänner zu haben.‹ Ich fühlte mich wie in der Hölle. ›Schon gut, schon gut, ich blase der ganzen Welt einen. Holt mich bloß hier raus.‹«

Vor einem Jahr hörten sie auf, einander zu sehen, und June ging es etwa sechs Monate lang elend. Ihr Bericht über diese Zeit deckt sich mit Paulas Erfahrungen nach dem Bruch mit Harry. »Ich habe zwölf Pfund abgenommen, wollte morgens nicht aufwachen. Russell dachte wahrscheinlich, ich hätte eine Arbeitskrise – die hatte ich neben vielem anderen auch. Ich konnte nicht schreiben, ich interessierte mich überhaupt nicht mehr für meinen Job. Auf keinen Fall konnte ich zu Psychologie-Veranstaltungen gehen – die vor Jonathan meine eigentliche Spezialität gewesen waren. Vor allem konnte ich mit niemandem über Jonathan sprechen, nicht einmal mit meiner alten Therapeutin, mit der ich nicht darüber reden wollte, weil ich befürchtete, sie könnte Jonathan kennen. Nicht daß sie irgend etwas tun oder jemand davon erzählen würde – aber ich wollte einfach nicht, daß irgendwas noch verwickelter würde, als es bereits war. Ich hatte niemandem davon erzählt, und selbst die Vorstellung, mit meiner besten Freundin darüber zu sprechen, war absurd, einfach weil ich sie bisher nicht eingeweiht hatte.«

Genau wie Jonathan prophezeit hatte, fing June an, ihre Energie wieder auf ihre Ehe zu richten. Sie wollte den emotionalen und sexuellen Lustgewinn, den sie aus ihrem Verhältnis mit Jonathan gezogen hatte, nun auch bei Russell finden. Jetzt, da sie begonnen hatte zu verstehen, was sie wollte und brauchte – sogar in Worte zu fassen, was ihr Vergnügen machte –, äußerte sie sich offener als zuvor. Das würde Russell ermuntern, hoffte sie, dasselbe zu tun.

Aber es kam nicht so. »Russell schien abwarten zu wollen, nach dem Motto: ›Also, diese Frau hat ihren Verstand verloren und denkt nur noch an Sex, aber das wird sich bald legen, wenn sie wieder zu Verstand kommt.‹ Ich bemühte mich wirklich. Es ist nicht so, daß ich ihn plötzlich mit Forderungen überfiel, ich versuchte einfach, ihm näherzukommen. Ich erzählte ihm mehr über mich. Ich reservierte am Abend eine Cocktail-Stunde für uns mit Martinis oder Rob Roys, fragte ihn nach dem, was ihn bewegte, und erzählte ihm über mich.

Ich erzählte ihm aber nicht von Jonathan. Ich quälte mich mit dieser Entscheidung, weil ich in einer perversen Weise wußte, daß das das Mittel gewesen wäre, um wirklich seine Aufmerksamkeit zu erregen. Aber ich hatte Jonathans Worte im Hinterkopf: ›Sag es nicht. Sosehr Russell auch leiden mag, du wirst noch mehr leiden.‹ Ich hatte das Gefühl, daß es zu destruktiv – für mich – wäre. So überwand ich den Impuls, es ihm zu sagen. Aber es war ein starker Impuls, denn ich hoffte, dann mit dieser Sache nicht mehr allein zu sein, hoffte, dann werde sich Russell mit mir und damit beschäftigen müssen. Dann würde ich verstanden werden und endlich ehrlich sein können.«

»Jetzt wird alles wieder gut werden?«

»Ja. Und jetzt kann ich meine Schuldgefühle auf ihn abladen und sagen: ›Siehst du, wozu du mich getrieben hast?‹«

»Glauben Sie, daß Russell etwas wußte oder ahnte?«

»Er mußte wissen, daß etwas mit mir los war, daß ich aus irgendeinem Grund versuchte, unsere Freundschaft zu vertiefen, daß ich mich sehr um eine nähere Beziehung zu ihm bemühte. Man braucht doch kein Genie zu sein, um zu bemerken, daß sich der Lebenspartner um deine Aufmerksamkeit bemüht und daß es ihm wichtig ist, daß du sie ihm schenkst.«

»Das zumindest muß er bemerkt haben?«

»Ja, hat er. Das weiß ich. Und er hat auch nicht irgendwie falsch reagiert, ich meine, er hat es nicht offenkundig übersehen. Er sagte mehrmals: ›Diese Cocktail-Stunde ist eine gute Idee.‹ Aber er begriff den Zweck nicht. Oder vielleicht doch, vielleicht wußte er ganz genau, daß ich versuchte, ihm näherzukommen, einen engeren Kontakt herzustellen.«

»Vielleicht wußte er das, aber es war ihm noch nicht klar, wie er darauf reagieren sollte.«

»Ich wünschte mir, der Mann, mit dem ich lebe und schlafe und rede, würde sich ein paar Gesten abringen, die besagen: ›Was für eine gute Wahl du getroffen hast; schau, jetzt sind wir wieder zusammen, ist das nicht schön?‹ oder: ›Laß uns zusammen mehr Vergnügen in unser Leben bringen!‹«

»Aber June, er wußte ja nichts von Ihrer Wahl. Es klingt, als wollten Sie, daß er errät, wie nahe Sie daran waren, ihn zu verlassen, und daß er Ihnen vor Augen führt, wie recht Sie hatten, es nicht zu tun.«

»Ja. Das habe ich mir einerseits gewünscht. Aber ich wollte natürlich nicht sagen: ›Weißt du, ich hatte etwas wirklich Tolles und habe es aufgegeben ...‹ Das wollte ich nicht.«

»Ja, ich verstehe, warum Sie es ihm nicht sagen wollten. Was Sie sich aber erhofften, war eine Huldigung seinerseits, ohne daß Sie die Fakten genannt haben.«

»Jedenfalls hatte Jonathan recht. Sobald ich alle meine Eier wieder in einen Korb zurückgelegt hatte, in meine Ehe, wurde mir klar, wie fruchtlos es war, von Russell etwas zu erwarten, wonach ich nie auch nur ein Bedürfnis geäußert hatte. Ich fühlte mich wunderbar, in einer merkwürdigen Weise, während ich mich gleichzeitig gräßlich fühlte, weil ich Jonathan verloren hatte. Ich fühlte mich lebendig, klar, zielstrebig. Im Sinne von, ja, das ist es! Ich hatte dieses Gefühl, daß ich imstande sein würde, es auch Russell beizubringen, wenn er mich nur ließe, daß er aufwachen würde, so wie ich aufgewacht war, daß er sagen würde: ›O ja! Das sollten wir also tun, damit es im Bett besser wird! Jetzt kapiere ich! Los, machen wir's!‹ Aber mir wurde bald genug klar, daß wir, wenn ich bekommen wollte, was ich brauchte, was wir beide brauchten, eine grundlegende Änderung in unserer Ehe herbeiführen mußten, daß wir einander in einer Weise nahekommen mußten, wie es nie zuvor geschehen war, daß eine entscheidende Wende eintreten mußte. Ich hatte die alte Ehe beendet, und wenn wir eine neue haben wollten, dann mußten wir das Ganze aus der *Ehe*-Ecke herausbekommen und auf eine neue, befriedigendere Basis stellen. Ich glaube, das war der eigentliche Grund meines Dranges, ihm von meiner Affäre zu erzählen. Damit ich dann sagen konnte: ›Jetzt, wo es nicht mehr möglich ist, eine vorbildliche Ehe zu führen, müssen wir uns etwas Neues ausdenken.‹«

»Was haben Sie sich darunter vorgestellt?«

»Ich hielt das für unsere Chance, zu sehen, ob unsere Verbindung tief genug reicht für eine echte... Beziehung. Meine Vorstellung konzentriert sich auf uns und nicht auf die Partnerschaft oder auf Chloe allein. Auf unser Leben, unsere Lust – ich habe versucht, dies Russell klarzumachen. Neu darüber nachzudenken, warum wir überhaupt zusammen sind. Wollen wir das? Geht zwischen uns wirklich etwas vor? Wovor ich am meisten Angst hatte war, daß Russell sagen würde: ›Was willst du eigentlich? Daß ich meine ganze Persönlichkeit ändere? Nun, das kann ich nicht.‹«

»Und daß Sie herausfinden würden, daß nichts in Gang zu bringen ist und Sie und er vielleicht wirklich nicht zusammensein wollten?«

»Ja, und darüber wollte ich sprechen. Sollen wir so weitermachen? Ist das die Art und Weise, wie du leben möchtest? Sollen wir ein weiteres Jahrzehnt zusammen angehen? Das war der Punkt, an dem ich war. Aus der Affäre ausgestiegen, wollte ich klären, ob es eine neue Form des Zusammenlebens geben kann.«

»Was haben Sie also getan? Wie haben Sie ihm all dies beigebracht?«

»Ich habe ihn einfach überschwemmt damit, mit all meinen Gefühlen, obwohl ich niemals von Jonathan sprach, aber sonst so, wie ich es Ihnen sagte. Ich wurde einfach hysterisch und redete ihn voll. Dann wurde ich böse über seine Passivität bei meinen Cocktail-Stunden, die ohne die erwartete Reaktion blieben. Und aus diesem Zorn wurde noch größerer Zorn, ich bin wahrscheinlich einfach explodiert, so wütend war ich – auf ihn, auf die Welt, auf die Götter. Ich wollte... mir das Gefühl bewahren, lebendig zu sein. Ich hatte dieses Bedürfnis, eine lebendige Sache auch mit Russell zu haben, dieses Gefühl, alles äußern zu müssen. Was immer ich sagte, irgend etwas rüttelte ihn jedenfalls auf.«

»Was geschah?«

»Russell setzte sich zur Wehr. Ich sei doch diejenige, die so zufrieden mit ihrem Leben sei. Ich hätte doch, was ich wollte – jedenfalls soweit ich mich geäußert hätte. Er war wütend: Die ganze Zeit habe er das Gefühl gehabt, er müsse erraten, was ich wollte, weil ich es ihm nie gesagt hätte; wie, zum Teufel, sollte er es denn wissen? Nie hätte ich ihn wissen lassen, was ich sexuell brauchte – und so sei es im Grunde auch in jeder anderen Hinsicht; ich machte immer den

Eindruck, alles sei... ganz in Ordnung. Jetzt komme er sich blöd vor, denn die ganze Zeit hätte ich von ihm erwartet, daß er erraten müsse, wie er mich zufriedenstellen könnte. Und er habe angenommen, *daß* er mich zufriedenstelle, daß mir mein Leben gefalle. Jetzt beschuldigte ich ihn plötzlich, mir nicht zu geben, was ich brauche.«

»Damit scheint er ja irgendwie recht zu haben?«

»Klar. Und er sagte, jetzt werde er als der ›Inkommunikative‹ hingestellt, aber er habe sich doch nach mir gerichtet. Und das stimmt, darauf hatten wir uns geeinigt. Ich wußte das. Ich wußte, es war nicht, verstehen Sie, sein Fehler. Ich wußte nicht einmal, was ›es‹ war, das sein Fehler sein könnte. Er war in all diesen Jahren ein Ehemann gewesen, ich war eine Ehefrau gewesen, und meine Botschaft an ihn hatte gelautet, ›so soll es sein‹, und er hatte mir geglaubt.«

»Nur innerlich sind Sie gestorben.«

»Nur innerlich bin ich gestorben. Und... er auch. Wie hätte es anders sein können? Wir zogen die ganze Zeit diese lächerliche Schau ab, lächerlich in dem Sinn, daß es nicht echt war, weder ich noch er, und ein ›Wir‹, das nur einen winzig kleinen Teil von uns beiden umfaßte. Von diesem ›Wir‹ lebten wir, emotional gesehen.«

»Wünschen Sie manchmal, Jonathan nie kennengelernt zu haben?«

»Keineswegs. Jonathan war das Beste in meinem Leben. Ich war diesem Mann näher als sonst irgend jemand. Mein Leben hat sich durch ihn verändert. Alle meine Ideen haben sich verändert, besonders über mich selbst; und mein ganzes Verständnis über das ›Wir‹, das entstehen kann, wenn man wirklich mit ganzem Herzen dabei ist. Ich habe ein völlig anderes Selbstgefühl jetzt – nichts, was ich früher über mich gedacht habe, stimmt. Überhaupt nichts. Zum Beispiel versuche ich zu erreichen, daß meine Ehe für mich funktioniert, für diese neue Person, und ich tue alles dafür. Ich würde Jonathan jetzt nicht sehen wollen und auch sonst niemanden. Ich bin jetzt in dieser Ehe.«

»Ist es besser?«

»Hmmm. Nun ja, besser ist vielleicht nicht das richtige Wort, nachdem Russell und ich im Moment nichts anderes tun als zu streiten, herumzutoben und uns alte, dumme Verstimmungen an den Kopf zu werfen. Wir reden und schreien und werden erschöpft und fangen wieder von vorn an. ›Aber ich dachte, du dachtest…‹ und ›ja, sicher, aber ich dachte, du wolltest…‹, und ich bin böse auf ihn, und er ist böse auf mich. Er sagt, ich wußte nicht, daß du diese Art von Mensch bist, und ich antworte, ich wußte nicht, daß du jene Art von Mensch bist. Ist das nun besser? Nun ja, im Grunde schon. Denn wir haben beide das Gefühl, um unser Leben zu kämpfen. Um diese Lebendigkeit zwischen uns zu haben, die nicht unbedingt ›Vergnügen‹ im Sinn des Wortes ist, den es für andere Leute haben mag, aber, o ja, es ist besser.«

»Und Sex?«

»Nun, manchmal ist es fürchterlich und manchmal gut, verstehen Sie, wie Sex eben ist.

Aber ich bin wirklich wieder zu Russell zurückgekehrt; ich meine, ich empfinde ihn gefühlsmäßig als meinen eigentlichen Partner, meinen richtigen, lebendigen Gefährten. Meine Ehe bedeutet jetzt mehr für mich, seit ich quasi ausgestiegen war. Mehr und weniger. Ich stelle jetzt mich selbst über meine Ehe. Ich meine, das ist nicht mehr die alte June, die sich nie hätte vorstellen können, ihre Ehe zu verlassen. Ich kann es mir jetzt vorstellen. Ich habe keine Angst mehr davor, daß er sagt: ›Was willst du eigentlich?‹ Wahrscheinlicher aber ist, daß er sagt: ›Ich sage dir, was ich will.‹ Mit all dem kann ich umgehen. Und wenn ich weggehen müßte, würde ich es tun. Es wäre nicht wegen eines anderen Mannes, ich täte es, wenn ich wieder dieses Routinegefühl hätte, dieses Gefühl der Abgestorbenheit. Jetzt fühle ich mich lebendig und sinnlich und echt, und so bin ich. Wenn ich wieder in die alten Gleise zurückmüßte, würde ich weggehen, glaube ich. Es bliebe mir nichts anderes übrig. Aber auf eine verrückte Weise fühle ich mich jetzt gut, nicht eingefriedet. Dafür zu kämpfen ist sinnvoll. Für uns beide.«

Epilog

Kehren wir zu meiner ersten Geschichte über Anne und Kurt zurück. Ich habe beschlossen, die alte Geschichte von Grund auf umzumodeln: Ich werde die Heldin beibehalten, die Unvermeidlichkeit ihres Ruins aber in Frage stellen, das Ergreifende ihrer Opferrolle eliminieren und kein Mitleid für sie wecken. Ich werde sie mit Sicherheit nicht am Ende umbringen, noch werde ich sie zu einer Existenz am Rande der Gesellschaft verurteilen. Ich habe das Romantik-Skript satt, das unsere Heldin zur Liebe verlockt, nur um sie gleich darauf auszulöschen, dieses Drehbuch, das so endlos die alte Geschichte wiederholt, bis wir ihre Gültigkeit nicht mehr in Frage stellen und auch ihre bizarren Konsequenzen nicht mehr untersuchen.

Indem ich diesen Frauen zuhörte, habe ich Platz für eine andere Geschichte über das Leben von Frauen geschaffen, eine Geschichte, die weitergeht und kein Ende hat, auch nicht das verführerische Ende vom ewigen Glück. Je mehr wir hinter dieser Geschichte stehen, die von manchen Frauen bereits gelebt wird, desto mehr wird sie die Kraft haben, weiteren Frauen als Vorbild zu dienen. Sobald ihre Stimme vernommen wird – sagen wir, die meiner Anne, die schließlich den Chor all der Frauenstimmen repräsentiert, die Sie in diesem Buch vernommen haben –, werden auch die Stimmen anderer Frauen, die von ihrer Lust sprechen, weniger schrill in unseren Ohren klingen. Wir werden ihnen zuhören und sie verstehen, und die Geschichte von Anne wird auch für andere Frauen zu einer Möglichkeit werden.

Je mehr wir Anne stärken, desto mehr stärkt sie uns. Sie ist eine sinnliche Frau, eine Frau, in der sich andere Frauen wiedererkennen, und eine Frau, wie Männer sie lieben. Anne kann die neue Anna werden – oder Tess oder Hester –, eine Frau, die zu ihrer Persönlichkeit und ihrer Sexualität steht. Annes Geschichte könnte die verschiedensten Richtungen einschlagen: sie könnte ihre Beziehung zu Kurt fortsetzen oder sie beenden; sie könnte ein weiteres Verhältnis anfangen oder zu einer monogamen, freudvollen, komplexen Beziehung zu Alex zurückkehren. Sie könnte weitere Kinder bekommen oder auch nicht. Ich kann Ihnen nur versichern, daß es Anne aufgegeben ist, ihre Lebendigkeit zu behalten. Sie wird fähig sein, in einer Beziehung zu leben und gleichzeitig sich selbst treu zu sein, ohne deshalb selbstsüchtig genannt zu werden. Sie wird dadurch ein Vorbild für eine Ehe bieten, in der sich beide Partner entfalten können. Das einzige, was Anne in meiner Geschichte geopfert hat, ist ihr Anspruch auf Tugendhaftigkeit. Sie ist für alle Zeiten aus dem Rennen um den Titel der vorbildlichen Ehefrau ausgeschieden. Aber was für ein Tausch: Als Entschädigung dafür hat sie eine Stimme erhalten – oder zurückerhalten –, um über ihre Lust zu sprechen. Das wird nicht ihr Glück garantieren, und es wird ihr kein vollkommenes Leben oder Ewigkeit versprechen. Aber solange sie an ihrer Sexualität festhält und nicht versucht, erneut Anspruch auf bürgerliche Wohlanständigkeit zu erheben – und solange sie nicht vergißt, wo sie lebt –, wird meine Anne leben.

Danksagungen

Den größten Dank schulde ich den Frauen, deren Stimmen dieses Buch erfüllen und deren Gefühle und Leben sein Herz bilden.

Ich danke den PsychiaterInnen, PsychoanalytikerInnen, PsychologInnen, DokumentaristInnen, SoziologInnen, TherapeutInnen und anderen ExpertInnen, die mich so großzügig an ihrer Zeit, ihrem Wissen und ihren Ansichten teilhaben ließen: Dr. Nancy Arndt; Lynn Atwater, Ph. D.; Dr. Martin Bergmann; Jessie Bernard, Ph. D.; Betty Carter; Dr. Dorothy Dinnerstein; Dr. Marion Dunn; Bernard Farber, Ph. D.; Norval Glenn, Ph. D.; Virginia Goldner, Ph. D.; Frederick G. Humphrey, Ed. D.; Dr. Otto Kernberg; Annette Lawson, Ph. D.; Dr. Harold Lief; Dr. Carol Nadelson; Dr. Maj-Britt Rosenbaum; Maggie Scarf; Pepper Schwartz, Ph. D.; Dr. Judith Sills; Dr. Laura Singer und Dr. Alexandra Symonds.

Für stundenlange Diskussionen, wertvolle Kommentare zum Manuskript und sorgfältig erwogenen Rat danke ich Ginger Barber, Lesley Dormen, Mary Evans, Pat Goldbitz, Jean-Isabel McNutt, Lori Oliwenstein, Kathy Rich, Carol Rinzler, Jacques Sandulescu, Judith Stone, Jennifer Rudolph Walsh und Eileen Winnick.

Ein besonderer Dank geht an Joni Evans, Carol Gilligan und Kitty Ross.

Meine Dankbarkeit gilt last not least Annie Gottlieb, deren unerschöpflicher Geist und deren Beistand mir Kraft gaben.

240 Seiten. kart.

Leben als Single – das ist der Traum vom Leben ganz nach
eigenem Wunsch, nach eigenen Bedürfnissen, in eigener Regie! Das ist
aber auch die Horror-Vision vom Absturz in soziale Unverbindlichkeit
und Einsamkeit. Was macht diese Lebensform für immer mehr
Individuen so attraktiv?
Eva Jaeggi, Psychologin und Psychotherapeutin, ist diesen Fragen
nachgegangen. Sie hat in monatelangen Recherchen und in zahlreichen
intensiven Interviews Tag- und Nachtseiten des Single-Daseins
erkundet. Wie in ihrem Buch über älter gewordene Ehebeziehungen
beweist die Autorin auch hier wieder ihre brillante Erzählkunst. Eva Jaeggis
Untersuchung zeitigt vor allem aber eine Reihe handfester
sozialpsychologischer Ergebnisse: Wer allein lebt, muß sich mögen, muß
bei sich selbst ausruhen können; er muß vielfältige Interessen
und ein Verhältnis zur Welt haben; er muß Freunde haben, mit denen er
in einem dichten und zuverlässigen Beziehungsnetz steht.
Wer allein lebt, wird nicht durch die Selbstverständlichkeiten des
Familienlebens aufgefangen. Er/sie muß sich gut zu
organisieren wissen: die freien Abende, das Wochenende, den Urlaub.

PIPER

252 Seiten. Kart.

Diese provozierende Streitschrift wirft einen frischen, originellen Blick auf die wütenden, enttäuschten, überforderten Frauen von heute und untersucht deren Flucht vor der Verantwortung für sich selbst. Frauen sind nicht nur die edlen, unschuldigen Opfer männlichen Machtwahns, wie ihnen oft weisgemacht wird. Sie allein müssen fertigwerden mit ihrem Hunger nach Harmonie, Anerkennung und Unterwerfung und mit ihrer Sucht, es allen recht zu machen.

Dieses Buch spiegelt nicht nur die turbulente Gefühlswelt der heutigen Frauen wider, sondern trägt auch explosive Gedanken in die Diskussion um Mutterschaftswahn, Abtreibung, weibliche Manipulation, Karriere, Frauenfreundschaften und Kinder. Es wendet sich an alle Frauen, die noch Unzufriedenheit mit einem Rollenverständnis empfinden können, das gleichzeitig Übersättigung und extremen Mangel in sich trägt. Auch Männer wird es zur Auseinandersetzung mit sich selbst und ihrem Frauenbild anregen.

PIPER